Zeitoun

D1672532

Dave Eggers
Zeitoun

Vertaald door Maaike Bijnsdorp en Lucie Schaap

Lebowski Publishers, Amsterdam 2012

Dit is een exclusieve uitgave voor de selexyz boekhandels www.selexyz.nl

Oorspronkelijke titel: *Zeitoun*
Oorspronkelijk uitgegeven door: McSweeney's Books, 2009
© Dave Eggers, 2009
© Vertaling uit het Amerikaans: Maaike Bijnsdorp en Lucie Schaap, 2009
© Nederlandse uitgave: Lebowski Publishers, Amsterdam 2009
Omslagontwerp: Dog and Pony, Amsterdam
Typografie: Michiel Niesen, ZetProducties, Haarlem

ISBN 978 90 488 1425 1
NUR 302

www.lebowskipublishers.nl
www.daveeggers.nl
www.zeitounfoundation.org
www.mcsweeneys.net

Lebowski Publishers is een imprint van Dutch Media Uitgevers bv

Voor Abdulrahman, Kathy, Zachary, Nademah, Aisha,
Safiya en Ahmad in New Orleans

Voor Ahmad, Antonia, Lutfi en Laila in Málaga

Voor Kousay, Nada, Mahmoud, Zakiya, Luay, Eman, Fahzia,
Fatimah, Aisha, Munah, Nasibah en alle leden van de Zeitoun-
familie in Jableh, Latakia en op het eiland Arwad

Voor de inwoners van New Orleans

*... in de geschiedenis van de wereld is er misschien
wel meer straf geweest dan misdaad...*
Cormac McCarthy, *The Road (De weg)*

Voor wie een hamer heeft, lijkt alles op een spijker.
Mark Twain

Over dit boek

Dit is een non-fictieboek dat voor het merendeel gebaseerd is op de verhalen van Abdulrahman en Kathy Zeitoun. Data, tijdstippen, locaties en andere feiten zijn bevestigd door onafhankelijke mondelinge en schriftelijke bronnen. Gesprekken zijn weergegeven naar beste herinnering van de betrokkenen. Sommige namen zijn gewijzigd.

Dit boek beoogt niet een alomvattend boek te zijn over New Orleans en de orkaan Katrina. Het is slechts een verslag van de belevenissen van één gezin voor en na de storm. Het is geschreven met volledige medewerking van de leden van de familie Zeitoun en geeft hun kijk op de gebeurtenissen weer.

I

Vrijdag 26 augustus 2005

Op maanloze nachten pakten de mannen en jongens van Jableh, een stoffig vissersplaatsje aan de Syrische kust, hun lantaarns en voeren uit in hun stilste boten. Vijf à zes kleine bootjes, elk bemand met twee à drie vissers. Zo'n anderhalve kilometer voor de kust lieten ze de boten in een halve cirkel in het donkere water dobberen, gooiden hun netten uit en hielden hun lantaarns boven het water om het maanlicht na te bootsen.

De vissen, sardines, kwamen al snel aanzwemmen, een trage zilverkleurige massa die opsteeg uit de diepte. Ze kwamen op het plankton af dat op zijn beurt door het licht was gelokt. Ze zwommen rond als een losjes aaneengeschakelde keten en in de loop van een uur werden het er steeds meer. De zwarte plekken tussen de zilveren schakels groeiden dicht, tot de vissers uiteindelijk neerkeken op één grote zilverkleurige werveling.

Deze manier van op sardines vissen noemden ze *lampara*, een Italiaans leenwoord. Abdulrahman Zeitoun was pas dertien toen hij voor het eerst meeging. Hij had jaren moeten wachten tot hij eindelijk met de mannen en jongens op de nachtelijke boten mee mocht en had in die jaren veel vragen gesteld. Waarom alleen op maanloze nachten? Omdat, zoals zijn broer hem uitlegde, het plankton op maanverlichte nachten overal op zee dreef en de sardines het lichtgevende organisme eenvoudig konden zien en eten. Scheen de maan niet, dan konden de mannen die echter nabootsen en ervoor zorgen dat de sardines in ongelooflijke aantallen naar boven kwamen zwemmen. 'Je moet het gewoon zelf meemaken,' zei Ahmad tegen zijn broertje. 'Zoiets heb je nog nooit gezien.'

Toen Abdulrahman voor het eerst getuige was van de rondzwemmende sardines in het zwarte water kon hij zijn ogen niet geloven, zo prachtig was de golvende zilverkleurige cirkel onder het wit en goud gekleurde licht van de lantaarns. Hij was sprakeloos. De andere vissers hielden zich ook zo stil mogelijk en peddelden in plaats van de motor te gebruiken zodat ze de vissen niet zouden verjagen. Ze fluisterden op het water, vertelden elkaar moppen en hadden het over vrouwen en meisjes, terwijl ze toekeken hoe de vissen onder hen naar boven kwamen en om elkaar heen zwommen. Een paar uur later, toen er voldoende sardines waren, duizenden en nog eens duizenden die glinsterden in het weerspiegelende licht, trokken de vissers hun netten aan en haalden ze binnen.

Ze voeren op de motor terug naar de kust en brachten de sardines voor het ochtendgloren naar de visafslager op de markt. Hij betaalde de mannen en zette de vis vervolgens in heel West-Syrië af: in Latakia, Baniyas en Damascus. De vissers verdeelden de opbrengst en Abdulrahman en Ahmad namen hun aandeel mee naar huis. Hun vader was het jaar daarvoor overleden en hun moeder was lichamelijk en geestelijk niet sterk. Alles wat ze met vissen verdienden ging op aan het huis en hun levensonderhoud plus dat van hun tien broers en zussen.

Maar het ging Abdulrahman en Ahmad niet om het geld. Ze zouden het ook voor niets hebben gedaan.

Vierendertig jaar later en duizenden kilometers verder naar het westen lag Abdulrahman Zeitoun op een vrijdagochtend in bed en liet langzaam de maanloze nacht van Jableh achter zich, waarvan een herinnering zich had vastgehaakt in een ochtenddroom. Hij was in zijn huis in New Orleans en hoorde naast zich de ademhaling van zijn vrouw Kathy. Als ze uitademde klonk dat een beetje als het gelispel van water tegen de romp van een houten boot. Verder was het stil in huis. Hij wist dat het tegen zessen was en dat het snel afgelopen zou zijn met de rust. Het ochtendlicht wekte de kinderen doorgaans als het eenmaal hun raam op de eerste verdieping had bereikt. Een van de vier zou zijn of haar ogen openen, en vanaf dat moment ging het snel en vulde het huis zich rap met geluid. Zodra er eentje wakker was, hield je de andere drie met geen mogelijkheid nog langer in bed.

Kathy werd wakker van een bons uit een van de bovenliggende kinderkamers. Ze luisterde gespannen en bad zachtjes om nog wat rust. Iedere ochtend was er een broze periode tussen zes en half zeven, waarin er een kans was, al was die nog zo gering, dat ze nog zo'n tien, vijftien minuten konden soezen. Maar toen hoorde ze nog een bons, de hond blafte en er volgde nog een bons. Wat gebeurde daar toch? Kathy keek naar haar man. Hij staarde naar het plafond. De dag loeide aan.

Zoals iedere dag begon de telefoon al te rinkelen nog voor ze naast het bed stonden. Kathy en Zeitoun (de meeste mensen noemden hem bij zijn achternaam omdat ze zijn voornaam niet konden uitspreken) hadden een eigen schilder- en klusbedrijf, Zeitoun A. Painting Contractor LLC, en het leek erop dat hun personeel, hun klanten, domweg iedereen met een telefoon en hun nummer dacht dat ze hen vanaf half zeven 's ochtends gewoon konden opbellen. En bellen deden ze. Vaak kwamen er klokslag half zeven zoveel telefoontjes tegelijk binnen dat de helft ervan rechtstreeks naar de voicemail werd geleid.

Kathy nam het eerste gesprek aan en sprak met een klant aan de andere kant van de stad, terwijl Zeitoun naar de douche slofte. Het was altijd druk op vrijdag, maar gezien het slechte weer dat op komst was, beloofde het dit keer een gekkenhuis te worden. De hele week al had men het over een tropische storm die over de Florida Keys raasde en misschien naar het noorden zou trekken. Dit risico deed zich ieder jaar in augustus voor en de meesten trokken zich er weinig van aan, maar de wat behoedzamere klanten en vrienden van Kathy en Zeitoun troffen vaak wel voorbereidingen. De hele ochtend belden mensen met de vraag of Zeitoun hun ramen en deuren kon dichtspijkeren, of ze wilden weten of hij zijn materiaal van hun terrein kon halen voordat de storm hun kant op kwam. Personeel belde om te horen of ze die dag of de volgende moesten werken.

'Schilder- en klusbedrijf Zeitoun,' zei Kathy en ze probeerde zo wakker mogelijk te klinken. Ze had een klant aan de lijn, een alleenstaande oudere dame die in het Garden District woonde en wilde weten of Zeitouns mensen naar haar huis konden komen om de ramen dicht te spijkeren.

'Natuurlijk, geen punt,' zei Kathy en ze zette haar voeten met een klap op de vloer. Haar dag was begonnen. Kathy was de secretaresse, de boekhouder, het hoofd Crediteuren en de pr-manager van het bedrijf. Ze deed alles wat er op kantoor moest worden gedaan, terwijl haar man het praktische werk voor zijn rekening nam. Ze vulden elkaar goed aan. Zeitouns kennis van het Engels schoot soms tekort en als er over rekeningen moest worden onderhandeld, voelden klanten zich sneller op hun gemak als ze Kathy's lijzige tongval uit Louisiana hoorden.

Het hoorde bij hun werk om klanten te helpen hun huizen klaar te maken voor de storm. Kathy had nog weinig stilgestaan bij de storm waar deze klant het over had. Er was aanzienlijk meer voor nodig dan een paar omgewaaide bomen in Zuid-Florida om haar aandacht te trekken.

'Ik stuur vanmiddag wat mensen langs,' zei Kathy tegen de oudere dame.

Kathy en Zeitoun waren elf jaar getrouwd. Zeitoun was in 1994 naar New Orleans gekomen, via Houston en Baton Rouge en nog een handjevol andere Amerikaanse steden die hij als jonge man had verkend. Kathy was opgegroeid in Baton Rouge en kende het hele orkaanritueel uitentreuren: de ellenlange lijst met voorbereidingen, het waakzame wachten, de stroom die uitviel, de kaarsen en zaklantaarns en de emmers om de regen mee op te vangen. Ieder jaar in augustus waren er een stuk of wat stormen die een naam kregen en zelden waren ze al die omhaal waard. Deze heette Katrina en zou zich vast niet van die andere onderscheiden.

Beneden hielp de tienjarige Nademah, de op een na oudste van de kinderen, met het ontbijt voor de twee jongere meisjes, Aisha en Safiya van vijf en zeven. Zachary, Kathy's vijftienjarige zoon uit haar eerste huwelijk, was de deur al uit voor een afspraak met vrienden vóór schooltijd. Kathy maakte brood voor tussen de middag klaar terwijl de drie meisjes aan de keukentafel zaten te eten en met een Brits accent scènes uit *Pride and Prejudice* voordroegen. Ze waren weg van die film, dweepten ermee. De donkerogige Nademah had erover gehoord van vriendinnen en had Kathy overgehaald om de dvd te kopen. Sindsdien hadden de drie meisjes de film al talloze keren gezien, twee weken lang elke avond. Ze kenden alle personages, wisten precies wanneer wie wat zei en hadden geoefend om net als jonge aristocratische dames in zwijm te vallen. Sinds *Phantom of the Opera* hadden ze het niet meer zo te pakken gehad. Toen móesten ze gewoon overal alle liedjes uit die musical uit volle borst zingen: thuis, op school en op de roltrap in het winkelcentrum.

Zeitoun was er nog niet over uit wat erger was. Toen hij de keuken binnenkwam en zijn dochters zag buigen en reverences maken en met denkbeeldige waaiers zag wapperen, dacht hij: ze zingen tenminste niet. Hij schonk een glas sinaasappelsap in en sloeg zijn dochters met verbazing gade. Hij was in Syrië opgegroeid met zeven zussen, maar geen van hen had zo'n hang naar het theatrale gehad. Zijn dochters waren soms speels, soms dweperig, dansten altijd door het huis, sprongen van bed naar bed, zongen met nepvibrato en vielen in katzwijm. Dat kwam ongetwijfeld door

Kathy. Zij was in feite een van hen, even onbezorgd en meisjesachtig in haar manier van doen en haar voorkeuren: videospelletjes, Harry Potter, die onbegrijpelijke popmuziek waar ze naar luisterden. Hij wist dat ze zich vast had voorgenomen hun de zorgeloze jeugd te geven die ze zelf niet had gehad.

'Is dat alles wat je eet?' vroeg Kathy en ze keek op naar haar man, die zijn schoenen aantrok om te gaan. Hij was van gemiddelde lengte, een stevig gebouwde man van zevenenveertig, maar hoe hij op gewicht bleef, was haar een raadsel. Hij sloeg met gemak het ontbijt over, at tussen de middag vaak maar een kleinigheid en liet dan zijn avondeten grotendeels staan, maar was wel twaalf uur per dag continu voor het bedrijf in de weer. Niettemin bleef zijn gewicht gelijk. Kathy wist al tien jaar dat haar man een van die onverklaarbaar stevige, onafhankelijke, nimmer behoeftige mannen was die leefden van lucht en water en ongevoelig waren voor verwondingen en ziekte, maar ze vroeg zich nog steeds geregeld af hoe hij op de been bleef. Hij liep door de keuken en drukte op het hoofd van iedere dochter een kus.

'Vergeet je mobiel niet,' zei Kathy en ze wierp een blik op de magnetron, waar zijn telefoon lag.

'Waarom zou ik?' vroeg hij en hij stak hem in zijn zak.

'Jij vergeet dus nooit iets?'

'Nee, nooit.'

'Wil je echt beweren dat je nooit iets vergeet?'

'Ja, je hoort het goed.'

Hij had het nog niet gezegd of hij besefte zijn vergissing.

'Je hebt nota bene onze eerstgeborene vergeten!' zei Kathy. Hij was er met open ogen ingetrapt. De kinderen moesten lachen. Ze kenden het verhaal al te goed.

Het was niet eerlijk, vond Zeitoun, dat hij met één fout in elf jaar tijd zijn vrouw voldoende munitie had gegeven om hem de rest van zijn leven te kunnen plagen. Zeitoun was geen vergeetachtig type, maar de enkele keer dat hij iets vergat of als Kathy wilde aantonen dat hij iets had vergeten, hoefde ze hem alleen maar te herinneren aan die keer dat hij Nademah had vergeten. Dat was namelijk echt gebeurd. Het was maar voor eventjes geweest, maar het was wel echt gebeurd.

Nademah was geboren op 4 augustus, op de dag dat ze precies één jaar getrouwd waren. Het was een zware bevalling geweest. De volgende dag had Zeitoun Kathy voor het huis uit de auto geholpen, haar portier dichtgedaan en vervolgens het autostoeltje met Nademah gepakt. In zijn ene hand droeg hij het autostoeltje en met de andere ondersteunde hij Kathy's arm. De trap naar hun woning op de eerste verdieping begon direct in het halletje en het lukte Kathy niet om alleen naar boven te gaan. Daarom hielp Zeitoun Kathy, die zuchtte en steunde, de steile trap op. Eenmaal in de slaapkamer liet Kathy zich op het bed vallen en nestelde ze zich onder de dekens. Ze was dolblij dat ze thuis was en nu ongestoord kon rusten met haar kind.

'Geef haar maar aan mij,' zei Kathy en ze spreidde haar armen.

Zeitoun keek naar zijn vrouw in bed en constateerde met verwondering dat ze er engelachtig mooi uitzag met haar stralende huid en intens vermoeide ogen. Toen drongen haar woorden tot hem door. De baby. Natuurlijk, ze wilde de baby. Hij draaide zich om naar de baby, maar er was geen baby. De baby en het stoeltje stonden niet bij zijn voeten. De baby was niet in de kamer.

'Waar is ze?' vroeg Kathy.

Zeitoun hapte naar adem. 'Ik weet het niet.'

'Abdul, waar is de baby?' zei Kathy met enige stemverheffing.

Zeitoun maakte een geluidje, dat klonk als een kruising tussen het stokken van zijn adem en een piepje, en stormde de kamer uit. Hij holde de trap af en de voordeur uit. Hij zag het autostoeltje op het gras voor het huis staan. Hij had de baby buiten laten staan. Hij had de baby voor het huis laten staan! Het autostoeltje stond naar de straat gericht. Hij kon Nademahs gezichtje niet zien. Doodsbenauwd dat iemand haar had meegenomen en het stoeltje had laten staan, pakte hij de draagbeugel vast, draaide het stoeltje naar zich toe en keek in het roze, verkreukelde, slapende gezichtje van Nademah. Hij voelde voorzichtig met zijn vingers of ze nog warm was en alles goed met haar was. En alles was goed.

Hij droeg het autostoeltje naar boven, gaf Nademah aan Kathy en eer ze kwaad op hem kon worden, hem zou kunnen plagen of zou zeggen dat ze niet meer verder met hem wilde, was hij de trap weer af gehold en de deur uit gelopen om een wandeling te maken. Zo'n wandeling had hij die dag en ook nog heel wat dagen daarna nodig gehad om te begrijpen wat hij had gedaan en waarom. Hoe hij zijn kind had kunnen vergeten toen hij zijn vrouw terzijde stond. Hoe moeilijk het was partner van de een en beschermer van de ander te zijn. Waar lag het evenwicht? Die vraag zou hem jaren bezighouden.

Op deze dag in de keuken was Zeitoun niet van plan Kathy de kans te geven het hele verhaal voor de zoveelste keer aan hun kinderen te vertellen. Hij zwaaide een afscheidsgroet.

Aisha klampte zich aan zijn been vast. 'Niet gaan, baba,' zei ze. Ze neigde naar theatrale overdrijving, Kathy noemde haar daarom ook wel Dramarama, en door al die Austen was het er alleen maar erger op geworden.

Hij was met zijn hoofd bij het werk van die dag en had om half acht 's ochtends al het gevoel dat hij achterlag op zijn schema.

Zeitoun keek naar Aisha, pakte haar gezicht met beide handen vast, glimlachte om de miniatuurperfectie van haar donkere, vochtige ogen en trok vervolgens zijn been van haar los alsof hij uit een nattige broek stapte. Een paar tellen later stond hij op de oprit en laadde het busje in.

Aisha liep naar buiten om hem te helpen. Kathy keek hoe ze samen bezig waren en mijmerde over zijn omgang met hun dochters. Ze kon die moeilijk onder woorden brengen. Hij was geen overdreven aanhalige vader, maar had er ook niets op tegen als ze zich op hem wierpen en aan hem vastklampten. Hij was gedecideerd en duidelijk, maar ook net voldoende verstrooid om ze waar nodig hun gang te laten gaan en net inschikkelijk genoeg om zich op het juiste moment voor hun karretje te laten spannen. Als hij ergens kwaad om was, verborg hij dat achter zijn grijsgroene ogen met hun lange wimpers. Hij was dertien jaar ouder dan Kathy en toen ze elkaar leerden kennen, zag ze een huwelijk daarom niet direct zitten, maar die ogen, die op geheel eigen wijze het licht vasthielden, hadden haar in hun ban gekregen. Ze zaten vol dromen, maar keken ook scherp en keurend: de ogen van een ondernemer. Als hij naar een vervallen gebouw keek, zag hij niet alleen wat ervan te maken viel, maar had hij ook de praktische kennis van wat dat dan zou kosten en hoe lang de klus zou duren.

Kathy stond voor het raam, trok haar *hijaab* recht en streek wat losse haren weg onder de stof, een tic van haar, terwijl ze toekeek hoe Zeitoun in een grijze stofwolk wegreed. Ze moesten nodig een nieuw busje hebben. De bus die ze nu hadden was een morsig wit geval, volgestopt met ladders en hout, en rammelend van de losse schroefjes en kwasten, dat zijn beste tijd allang had gehad, maar nog steeds betrouwbaar was. Op de zijkant stond hun vaste bedrijfslogo: de woorden ZEITOUN A. PAINTING CONTRACTOR naast een verfroller die aan de voet van een regenboog lag. Het was een weinig origineel logo, vond Kathy, maar het bleef goed hangen. Iedereen in de stad kende het, van bushaltes en bankjes en van borden die bij mensen in de voortuin stonden. Het was in New Orleans even bekend als de Amerikaanse eik en de koningsvaren. Maar in de begintijd was het bepaald niet voor iedereen zo'n positief logo geweest.

Toen Zeitoun het had bedacht, had hij er geen idee van dat een logo met een regenboog een andere betekenis kon hebben dan een scala aan kleuren en tinten waaruit klanten zouden kunnen kiezen. Maar Kathy en hij merkten snel genoeg welk signaal ze uitzonden.

Ze werden onmiddellijk gebeld door verschillende homostellen, wat prima was, want gunstig voor de zaken. Maar tegelijkertijd waren er potentiële klanten die bij het zien van het busje met het logo niet langer met Zeitoun A. Painting Contractor LLC in zee wilden. Er vertrokken wat medewerkers, omdat ze dachten dat men hen zou aanzien voor homoseksuelen zolang ze onder de regenboog van Zeitouns bedrijf werkten, alsof daar alleen homo's werkten.

Toen Zeitoun en Kathy eindelijk doorhadden welke boodschap ze met de regenboog uitdroegen, hadden ze er een serieus gesprek over. Kathy vroeg zich af of haar man, die op dat moment geen homoseksuele vrienden of familieleden had, misschien een ander logo wilde, zodat hun boodschap niet verkeerd kon worden geïnterpreteerd.

Zeitoun hoefde daar niet lang over na te denken. Het zou alleen maar geld kosten, zei hij; hij had immers zo'n twintig borden laten maken en ook nog eens visitekaartjes en briefpapier laten drukken. Bovendien betaalden alle nieuwe klanten hun rekening. Veel ingewikkelder dan dat was het niet.

'Wat dacht je,' lachte Zeitoun. 'Wij zijn een moslimechtpaar met een schildersbedrijf in Louisiana. Het lijkt me niet zo verstandig om klanten te verjagen.' Wie regenbogen niet zag zitten, zei hij, had geheid ook moeite met de islam.

De regenboog bleef.

Zeitoun reed Earhart Boulevard op, maar gevoelsmatig zat hij deels nog in Jableh. Altijd als hij 's ochtends vroeg wakker werd met herinneringen aan zijn jeugd, vroeg hij zich af hoe het met hen ging, met zijn familie in Syrië, met al zijn broers en zussen en nichten en neven die langs de kust verspreid woonden, en met degenen die lang geleden al uit deze wereld waren vertrokken. Zijn moeder was een paar jaar na zijn vader gestorven en hij had op zeer jonge leeftijd een dierbare broer verloren. Maar met zijn andere broers en zussen, die in Syrië, Spanje en Saudi-Arabië woonden, ging het goed, uitzonderlijk goed zelfs. De leden van de familie Zeitoun hadden het ver geschopt. Er zaten artsen, schoolhoofden, generaals en ondernemers tussen, en ze hadden allemaal een zwak voor de zee. Ze waren opgegroeid in een groot stenen huis aan de Middellandse-Zeekust en geen van hen was echt ver van de kust terechtgekomen. Zeitoun nam zich voor die dag naar Jableh te bellen. Er waren altijd nieuwe baby's, er was altijd nieuws. Hij hoefde maar een van zijn broers of zussen, van wie er zeven nog steeds in Syrië woonden, te spreken en hij zou weer volledig op de hoogte zijn.

Zeitoun zette de radio aan. De storm waar iedereen het over had, woedde nog steeds in het zuiden van Florida en dreef langzaam westwaarts. Naar verwachting zou hij pas over een paar dagen de Golf van Mexico bereiken, als hij al zo ver kwam. In de auto naar zijn eerste klus die dag, de restauratie van een prachtig oud huis in het Garden District, draaide hij aan de afstemknop van de radio op zoek naar een zender die níet over de storm berichtte.

In de keuken keek Kathy op de klok en schrok. Het lukte haar vrijwel nooit de kinderen op tijd naar school te brengen. Maar ze probeerde haar leven wel te beteren. Dat wilde ze althans gaan doen zodra het rustiger was met werk. In de zomer hadden ze het altijd bijzonder druk, als veel mensen de stad verlieten om de moerashitte te ontvluchten en opdracht gaven om tijdens hun afwezigheid bepaalde kamers of de veranda te schilderen.

Kathy gebaarde druk en dirigeerde met manende woorden de meisjes met hun schoolspullen naar de auto. Ze reden weg, de Mississippi over naar de West Bank.

Samen een bedrijf runnen had voor Zeitoun en Kathy voordelen, er waren te veel pluspunten om op te noemen, maar daar stonden onmiskenbare nadelen tegenover en dat werden er alleen maar meer. Ze vonden het heerlijk dat ze zelf hun werktijden konden bepalen, klanten en opdrachten konden kiezen en thuis konden zijn als dat nodig was. Dat ze altijd beschikbaar waren als het om de kinderen ging, was een enorme geruststelling. Maar als vrienden aan Kathy vroegen of zij ook een eigen bedrijf zouden moeten beginnen, praatte ze hun dat uit het hoofd. Jij bepaalt niet hoe het bedrijf loopt, zei ze dan, het bedrijf bepaalt hoe jouw leven loopt.

Kathy en Zeitoun werkten harder dan wie ook en het werk en de zorgen hielden nooit op. 's Nachts, in het weekend, op feestdagen, het werk was altijd aanwezig. Ze waren doorgaans met zo'n acht à tien opdrachten tegelijk bezig, die ze aanstuurden vanuit het kantoor aan huis en een magazijnplek aan Dublin Street, naast Carrollton. En dan hadden ze ook nog verschillende objecten in beheer. Op een gegeven moment waren ze gebouwen, flats en huizen gaan kopen. Inmiddels waren ze eigenaar van zes objecten met in totaal achttien huurders. Iedere huurder was op een bepaalde manier weer iemand die op hen rekende, de zoveelste om wie ze zich soms zorgen maakten en die ze moesten voorzien van een stevig dak, airconditioning en schoon water. Er waren ontstellend veel mensen die geld van hen kregen of van wie zij geld kregen, huizen die opgeknapt en onderhouden moesten worden, rekeningen die voldaan of verstuurd moesten worden, voorraden die ingekocht en opgeslagen moesten worden.

Niettemin koesterde Kathy haar leven zoals het nu was en het gezin dat Zeitoun en zij hadden gesticht. Ze bracht nu haar drie dochters naar school en ze was er ieder uur van iedere dag dankbaar voor dat ze naar een particuliere school gingen, dat hun vervolgopleiding verzekerd was en dat ze alles hadden wat ze nodig hadden en zelfs meer.

Kathy kwam uit een gezin met negen kinderen en was met weinig extra's opgegroeid. Zeitoun was de achtste van dertien kinderen en was met vrijwel niets grootgebracht. Als je zag hoe ze nu in het leven stonden, wat ze hadden bereikt: een groot gezin, een eigen bedrijf dat beslist goed liep, en zo volledig opgenomen in de gemeenschap van de stad van hun keuze dat ze in iedere wijk vrienden hadden en dat in vrijwel iedere straat waar ze doorheen reden klanten woonden. Het waren allemaal zegeningen van God.

Hoe kon ze bijvoorbeeld Nademah zonder meer als vanzelfsprekend beschouwen? Hoe hadden ze zo'n kind kunnen voortbrengen, zo slim en flink, gehoorzaam, behulpzaam en voorlijk? Ze was inmiddels praktisch volwassen, sprak in ieder geval als een volwassene en drukte zich vaak zorgvuldiger en behoedzamer uit dan haar ouders. Kathy wierp even een blik op haar dochter, die naast haar met de radio zat te spelen. Ze was altijd snel geweest. Toen Nademah vijf was, en geen jaar ouder, zat ze een keer op de grond te spelen toen Zeitoun van zijn werk thuiskwam. Ze keek naar hem op en verkondigde: 'Papa, ik word later danseres.' Zeitoun trok zijn schoenen uit en ging op de bank zitten. 'We hebben te veel dansers in de stad,' zei hij en hij masseerde zijn voeten. 'We hebben dokters nodig, advocaten, leraren. Ik wil dat je dokter wordt, zodat je voor me kunt zorgen.' Nademah dacht daar even over na en zei toen: 'Oké, dan word ik dokter.' Ze ging weer verder met haar tekening. Even later kwam Kathy, die net boven had gezien wat een bende Nademah van haar slaapkamer had gemaakt, naar beneden. 'Ruim je kamer op, Demah,' zei ze. Nademah reageerde onmiddellijk, zonder ook maar van haar kleurboek op te kijken. 'Ik niet, mama. Ik word later dokter, en dokters hoeven niet op te ruimen.'

Ze waren bijna bij school toen Nademah in de auto de radio harder zette. Ze had iets opgevangen van nieuws over de naderende storm. Kathy luisterde niet echt. Het leek wel alsof er zo'n drie, vier keer per seizoen alarmerende berichten rondgingen over orkanen die rechtstreeks op de stad afkwamen, en altijd veranderden ze van koers of was de storm in Florida of boven de Golf van Mexico uitgeraasd. Als zo'n storm New Orleans al bereikte, was hij tegen die tijd sterk in kracht afgenomen en zou het neerkomen op hooguit een dag zware windstoten en regenbuien.

Deze verslaggever noemde de storm die afkoerste op de Golf van Mexico een storm van categorie 1. Hij bevond zich ruim zeventig kilometer ten noord-noordwesten van Key West en trok in westelijke richting. Kathy zette de radio uit. Ze wilde niet dat de kinderen ongerust zouden worden.

'Denk je dat ie hierheen komt?' vroeg Nademah.

Kathy dacht dat het allemaal wel los zou lopen. Wie maakte zich nou druk om een categorie 1 of 2? Ze zei tegen Nademah dat het niets voorstelde, helemaal niets, en gaf de meisjes een afscheidskus.

Drie autoportieren vielen met een klap dicht en Kathy was plotseling alleen. Ze trok op en zette de radio weer aan. Gemeentelijke woordvoerders gaven de gebruikelijke adviezen, namelijk dat je voor drie dagen voorraden in huis moest hebben. Zeitoun had zich daar altijd aan gehouden. Vervolgens ging het over windsnelheden van meer dan 170 kilometer per uur en stormvloeden in de Golf van Mexico.

Ze zette de radio weer uit en belde Zeitoun op zijn mobiel.

'Heb je gehoord over die storm?' vroeg ze.

'Ik hoor uiteenlopende berichten,' zei hij.

'Denk je dat het menens is?' vroeg ze.

'Serieus? Ik weet het niet,' zei hij.

Zeitoun had het woordje 'serieus' een eigen invulling gegeven en begon zijn zinnen vaak met 'Serieus?', als een soort alternatief voor het schrapen van zijn keel. Kathy vertelde hem bijvoorbeeld iets en dan zei hij: 'Serieus? Wat een grappig verhaal.' Hij stond bekend om zijn anekdotes en allegorische verhalen uit Syrië, citaten uit de Koran en verhalen over zijn reizen om de wereld. Ze was er allemaal aan gewend geraakt, maar niet aan het gebruik van 'Serieus?', al verzette ze zich er niet langer tegen. Voor hem stond het gelijk aan een zin beginnen met: 'Weet je...', of: 'Ik zal je eens vertellen...' Het was typisch Zeitoun en ze kon niet anders dan het aandoenlijk vinden.

'Maak je geen zorgen,' zei hij. 'Zijn de kinderen op school?'

'Nee, in het meer. Wat dacht je.'

Zeitoun was volkomen bezeten van school en Kathy plaagde hem daar graag mee, net als met allerlei andere dingen. Zeitoun en zij belden de hele dag door met elkaar, over van alles: schilderen, de huurwoningen, dingen die gerepareerd, gedaan en opgehaald moesten worden en vaak gewoon alleen om even gedag te zeggen. Ze hadden een eigen soort tweespraak ontwikkeld, vol met zijn uitlatingen van wrevel en haar gevatte replieken, die vermakelijk was voor wie maar toevallig meeluisterde. Het was als vanzelf zo gegroeid, met al die telefoontjes over en weer tussen hen beiden. Geen van beiden kon hun huis, hun bedrijf, hun leven, hun dagen zonder de ander op de rails houden.

Kathy was elke keer weer verbaasd over die symbiose. Ze was opgegroeid in een zuidelijke doopsgezinde omgeving, in een buitenwijk van Baton Rouge, waar ze ervan droomde uit huis te gaan, wat ze direct na de middelbare school ook had gedaan, en om een kinderdagverblijf te leiden. Nu was ze een moslima die getrouwd was met een Syrische Amerikaan en een groot schilder- en klusbedrijf runde. Toen Kathy haar echtgenoot leerde kennen, was zij eenentwintig en hij vierendertig en afkomstig uit een land waarover ze vrijwel niets wist. Ze was herstellende van een mislukt huwelijk en had zich niet lang daarvoor tot de islam bekeerd. Ze was in de verste verte niet geïnteresseerd in een nieuw huwelijk, maar Zeitoun bleek alles te zijn waarvan ze dacht dat het niet bestond: een eerlijke man, door en door fatsoenlijk, hardwerkend, betrouwbaar, trouw, verknocht aan zijn familie. Het mooiste was dat hij met heel zijn hart wilde dat Kathy was wie en hoe zij was, niets meer en niets minder.

Maar ze kibbelden niettemin heel wat af. Zo noemde Kathy hun pittige een-tweetjes over van alles, van wat de kinderen 's avonds aten tot en met de vraag of ze een incassobureau in de arm moesten nemen in verband met deze of gene wanbetalende klant.

'We kibbelen alleen maar,' zei ze dan tegen de kinderen als die in de buurt waren. Kathy kon er niets aan doen. Ze was een flapuit. Ze kon niets voor zich houden. Ik steek mijn mening niet onder stoelen of banken, had ze al aan het begin van hun relatie tegen Zeitoun gezegd. Hij had gelaten zijn schouders opgehaald, het stoorde hem niet. Hij wist dat ze soms gewoon wat stoom moest afblazen en gaf haar die ruimte. Hij knikte dan geduldig, waarbij hij soms blij was dat hij in het Engels niet zo ad rem was als zij. Hij zocht dan de juiste woorden om te reageren terwijl zij doorpraatte, en tegen de tijd dat ze klaar was, was de vaart eruit en was ze haar ei kwijt.

Als Kathy wist dat er naar haar werd geluisterd en ze haar hele verhaal kon doen, haalde dat doorgaans ook de angel uit haar argumenten. Hun gekibbel liep minder hoog op en kreeg vaker een komische ondertoon. Maar toen de kinderen nog klein waren, konden ze dat verschil niet altijd horen.

Jaren geleden, toen Kathy aan het stuur zat en met Zeitoun ergens over kibbelde, liet Nademah zich horen. Ze zat achterin in een autostoeltje en had er genoeg van. 'Papa, je moet lief zijn tegen mama,' zei ze. Toen keek ze naar Kathy. 'Mama, je moet lief zijn tegen papa.' Kathy en Zeitoun hielden abrupt hun mond. Ze keken eerst elkaar aan en draaiden zich toen gelijktijdig om naar de kleine Nademah. Ze wisten al dat het een slimme meid was, maar dit sloeg alles. Ze was pas twee jaar oud.

Nadat ze het gesprek met Zeitoun had beëindigd, deed Kathy iets waarvan ze wist dat ze het niet zou moeten doen, omdat klanten haar 's ochtends ongetwijfeld wensten en verwachtten te kunnen bereiken. Ze zette haar telefoon uit. Af en toe deed ze dat nadat de kinderen uit de auto waren gestapt, om dat halfuurtje van de terugrit voor zichzelf te hebben. Het was zelfzuchtig, maar broodnodig. Ze staarde naar de weg. Er heerste diepe stilte en ze dacht aan niets. Het zou een lange dag worden en ze zou continu in de weer zijn tot de kinderen naar bed gingen. Daarom gunde ze zichzelf deze ene luxe: een ononderbroken halfuur van helderheid en rust.

Aan de andere kant van de stad was Zeitoun bij zijn eerste klus van die dag. Hij hield van deze magnifieke oude villa in het Garden District. Hij had twee mannen op de klus gezet en reed even langs om te controleren of ze er waren, of ze bezig waren en of alles wat ze nodig hadden aanwezig was. Hij liep met een paar sprongen de trap op en ging naar binnen. Het huis was zeker honderdtwintig jaar oud.

Hij zag Emil, een schilder en timmerman uit Nicaragua, die geknield in een deuropening een plint zat af te plakken. Zeitoun sloop naar hem toe en pakte hem bij de schouders.

Emil schrok.

Zeitoun lachte.

Hij wist niet eens waarom hij zulke dingen deed. Hij kon het moeilijk uitleggen, maar soms was hij gewoon in een speelse bui. De mannen die hem goed kenden, verbaasden zich er niet meer over, maar de nieuwere medewerkers schrokken vaak en dachten dat hij hen zo op een wat eigenaardige manier wilde aansporen.

Emil glimlachte geforceerd.

Marco, die uit El Salvador kwam, was in de eetkamer bezig met het aanbrengen van een tweede verflaag. Marco en Emil hadden elkaar in de kerk leren kennen en waren als team op zoek gegaan naar schilderwerk. Ze waren bij een van de klusadressen van Zeitoun langsgekomen en omdat Zeitoun bijna altijd meer werk had dan hij aankon, had hij hen aangenomen. Dat was inmiddels drie jaar geleden, en Marco en Emil hadden sindsdien steeds voor Zeitoun gewerkt.

Naast een aantal oorspronkelijke inwoners van New Orleans had Zeitoun medewerkers uit allerlei landen: Peru, Mexico, Bulgarije, Polen, Brazilië, Honduras, Algerije. Hij had met vrijwel allemaal goede ervaringen, al was er in zijn bedrijfstak sprake van een bovengemiddelde uitval en veel verloop. Veel krachten waren hier tijdelijk en wilden slechts een paar maanden in het land blijven alvorens naar huis terug te keren. Deze mannen nam hij graag aan. Hij had zodoende aardig wat Spaans geleerd, maar moest er rekening mee houden dat ze zo weer vertrokken konden zijn. Anderen waren gewoon jong: zonder verantwoordelijkheidsbesef en van dag naar dag levend. Kwalijk nemen kon hij hun dat niet, ooit was ook hij jong en ongebonden geweest, maar hij trachtte hen er wel op ieder mogelijk moment van te doordringen dat ze het goed konden hebben en een gezin konden onderhouden met dit soort werk als ze het verstandig aanpakten en iedere week een paar dollar opzijlegden. Zelden kwam hij in zijn branche echter een jongeman tegen die aan zijn toekomst dacht. Hij had er zijn handen vol aan om ervoor te zorgen dat ze hun geld niet aan drank en andere uitspattingen, maar aan kleren en eten besteedden, en achter hen aan te zitten als ze te laat waren of het lieten afweten. Het was allemaal vermoeiend en af en toe ontmoedigend. Soms leek het alsof hij niet vier, maar tientallen kinderen had, van wie het gros verfhanden en een snor had.

Zijn telefoon ging over. Hij keek op het schermpje wie het was en nam op.

'Ahmad, hoe gaat het?' zei Zeitoun in het Arabisch.

Ahmad was Zeitouns oudste broer en beste vriend. Hij belde

uit Spanje, waar hij woonde met zijn vrouw en hun twee kinderen, die allebei op de middelbare school zaten. Het was laat in Ahmads deel van de wereld en Zeitoun was bang dat hij slecht nieuws had.

'Wat is er?' vroeg Zeitoun.

'Ik zit naar die storm van jullie te kijken,' zei hij.

'Je maakt me ongerust.'

'Je hebt ook alle reden om ongerust te zijn,' zei Ahmad. 'Dit zou wel eens het echte werk kunnen zijn.'

Zeitoun was sceptisch, maar luisterde aandachtig. Ahmad voer al dertig jaar als kapitein met tankers en oceaanboten over ieder denkbaar water. Hij wist als geen ander alles van stormen, hun koers en hun kracht. Toen hij jong was had Zeitoun een aantal reizen met hem gemaakt. Ahmad, die negen jaar ouder was dan hij, had hem als bemanningslid meegenomen naar Griekenland, Libanon en Zuid-Afrika. Zeitoun had zonder Ahmad ook op andere schepen gewerkt en zo gedurende tien zwerflustige jaren een groot deel van de wereld gezien, om uiteindelijk in New Orleans te belanden, waar hij een leven met Kathy had opgebouwd.

Ahmad klakte met zijn tong. 'Hij ziet er echt uitzonderlijk uit. Groot en traag. Ik volg hem via de satelliet,' zei hij.

Ahmad was een technofiel. Hij hield het weer en de in kracht toenemende stormwinden altijd goed in de gaten, of hij nou op zijn werk of thuis was. Op dit moment was hij thuis in Spanje, in Málaga aan de Middellandse Zee, waar hij in zijn rommelige werkkamer de storm volgde die over Florida trok.

'Zijn ze begonnen met evacueren?' vroeg Ahmad.

'Officieel niet,' zei Zeitoun. 'Maar er zijn er wel die vertrekken.'

'En Kathy en de kinderen?'

Zeitoun zei dat ze het daar nog niet over hadden gehad.

Ahmad zuchtte. 'Waarom ga je niet gewoon, voor de zekerheid?'

Zeitoun reageerde met een nietszeggend gebrom.

'Ik bel je nog,' zei Ahmad.

Zeitoun verliet de villa en liep naar de volgende klus, één straat verderop. Het kwam vaak voor dat ze verschillende klussen dicht bij elkaar hadden. Klanten leken zo blij verrast dat ze een betrouwbare aannemer hadden gevonden dat ze hem overal aanraadden en Zeitoun in korte tijd via via in een wijk zo nog zes, zeven klussen had.

Het volgende adres, waar hij al jaren regelmatig voor allerlei klussen over de vloer kwam, lag tegenover het huis van de schrijfster Anne Rice. Hij had niets van haar gelezen, maar Kathy wel, die las alles. Het huis waar ze bezig waren, behoorde tot de imposantste en prachtigste panden van New Orleans. Het had hoge plafonds en een magistrale brede binnentrap die met een boog vanuit de centrale hal opklom. Alles was met de hand gebeeldhouwd en iedere kamer was geheel in stijl volgens een bepaald thema vormgegeven en had een eigen karakter. Zeitoun had vermoedelijk iedere kamer meer dan eens geschilderd en niets wees erop dat de eigenaren klaar waren met renoveren. Hij was ontzettend graag in dit huis en bewonderde het handwerk en de aandacht die uit de buitenissige details en ornamenten sprak, zoals de muurschildering boven de schoorsteenmantel en het unieke smeedwerk van de balkons. Door die eigenzinnige, ongebreidelde romantische esthetiek, een vergankelijke en vervagende schoonheid die continue zorg behoefde, was deze stad anders dan alle andere en voor een aannemer een weergaloos werkgebied.

Hij ging naar binnen, trok de afdekfolie in de vestibule recht en liep door naar achteren. Daar nam hij even een kijkje bij Georgi, de Bulgaarse timmerman, die bij de keuken nieuw lijstwerk aanbracht. Georgi, die rond de zestig, stevig gebouwd en onvermoeibaar was, deed zijn werk goed, maar Zeitoun wist wel beter dan een praatje met hem aan te knopen. Als Georgi eenmaal van wal stak, zat je zo twintig minuten vast aan een college over de voormalige Sovjet-Unie, onroerend goed aan het water in Bulgarije en zijn vele caravanvakanties met zijn vrouw Albene, die jaren geleden was overleden en die hij erg miste.

Zeitoun stapte weer in zijn bestelbusje en werd via de radio overspoeld door nog meer waarschuwingen over de storm die Katrina heette. Die was twee dagen geleden ontstaan bij de Bahama's en had daar boten als speelgoed rondgeslingerd. Zeitoun hoorde het aan, maar kon zich er verder niet druk om maken. Het zou nog heel wat dagen duren eer die storm voor hem betekenis zou krijgen.

Hij reed naar het Presbytere aan Jackson Square, waar een van zijn andere ploegen bezig was met een delicate restauratie van het tweehonderd jaar oude gebouw. Lang geleden was dit een gerechtsgebouw geweest, nu was het een museum met een uitgebreide en bijzondere verzameling kunstvoorwerpen en souvenirs rond het thema van het plaatselijke carnavalsfeest Mardi Gras. Het was een prestigieuze opdracht en Zeitoun wilde goed voor den dag komen.

Kathy belde van huis. Ze had net een telefoontje gehad van een klant in de wijk Broadmoor. Zeitouns medewerkers hadden een raamkozijn dichtgeschilderd en er moest iemand komen om het los te maken.

'Ik ga zelf wel,' zei hij. Dat was de eenvoudigste oplossing, concludeerde hij. Hij zou erheen gaan en het raam losmaken. Klaar is Kees. Minder telefoontjes en geen wachttijd.

'Heb je 't gehoord over de storm?' vroeg Kathy. 'Tot nog toe drie doden in Florida.'

Zeitoun wuifde haar woorden weg. 'Deze storm is niet voor ons bedoeld,' zei hij.

Kathy stak vaak de draak met Zeitouns koppigheid, zijn hals-starrige verzet om te wijken voor welke kracht dan ook, of die nu een natuurlijke oorzaak had of niet. Zeitoun kon daar niets aan doen. Hij was opgegroeid in de schaduw van zijn vader, een legendarische zeevaarder die een hele reeks extreme beproevingen het hoofd had moeten bieden en ze als door een wonder allemaal had overleefd.

Zeitouns vader, Mahmoud, was nabij Jableh op het eiland Arwad geboren, het enige eiland voor de kust van Syrië. Het was zo'n klein stukje land dat het op sommige kaarten niet eens aangegeven stond. De meeste jongens daar werden scheepsbouwer of visser. Mahmoud ging al vroeg varen op de wateren tussen Libanon en Syrië. Hij monsterde aan op grote zeilvrachtschepen die hout naar Damascus en andere steden aan de kust vervoerden. Tijdens de Tweede Wereldoorlog was hij op een gegeven moment op zo'n schip onderweg van Cyprus naar Egypte. Zijn scheepsmaten en hij beseften vagelijk dat de asmogendheden hen op de korrel zouden kunnen nemen omdat ze mogelijk als toeleveranciers van de geallieerden zouden worden beschouwd, maar schrokken niettemin toen een eskadron Duitse vliegtuigen aan de horizon verscheen en snel op hen af vloog. Mahmoud en de overige bemanning doken de zee in vlak voordat de vliegtuigen begonnen te schieten. Voordat hun schip zonk, wisten ze nog net een opblaasbare reddingsboot los te gooien. Terwijl ze daarop klauterden, kwamen de Duitsers terug. Het leek erop dat ze vastbesloten waren alle overlevenden te doden. Mahmoud en zijn scheepsmaten moesten wel van het bootje springen en onder water blijven tot de Duitsers ervan overtuigd waren dat alle bemanningsleden doodgeschoten of verdronken waren. Toen het weer veilig leek, zwommen de zeelieden terug naar de reddingsboot, maar die bleek vol gaten te zitten. Ze stopten die dicht met hun hemden en voeren met hun handen peddelend kilometers ver tot ze de Egyptische kust bereikten.

Toen Zeitoun nog jong was vertelde Mahmoud zijn kinderen echter het vaakst een ander verhaal, vooral als hij hun een leven op zee wilde verbieden. Dat was het volgende verhaal. Mahmoud voer een keer op een elf meter lange schoener vanuit Griekenland terug naar huis. Ze kwamen in een zware, verraderlijke storm terecht. Urenlang zaten ze in die storm, tot de hoofdmast brak. Het hoofdzeil viel in het water en dreigde het hele schip achter zich aan naar beneden te trekken. Zonder na te denken klom Mahmoud in de mast om het zeil los te maken, zodat het schip zijn evenwicht zou hervinden. Maar toen hij bij de breuk in de mast kwam, brak die definitief in tweeën en viel in zee. Het schip voer acht knopen en kon met geen mogelijkheid omkeren. De bemanning gooide op goed geluk een aantal planken en een ton naar Mahmoud, maar na een paar minuten was het schip in de duisternis verdwenen. Hij was twee dagen alleen op zee met onder zich de haaien en boven zich de storm, en klampte zich vast aan de resten van de ton tot hij uiteindelijk bij Latakia aan land spoelde, zo'n tachtig kilometer ten noorden van het eiland Arwad.

Niemand, ook Mahmoud niet, kon geloven dat hij dit had overleefd en hij zwoer nadien dat hij nooit meer zo'n risico zou nemen. Hij zei het zeemansleven vaarwel, verhuisde met zijn gezin van Arwad naar het vasteland en verbood zijn kinderen om naar zee te gaan. Hij wilde dat ze allemaal een goede opleiding kregen en daardoor ook andere kansen hadden dan als visser of scheepsbouwer door het leven te gaan.

Mahmoud en zijn vrouw zochten in heel Syrië naar een nieuwe woonplaats ver van het water. Ze reisden maandenlang met hun kleine kinderen van de ene plaats naar de andere en bekeken allerlei huizen. Maar niets was het echt. Dat wil zeggen, het was allemaal niets, tot ze een huis van twee verdiepingen bekeken dat genoeg ruimte bood voor al hun huidige en toekomstige kinderen. Toen Mahmoud verkondigde dat dit precies het goede huis was, begon zijn vrouw te lachen. Vanuit het huis zag je de zee; de kust lag maar zo'n vijftien meter verderop.

In Jableh, hun nieuwe woonplaats, begon Mahmoud een ijzerhandel, stuurde hij zijn kinderen naar de beste scholen en maakte hij zijn zonen wegwijs in ieder vak dat hij kende. Iedereen kende de Zeitouns, ze werkten allemaal hard en vlug, en iedereen kende Abdulrahman, het achtste kind, een jongen die alles wilde weten en voor geen enkele klus terugdeinsde. Als tiener was hij altijd in de buurt van een van de plaatselijke handwerkslieden te vinden, waar hij nieuwsgierig hun verrichtingen observeerde. Zodra ze in de gaten hadden dat hij een serieuze jongen was die snel leerde, brachten ze hem alles bij wat ze wisten. Door de jaren heen kreeg hij zo ieder vak binnen handbereik onder de knie: vissen, schiemanswerk, schilderen, spantwerk, metselwerk, loodgieterswerk, dakdekken, tegelen, zelfs het repareren van auto's.

Zeitouns vader zou waarschijnlijk trots en verbaasd zijn geweest als hij had geweten welke richting zijn zoon was ingeslagen. Hij had liever niet dat zijn kinderen naar zee gingen, maar velen van hen, onder wie Zeitoun, hadden dat toch gedaan. Mahmoud had graag gezien dat zijn kinderen arts of leraar waren geworden. Zeitoun aardde echter te zeer naar zijn vader: eerst zeeman en later, om zijn gezin te kunnen verzorgen en ervan verzekerd te zijn dat hij zijn kinderen zou zien opgroeien, aannemer.

Zeitoun belde Kathy om elf uur. Hij had het raam in Broadmoor losgemaakt en was nu bij de bouwmarkt.

'Is er nieuws?' vroeg hij.

'Het ziet er slecht uit,' zei ze.

Ze was online. Het National Hurricane Center had Katrina inmiddels gepromoveerd naar categorie 2. Het had de mogelijke route van de storm bijgesteld. De verwachting was nu dat de storm via het smalle deel van Florida langs de Mississippi over

Louisiana zou trekken. Hij raasde nu boven het zuiden van Florida met windsnelheden van ongeveer 150 kilometer per uur. Ten minste drie mensen waren al omgekomen; 1,3 miljoen huishoudens zaten zonder stroom.

'Mensen hier zijn er niet gerust op,' zei Zeitoun terwijl hij om zich heen keek in de winkel. 'Er wordt veel triplex ingeslagen.' De rijen bij de kassa's waren lang. De voorraden plasticfolie, rollen duct-tape en touw, en trouwens alle producten om ramen tegen stormwind te beschermen, raakten op.

'Ik blijf het nieuws volgen,' zei Kathy.

Op de parkeerplaats wierp Zeitoun een kritische blik op de lucht of er al aanwijzingen waren van de aankomende storm. Hij zag niets bijzonders. Terwijl hij met zijn karretje over de parkeerplaats liep, werd hij aangesproken door een jongeman die eveneens een karretje vol aankopen voor zich uit duwde.

'Hoe gaan de zaken?' vroeg de knul.

Vast een elektricien, dacht Zeitoun.

'Niet slecht,' zei Zeitoun. 'En bij jou?'

'Kon beter,' zei hij en hij stelde zich voor en noemde zijn vak. Hij was inderdaad een elektricien. Hij stond naast Zeitoun geparkeerd en hielp Zeitoun bij het uitladen van zijn karretje. 'Mocht je er ooit eentje nodig hebben,' zei hij, 'ik hou me altijd aan afspraken en maak af waar ik aan begin.' Hij gaf Zeitoun zijn kaartje. Ze schudden elkaar de hand en de elektricien stapte in zijn eigen busje. Het ontging Zeitoun niet dat het in betere staat verkeerde dan zijn eigen busje.

'Heb je mij eigenlijk wel nodig?' vroeg Zeitoun. 'Jouw busje is nieuwer dan het mijne.'

Ze lachten allebei. Zeitoun legde het kaartje op zijn dashboard en reed weg. Hij zou hem vroeg of laat wel bellen, vermoedde hij. Hij kon altijd elektriciens gebruiken en deze man had een sympathieke manier van doen.

Toen hij elf jaar geleden voor het eerst aan de slag ging in New Orleans had Zeitoun voor vrijwel iedere aannemer in de stad gewerkt. Hij had voor hen geschilderd, gipsplaten aangebracht, getegeld, wat ze maar nodig hadden, tot hij aangenomen werd door ene Charlie Saucier. Charlie had een eigen bedrijf, dat hij van de grond af aan had opgebouwd. Hij was rijk geworden en hoopte met pensioen te kunnen gaan voordat zijn knieën het lieten afweten.

Charlie had een zoon van tegen de twintig en wilde niets liever dan zijn bedrijf overdragen aan zijn zoon. Hij hield van zijn zoon, maar die was geen harde werker. Hij was achterbaks en ondankbaar, kwam vaak niet opdagen bij klussen, en als hij wel kwam, deed hij zijn werk ongeïnspireerd en deed hij neerbuigend tegen zijn vaders medewerkers.

Zeitoun had in die dagen geen auto en ging daarom op de fiets naar Charlies bouwplaatsen. Hij had een fiets met tien versnellingen die hij voor veertig dollar had gekocht. Op een dag, Zeitoun was al aan de late kant, kreeg hij een lekke band. Hij fietste nog een kleine kilometer door op de velg, maar gaf het toen op. Hij moest in twintig minuten ruim zes kilometer zien te overbruggen en alles wees erop dat hij voor het eerst van zijn leven te laat op zijn werk zou verschijnen. Hij kon zijn fiets niet gewoon achterlaten en gaan rennen; hij had die fiets nodig. Doorfietsen met een lekke band was evenmin een optie. Daarom tilde hij de fiets op zijn schouder en liep zo hard hij kon. Hij kneep 'm behoorlijk. Zou hij een slechte naam krijgen als hij te laat op zijn werk kwam? Charlie zou teleurgesteld zijn en misschien niet meer met hem willen werken. En wat als Charlie het met andere aannemers over hem had en Zeitoun niet kon aanbevelen? Dat kon verreikende gevolgen hebben. Werk was een piramide, dat wist hij inmiddels, die je dag na dag opbouwde.

Hij liep sneller. Hij zou te laat zijn, maar als hij de pas erin zette misschien hooguit een kwartiertje. Het was augustus en de luchtvochtigheid was enorm hoog. Na zo'n anderhalve kilometer rennen droop hij van het zweet. Naast hem stopte een open bestelwagen.

'Wat ben jij nou aan het doen?' vroeg iemand. Zonder vaart te minderen draaide Zeitoun zijn hoofd om te zien wie dat was. Hij vermoedde dat het een of andere goochemerd was die het geinig vond om een man die met een fiets op zijn rug langs de weg holde op de hak te nemen. Maar het was zijn baas, Charlie Saucier.

'Ik ben op weg naar die klus,' zei Zeitoun. Hij rende nog steeds. Later bedacht hij dat hij toen had moeten blijven staan, maar hij zat in een bepaald ritme en liep daarom door terwijl de bestelwagen stapvoets met hem meereed.

Charlie moest lachen. 'Gooi die fiets maar achterin.'

Toen ze wegreden, keek Charlie zijdelings naar Zeitoun. 'Weet je, ik zit al dertig jaar in dit vak en jij bent de beste medewerker die ik ooit heb gehad.'

Ze reden naar de bouwplaats en Zeitoun durfde zich eindelijk een beetje te ontspannen nu hij wist dat hij die dag niet ontslagen zou worden.

'Ik heb één kerel,' ging Charlie verder, 'die zegt dat hij niet kan komen werken omdat hij zijn auto niet aan de praat krijgt. Een ander komt niet omdat hij zich heeft verslapen. Omdat hij zich heeft verslapen! Weer een ander is door zijn vrouw het huis uit gegooid of zoiets. Dus komt hij niet werken. Ik heb zo'n twintig, dertig medewerkers en gemiddeld komen er op een dag zo'n tien opdagen voor werk.'

Ze stonden stil bij een stopbord en Charlie keek Zeitoun lange tijd onderzoekend aan. 'En dan heb ik jou. Jij hebt een waterdicht excuus. Je hebt alleen maar een fiets en je hebt een lekke band. Maar jij sjort die fiets op je rug. Ik ken verder niemand die zoiets zou doen.'

Vanaf die dag ging het snel bergopwaarts voor Zeitoun. Binnen een jaar had hij genoeg geld gespaard om een eigen bestelwagen te kunnen kopen. Twee jaar later was zijn eigen bedrijf een feit en werkten er zo'n twaalf man voor hem.

Tegen het middaguur begaf Zeitoun zich naar het Islamic Center aan St. Claude, een bescheiden ogende moskee annex gemeenschapscentrum in het centrum van de stad. Zijn broers en zussen beleden ieder op eigen wijze hun geloof, maar Zeitoun was vermoedelijk het diepst gelovig en sloeg geen enkel dagelijks gebed over. De Koran roept gelovigen op het gebed vijf keer per dag te verrichten: voor zonsopgang, op het midden van de dag, in de namiddag, bij zonsondergang en tot slot anderhalf uur na zonsondergang. Als hij omstreeks het namiddaggebed niet ver van huis was, bad hij thuis; zo niet, dan bad hij waar hij zich op dat moment voor werk bevond. Hij had inmiddels op de meest uiteenlopende plekken in de stad gebeden: op bouwterreinen, in parken, bij vrienden thuis enzovoort. Maar op vrijdag ging hij altijd naar deze moskee om daar met vrienden bijeen te komen voor de *salat al-djuma*, het rituele vrijdaggebed van de islam waaraan alle mannen van de moslimgemeenschap deelnamen.

Binnen verrichtte hij de *wudu*, de rituele reiniging die gelovigen dienen uit te voeren. Vervolgens begon hij aan zijn gebed:

In de naam van God, de erbarmer, de barmhartige.
Lof zij God, de Heer van de wereldbewoners,
de erbarmer, de barmhartige,
de heerser op de oordeelsdag.
U dienen wij en U vragen wij om hulp.
Leid ons op de juiste weg,
de weg van hen aan wie U genade geschonken hebt,
op wie geen toorn rust en die niet dwalen.

Na het gebed belde hij Kathy.

'Hij is al bijna categorie 3,' zei ze.

Kathy was thuis en volgde via internet het weer.

'Komt hij onze kant uit?' vroeg hij.

'Ze zeggen van wel.'

'Wanneer?'

'Dat is onzeker. Maandag misschien.'

Zeitoun haalde zijn schouders op. Maandag betekende wat hem betreft nooit. Dit was eerder gebeurd, herinnerde hij zich, al heel vaak zelfs. Zulke stormen woedden zo vaak boven Florida, richtten enorme verwoestingen aan en bloedden dan dood als ze eenmaal verder landinwaarts of boven de Golf van Mexico waren.

Kathy kreeg een wisselgesprek. Ze nam afscheid van Zeitoun en nam het andere gesprek aan. Het was Rob Stanislaw, een oude klant en vriend.

'Vertrekken jullie of zijn jullie gek?' vroeg hij.

Kathy grinnikte. 'Ik wil weg. Natuurlijk. Maar mijn wederhelft denkt er anders over.'

Rob zat in een vergelijkbaar parket. Zijn partner, Walt Thompson, was net als Zeitoun een stijfkop die altijd dacht dat de informatie die hij had beter was dan alle informatie die anderen hadden opgeduikeld. Rob en Walt kenden elkaar vijftien jaar en waren sinds 1997 nauw bevriend met de Zeitouns. Ze hadden de Zeitouns in de arm genomen voor de verbouwing van een huis dat ze hadden gekocht en de twee stellen hadden het onmiddellijk goed met elkaar kunnen vinden. Door de jaren heen was het onderlinge vertrouwen steeds sterker geworden.

Walts familie woonde in Baton Rouge en volgens Rob zat het er dik in dat Walt en hij daar het weekend heen zouden gaan. Rob en Kathy spraken af dat ze elkaar die dag geregeld op de hoogte zouden houden.

Ze wilde net even ophouden met internetten toen haar aandacht werd getrokken door een nieuwsbericht. Het stond nog maar net op internet en ging over een vijfkoppig gezin dat vermist werd op zee. Er was verder weinig bekend: twee ouders en drie kinderen, van vier, veertien en zeventien. Ze waren gaan zeilen in de Golf van Mexico en hadden donderdag in Cape Coral moeten arriveren. Maar toen de storm opstak, was het contact met de boot verbroken. Familie en vrienden hadden de kustwacht gewaarschuwd en er werd met boten en vliegtuigen naar hen gezocht. Meer kon hierover op dat moment niet worden gezegd. Het zag er slecht uit.

Kathy was er kapot van. Dit soort verhalen greep haar altijd erg aan.

Kathy belde haar echtgenoot op. 'Rob en Walt gaan.'

'Serieus? Walt ook?'

Zeitoun vertrouwde Walts oordeel vrijwel blind.

Kathy had de indruk dat haar echtgenoot nu meer naar haar kant neigde. 'Driehonderdtachtig millimeter regen, zeggen ze.'

Zeitoun zweeg.

'Golven van ruim zevenenhalve meter hoog,' ging Kathy verder.

Zeitoun begon over iets anders. 'Heb je de DeClercs zover gekregen dat ze akkoord gaan met dat verfmonster?'

'Ja, heb ik,' zei Kathy. 'Heb je gehoord over dat vijfkoppige gezin?'

Dat had hij niet, en Kathy vertelde hem bijna in één adem over het gezin dat in het kleine bootje op zee vermist was, meegesleurd door de orkaan, net als de Zeitouns konden worden meegesleurd als ze geen veilig heenkomen zochten.

'Wij zitten niet op het water, Kathy,' zei Zeitoun.

Zeitoun had tien jaar lang het grootste deel van de tijd doorgebracht op schepen die van alles vervoerden, van vruchten tot en met olie. Hij had als bemanningslid, als monteur en als visser gewerkt, en was overal geweest, van Japan tot aan Kaapstad. Al die jaren had zijn broer Ahmad hem gezegd: 'Als een zeeman de juiste haven of de juiste vrouw vindt, gaat hij voor anker.' In 1988 bereikte Zeitoun de Verenigde Staten op een tanker die olie van Saudi-Arabië naar Houston vervoerde. Hij ging werken voor een aannemer in Baton Rouge en ontmoette daar Ahmaad, een Libanese Amerikaan die een van zijn beste vrienden werd en via wie hij zijn toekomstige vrouw zou ontmoeten.

Ahmaad werkte in die tijd bij een benzinepomp en Zeitoun was daar gipsplaten aan het plaatsen. Hun gelijksoortige afkomst schiep een band en op een dag vroeg Zeitoun aan Ahmaad of hij een alleenstaande vrouw kende die bij hem zou passen. Ahmaad was getrouwd met Yuko, een Amerikaanse vrouw met Japanse voorouders, die zich tot de islam had bekeerd. Yuko had een alleenstaande vriendin. Maar Ahmaad aarzelde. Hij mocht Zeitoun graag, vertrouwde hem en wilde hem helpen, maar had al een andere vriend in gedachten als partner voor Yuko's vriendin. Als het niets werd tussen die twee, zei hij, zou hij Yuko's vriendin zeker aan Zeitoun voorstellen. Zeitoun was bereid om die voorwaarde te respecteren, maar was ook erg nieuwsgierig geworden. Wie was deze vrouw die zo goed in de markt lag dat Ahmaad niet eens haar naam wilde noemen?

In dat jaar groeide Zeitouns vastberadenheid om de juiste vrouw te vinden. Tegen vrienden en neven zei hij dat hij een moslima zocht die met beide benen op de grond stond en een gezin wilde. Hij stond bekend als serieus en hardwerkend, en leerde via zijn kennissen heel wat vrouwen kennen. Hij werd naar New York gestuurd om daar de dochter van een kennis te ontmoeten. Hij reisde naar Oklahoma om de nicht van een vriend te ontmoeten. Hij ging naar Alabama om de zus van de kamergenoot van een collega te ontmoeten.

Intussen had Yuko's vriendin kennisgemaakt met Ahmaads

vriend. Ze hadden een paar maanden verkering gehad, maar de relatie was op niets uitgelopen. Ahmaad hield woord en liet Zeitoun weten dat Yuko's vriendin weer alleenstaand was. Pas toen hoorde Zeitoun hoe ze heette: Kathy.

'Kathy?' vroeg Zeitoun. Hij kende niet veel moslima's die Kathy heetten. 'Kathy hoe?'

'Kathy Delphine,' zei Ahmaad.

'Is ze Amerikaans?'

'Ze komt uit Baton Rouge. Ze is bekeerd.'

Zeitouns nieuwsgierigheid werd nog groter. Alleen een moedige en standvastige vrouw nam zo'n stap.

'Maar hoor eens even,' zei Ahmaad, 'ze is gescheiden. Ze heeft een zoontje van twee.'

Dit bracht Zeitoun niet op andere gedachten.

'Wanneer kan ik haar ontmoeten?' vroeg hij.

Ahmaad vertelde dat ze in een meubelzaak werkte en gaf Zeitoun het adres. Zeitoun bedacht een plan. Hij zou voor de winkel parkeren en haar ongemerkt gadeslaan. Aan Ahmaad legde hij uit dat dit de Jableh-manier was. Voordat hij haar had gezien, wilde hij niets ondernemen en wilde hij niet dat iemand namens hem zijn bedoelingen zou doorgeven. Zo deed je dat in de stad waar hij vandaan kwam: van een afstand gadeslaan, vragen stellen, informatie verzamelen en dan elkaar ontmoeten. Hij wilde geen misverstanden en geen gekwetste gevoelens.

Op een dag reed hij om een uur of vijf de parkeerplaats van de meubelzaak op met het idee dat hij daar zou wachten tot haar werkdag erop zat en ze naar buiten zou komen. Hij was er net lekker voor gaan zitten toen een jonge vrouw naar buiten stormde. Ze droeg een spijkerbroek en een hijaab, was een opvallende verschijning en was erg jong. Ze streek een paar plukken haar onder haar hoofddoek en keek de parkeerplaats rond. Toen liep ze verder. Ze bewoog zich met veel zelfvertrouwen voort en wapperde daarbij met haar handen alsof ze haar pasgelakte nagels wilde laten drogen. Ineens glimlachte ze, alsof ze aan iets dacht waar ze eerder om had moeten lachen. Waar dacht ze aan, vroeg Zeitoun zich af. Ze was heel mooi, had een gezonde blos en een opvallende glimlach. Die was breed, verlegen, aanstekelijk. Ik wil dat ze zo glimlacht als ze aan mij denkt, dacht hij. Ik wil die ene speciale zijn. Ik wil de reden zijn. Met iedere stap die ze dichter bij hem kwam vond hij haar leuker. Hij was verkocht.

Maar ze kwam te dichtbij. Ze liep rechtstreeks op hem af. Wist ze dat hij hierheen was gekomen voor haar? Hoe kon dat? Iemand moest het haar hebben verteld. Ahmaad? Yuko? Ze was bijna bij zijn auto. Hij zou voor gek staan. Waarom liep ze rechtstreeks op hem af? Hij was er nog niet klaar voor om haar te ontmoeten.

Bij gebrek aan een ander plan dook hij weg. Hij bleef ineengedoken onder het dashboard zitten, hield zijn adem in en wachtte. Alstublieft, God, dacht hij, alstublieft. Zou ze langslopen of zou ze voor zijn raampje blijven staan, vol verbazing over de man die zich daar probeerde te verstoppen? Hij voelde zich belachelijk.

Kathy had echter helemaal niet in de gaten dat ze langs een man liep die zich onder zijn stuur verborgen hield. Haar auto stond toevallig naast die van hem. Ze deed het portier open, stapte in en reed weg.

Toen ze weg was, ging Zeitoun rechtop zitten, haalde opgelucht adem en probeerde zijn bonzende hart tot rust te krijgen.

'Ik moet haar zien,' zei hij tegen Ahmaad.

Ze spraken af dat ze elkaar bij Ahmaad en Yuko thuis zouden ontmoeten. Het zou een informeel etentje zijn met verder Ahmaad en Yuko's kinderen en Kathy's zoontje Zachary. Het zou heel vrijblijvend zijn, gewoon een kans voor hen allebei om wat te praten en voor Kathy, die Zeitoun nog nooit had gezien, om deze man die in haar geïnteresseerd was te ontmoeten.

Toen ze hem zag, was ze gecharmeerd van zijn ogen en zijn knappe gezicht met de goudbruine huid. Maar hij leek haar te conservatief en was ook al vierendertig, terwijl zij pas eenentwintig was. Veel ouder dan ze zich had voorgesteld voor een echtgenoot. Bovendien was ze net twee jaar daarvoor gescheiden van haar eerste man en had ze het gevoel dat ze nog niet klaar was voor een nieuwe start. En waar had ze trouwens een man voor nodig? Ze kon Zachary prima alleen grootbrengen, ze waren een perfect, gestroomlijnd team en ze zag geen reden om het evenwicht in haar leven te verstoren. Haar eerste huwelijk had alles op zijn kop gezet, dat wilde ze niet nog eens riskeren.

Nadat hij die avond was vertrokken, zei Kathy tegen Yuko dat hij haar best aardig leek, maar dat ze volgens haar niet goed bij elkaar pasten.

In de twee daaropvolgende jaren zagen Zeitoun en zij elkaar echter zo nu en dan toch, bijvoorbeeld als hij bij een barbecue van Ahmaad en Yuko was, maar dan vertrok hij weer als Kathy kwam. Dat deed hij uit respect voor haar; hij wilde niet dat ze zich ongemakkelijk voelde. Hij vroeg wel geregeld naar haar en liet eens per jaar via Yuko terloops informeren of ze misschien van gedachten was veranderd.

Kathy's kijk op de zaken veranderde intussen geleidelijk. Zachary werd ouder en ze begon zich schuldig te voelen. Ze ging vaak met hem naar het park, zag hoe andere jongens met hun vader speelden en begon zich af te vragen of ze zich egoïstisch opstelde. Een jongen heeft een vader nodig, bedacht ze. Was het oneerlijk om een mogelijke vaderfiguur in Zachary's leven geen kans te geven? Ze was dan wel nog niet zover om zich naar deze ideeën te gedragen, maar in haar had de wens naar verandering wortel geschoten. Zachary werd drie, toen vier en met het verstrijken van de jaren begon ze steeds meer open te staan voor iets nieuws.

Vroeg in de namiddag belde Kathy Zeitoun.

'Laten we het nog even aankijken,' zei hij.

'Daarom bel ik niet,' zei ze.

Een klant aan de West Bank wilde haar badkamer over laten verven.

'Serieus? We waren daar net klaar,' zei hij.

'Ze vindt het niet mooi.'

'Ik heb haar gezegd dat die kleur niet geschikt was. Feloranje.'

'Tja, ze vindt nu dat je gelijk hebt.'

'Ik ga er meteen wel even heen,' zei hij.

'Niet te snel,' zei ze.

'Moet ik er nou wel of niet heen?'

'Ik wil alleen dat je niet te snel rijdt,' zei ze. Kathy had het niet zo op zijn rijstijl, helemaal niet nu er ook mensen op de weg waren die zich druk maakten om een aankomende storm. Ze wist dat Zeitoun zichzelf als een prima chauffeur beschouwde, maar als ze samen in de auto zaten was zij één bonk zenuwen.

'Kathy, toe...' begon hij.

'Ik vind het gewoon eng als jij rijdt!'

'Luister nou,' zei hij, waarmee hij, zoals Kathy wist, een van zijn vertrouwde gedachte-experimenten inluidde. 'Laten we aannemen dat de gemiddelde autobezitter dagelijks een uur of twee in de auto zit en dat zo iemand per jaar gemiddeld twee bekeuringen krijgt. Ik zit vermoedelijk iedere dag zo'n zés uur achter het stuur. Hoeveel bekeuringen zou ik dan moeten krijgen? Dat is mijn vraag.'

'Ik zeg alleen dat ik het persoonlijk eng vind als jij rijdt.'

'Ik krijg maar twee, drie bekeuringen per jáár, Kathy! Ik heb eens iemand gekend die dertig jaar lang taxichauffeur was in New York. Zonder vergunning. En die vent...'

Kathy was niet geïnteresseerd in die taxichauffeur uit New York.
'Ik zeg alleen...'

'Kathy, Kathy. In Syrië hebben we een gezegde: "De gek praat, de wijze luistert."'

'Maar jij bent aan het woord.'

Zeitoun moest lachen. Ze was hem altijd te slim af.

'Ik bel je straks,' zei ze.

Zeitoun reed naar de West Bank om de feloranje badkamer in ogenschouw te nemen. Hij probeerde er maar om te lachen dat zijn klanten soms zo wispelturig waren. Het hoorde erbij en als hij zich iedere keer als iemand van gedachten veranderde zou ergeren, had hij geen leven. Het betekende in ieder geval dat hij nooit een saaie werkdag had. Het uitermate persoonlijke karakter van zijn werkgebied, het subjectieve van smaak en zaken als licht, gordijnen en vloerbedekking, stonden er garant voor dat mensen tot nieuwe inzichten kwamen en bepaalde werkzaamheden opnieuw moesten worden uitgevoerd.

Maar de vreemdste verzoeken kwamen toch vaak van de meest normaal ogende mensen. Neem bijvoorbeeld die ene klant, zo'n typisch zuidelijke welgestelde dame. Ze had schildersbedrijf Zeitoun opgebeld en kon het prima vinden met Kathy, die gezellig babbelde in een vertrouwde tongval. Toen de schilders voor de deur stonden en het buitenwerk van haar huis onder handen wilden nemen, belde de vrouw Kathy echter onmiddellijk weer op.

'Ik mag deze kerels niet,' zei ze.

'Wat is er mis met ze?' vroeg Kathy.

'Ze zijn donker,' zei ze. 'Ik wil dat alleen blanke mensen aan mijn huis werken.' Ze zei het alsof ze aangaf welke dressing ze op haar salade wilde.

'Blanke mensen?' Kathy lachte. 'Het spijt me, die zijn net op.'

Ze wist de vrouw ervan te overtuigen dat de mannen die ze had gestuurd, in dit geval allemaal Latijns-Amerikanen, vakmensen waren die het werk uitstekend zouden doen. De vrouw bond in, maar bleef toch steeds weer bellen. 'Hij is te klein voor een schilder,' zei ze over Hector, een medewerker die bijna één meter vijfentachtig was. Toen de vrouw besefte dat, hoeveel ze ook klaagde, deze schilders gewoon niet door langere, blanke schilders zouden worden vervangen, legde ze zich bij de feiten neer, maar ze bleef de mannen wel nauwlettend in de gaten houden.

Eens in de zoveel tijd vielen klanten natuurlijk over Zeitouns achternaam. Ze belden voor een offerte en vroegen vervolgens aan Kathy: 'Zeitoun, waar komt die naam vandaan? Waar komt hij vandaan?' 'O, hij is Syriër,' antwoordde Kathy dan. Na een langere of kortere pauze zei zo iemand dan wel eens: 'O, oké, laat maar zitten.' Het gebeurde niet vaak, maar toch vaak genoeg.

Soms vertelde Kathy Zeitoun over zo'n voorval, soms ook niet en nooit tijdens het eten. Doorgaans deed hij het met een grapje af, maar bij vlagen kon hij zoiets niet van zich af zetten. Zijn frustratie ten opzichte van sommige Amerikanen had veel weg van die van een teleurgestelde ouder. Hij was zo ingenomen met dit land, zo onder de indruk en verrukt van de kansen die het bood. Waarom lieten Amerikanen zich dan soms van zo'n lelijke kant zien? Als hij eenmaal over het onderwerp begon, was het altijd zo gedaan met de goede sfeer aan tafel. Hij ging dan eerst de aanwezigheid van moslims in Amerika verdedigen en borduurde daar vervolgens op voort. Sinds de aanvallen in New York, zei hij dan, werd bij iedere misdaad die door een moslim was begaan het geloof van die persoon genoemd, of dat nou relevant was of niet. Als een christen een misdaad begaat, wordt dan zijn geloof genoemd? Als een christen op het vliegveld wordt aangehouden omdat hij een pistool aan boord wilde meesmokkelen, wordt dan in het Westen bekend gemaakt dat heden een christen is aangehouden en dat hij wordt ondervraagd? En hoe zit het met Afro-Amerikanen? Als een zwarte man een misdaad begaat, wordt dat meteen vermeld: 'Vandaag is een Afro-Amerikaan aangehouden...' Maar neem nou Amerikanen met een Duitse achtergrond. Of met Engelse voorouders. Een blanke overvalt een buurtwinkel. Wordt er iets gezegd over zijn Schotse afkomst? In geen enkel ander geval wordt er over iemands herkomst gerept.

Vervolgens citeerde Zeitoun uit de Koran:

Weest standvastig in de gerechtigheid als getuigen voor God,
al is het tegen jullie zelf of de ouders of de verwanten.
Of het nu om een rijke of om een arme gaat,
God staat hen beiden zeer na.
Volgt dus niet je geneigdheid om niet rechtvaardig te zijn.
Maar als jullie verdraaien of jullie afwenden,
dan is God welingelicht over wat jullie doen.

Het verbaasde Kathy hoe goed hij de Koran kende en hoe vlot hij bij iedere gelegenheid een passende passage kon citeren. Maar dan nog. Zulke monologen tijdens het avondeten? Het was goed dat de kinderen van dergelijke vooroordelen wisten, maar dat ze Zeitoun zo teleurgesteld zagen dat hij zich zo opwond na een lange werkdag, dat was het allemaal niet waard. Uiteindelijk kon Zeitoun dit soort voorvallen altijd wel weglachen, behalve als een klant zijn stem tegen Kathy had verheven.

Ze hadden eens een jonge vrouw als klant gehad die getrouwd was met een arts. Ze was slank en knap en zag er altijd onberispelijk verzorgd uit. Zeitoun had totaal geen onraad geroken toen hij een offerte voor haar had gemaakt en aan de slag zou gaan met het schilderen van haar trappenhuis en de logeerkamer. Ze vertelde dat haar man en zij logés verwachtten en wilde dat het trappenhuis en de logeerkamer binnen vijf dagen geschilderd waren. Zeitoun zei dat het een krappe planning was, maar wat hem betreft zonder meer haalbaar. Ze was opgetogen. Geen andere schilder had kunnen garanderen dat haar deadline haalbaar was.

De volgende dag stuurde Zeitoun drie van zijn mannen naar

het adres. De jonge vrouw zag hoe snel en efficiënt Zeitouns ploeg werkte en vroeg Zeitoun of ze ook het kantoor van haar man en de slaapkamer van haar dochter konden doen. Hij zei dat dat kon en stuurde extra schilders naar het adres. Ze wilde steeds meer kamers en klussen laten doen, waaronder het opnieuw betegelen en schilderen van een badkamer, en Zeitouns mensen bleven al het werk in hetzelfde snelle tempo uitvoeren.

Maar het ging haar niet snel genoeg. Op de derde dag belde Kathy Zeitoun bijna in tranen op. De vrouw had Kathy kort achter elkaar vier keer gebeld en was vloekend tekeergegaan. Het huis was niet klaar, had de klant op hoge toon gezegd, en haar gasten zouden binnen twee dagen op de stoep staan. Kathy had geantwoord dat Zeitouns mannen de oorspronkelijke klus in de logeerkamer ruim op tijd hadden voltooid. Maar dat vond de klant niet genoeg. Ze wilde dat alles, alle zeven kamers en al die extra klusjes, binnen vijf dagen klaar was. Ze wilde dat er drie keer zoveel werk binnen dezelfde tijd werd uitgevoerd.

Kathy had geprobeerd een redelijk gesprek met haar te voeren. Zeitoun en zij hadden nooit beloofd dat al het extra werk binnen vijf dagen klaar zou kunnen zijn. Dat was een onmogelijke planning die niemand kon halen, zelfs Zeitoun A. Painting Contractor LLC niet. Maar de klant was niet vatbaar voor redelijke argumenten. Ze snauwde Kathy af, hing op, belde weer, hing weer op. Ze raasde en tierde en was aanmatigend en vilein.

Een geëmotioneerde Kathy belde Zeitoun op zijn mobiel terwijl hij onderweg was naar een opdracht aan de andere kant van de stad. Nog voor ze had opgehangen, had hij rechtsomkeert gemaakt en scheurde hij tegen de snelheidslimiet aan naar het adres van de herrieschoppende klant. Eenmaal daar liep hij rustig naar het huis en zei hij tegen zijn mannen dat ze vertrokken. Binnen tien minuten hadden ze hun verf, ladders, kwasten en afdekdoeken ingepakt en in Zeitouns bestelwagen geladen.

Terwijl Zeitoun achteruit de weg op reed, kwam de echtgenoot van de klant naar buiten hollen. 'Wat is er aan de hand?' vroeg hij. 'Wat is er gebeurd?' Zeitoun was zo kwaad dat hij amper op Engelse woorden kon komen. Het was eigenlijk maar goed ook dat hij niets zei. Hij wachtte een paar tellen en zei toen alleen dat niemand zo tegen zijn vrouw mocht praten, dat hij de klus hierbij beëindigde, dat hij klaar was en succes ermee.

Toen hij bij het huis met de feloranje badkamer kwam, belde hij Kathy om de prijzen voor het materiaal dat ze nodig hadden door te nemen. Hij keek rond in de oranje kamer, al deed die pijn aan zijn ogen, en zag dat ze een nieuw bad hadden, een enorme antieke badkuip op leeuwenpoten.

'Hij is groot, maar is ie ook mooi?' vroeg Kathy.

'Ja, net als jij!' grapte hij.

'Pas op wat je zegt,' zei ze. 'Ik kan afvallen, maar dat haar van jou groeit nooit meer aan.'

Toen ze elkaar hadden leren kennen, lette Kathy obsessief op haar gewicht en was ze veel te dun. Ze was een mollig kind geweest, althans in de ogen van sommigen, en in haar tienerjaren had haar gewicht hevig geschommeld. Ze had vreetbuien, ging dan weer op dieet en dat patroon herhaalde zich steeds weer. Toen ze met Zeitoun was getrouwd, stond hij erop dat ze ophield met dat gehannes met haar gewicht en als een normaal mens zou eten. Dat deed ze en nu zei ze vaak spottend dat ze te ver was gegaan. 'God zij dank voor de *abaya*,' zei ze tegen vriendinnen. Als ze geen zin had om zich druk te maken over kleding of hoe dingen haar stonden, was de van schouder tot teen allesbedekkende islamitische jurk een uitkomst, die ook nog eens netjes stond.

Er werd op de deur geklopt. Kathy deed open en stond oog in oog met Melvin, een Guatemalaanse schilder. Hij wilde vóór het weekend zijn geld ontvangen.

Zeitoun spande zich tot het uiterste in om zijn mensen goed

en op tijd te kunnen betalen. Hij citeerde altijd de profeet Mohammed: 'Betaal de arbeider zijn loon voordat het zweet op zijn lichaam is opgedroogd.' Deze uitspraak vormde voor Zeitoun een basis en een constante leidraad voor de wijze waarop Kathy en hij zakendeden. Zijn medewerkers wisten dat.

Niettemin betaalde Zeitoun zijn mannen bij voorkeur op zondag of maandag. Als hij ze namelijk op vrijdag betaalde, waren er te veel die dan het hele weekend onderdoken. Maar Kathy was fijngevoelig. Ze had er de grootste moeite mee om de uitbetaling van het loon ook maar een uurtje uit te stellen als zo'n arbeider badend in het zweet voor haar stond, met bloedende knokkels en zijn onderarmen geel van het zaagsel.

'Niet tegen Zeitoun zeggen,' zei ze en ze schreef een cheque voor hem uit.

Kathy zette de tv aan en zapte langs de kanalen. Op iedere zender ging het over de storm.

Het nieuws was hetzelfde als eerder: Katrina was nog steeds naar hen onderweg en zwakte niet af. Omdat de orkaan in zijn geheel zich zo langzaam verplaatste, met zo'n dertien kilometer per uur, veroorzaakten de onafgebroken rukwinden catastrofale schade en zouden ze dat vooralsnog blijven doen.

Kathy luisterde slechts met een half oor naar het nieuws, tot ze ineens de woorden 'vijfkoppig gezin' opving. Het ging over het gezin dat vermist werd op zee. O nee, dacht ze. Alsjeblieft niet. Ze zette het geluid harder. Ze waren nog steeds niet gevonden. De vader heette Ed Larsen. Hij was bouwopzichter. Je meent het, dacht ze. Hij had een weekje vrij genomen om met zijn gezin te gaan zeilen op zijn jacht de Sea Note. Ze waren bij Marathon geweest en waren op weg naar Cape Coral toen de radioverbinding was verbroken. Aan boord waren Larsen en zijn vrouw en kinderen. Ze hadden weer koers gezet naar de kust voor een familiereünie. De andere familieleden waren al bij elkaar en hadden geconstateerd dat de Larsens er nog niet waren. Het feest was omgeslagen in een wake van ongerustheid en gebed.

Kathy kon er niet tegen.

Ze belde haar man. 'We moeten gaan.'

'Rustig, rustig,' zei hij. 'Laten we rustig afwachten wat er gebeurt.'

'Alsjeblieft,' zei ze.

'Serieus?' zei hij. 'Ga jij dan maar.'

Kathy was een paar keer met de kinderen naar het noorden gereisd als een storm te dichtbij kwam, maar ze hoopte dat het dit keer niet nodig zou zijn. Ze had werk liggen dat in het weekend moest gebeuren, de kinderen hadden ook weekendplannen en ze kwam van zo'n reisje altijd vermoeider terug dan toen ze vertrok.

Vrijwel altijd vertrokken Kathy en de kinderen zonder Zeitoun, of ze nou een storm ontvluchtten of een weekendje vrij namen. Haar echtgenoot liet de zaak niet graag onbemand achter; hij vond het ook moeilijk om dagen achter elkaar te ontspannen, en na jaren zonder vakantie had Kathy gedreigd dat ze op een willekeurige vrijdag na school met kinderen en al naar Florida zou vertrekken. Zeitoun had haar in eerste instantie niet geloofd. Zou ze echt gewoon pakken en vertrekken, of hij meeging of niet?

Dat zou ze en dat deed ze. Op een vrijdagmiddag ging Zeitoun langs bij een klus in de buurt en besloot hij om even thuis binnen te wippen. Hij wilde zijn kinderen zien, een schoon hemd aantrekken en wat papieren ophalen. Toen hij de oprit op reed, zag hij Kathy de auto inladen. De twee kleintjes zaten al met de gordel om achterin.

'Waar gaan jullie heen?' vroeg hij.

'Ik zei je dat ik zou gaan, met of zonder jou. En wij gaan nu.'

Ze wilde naar Destin, Florida, een kustplaatsje aan de Golf van

Mexico ongeveer vier uur rijden verderop, met lange witte stranden en helder water.

'Toe pap, ga mee!' smeekte Nademah. Ze was net naar buiten gekomen met hun snorkelspullen.

Zeitoun was te verbluft om iets te zeggen. Hij zat tot over zijn oren in het werk en bovendien was er net een leiding gesprongen in een van zijn huurhuizen. Hij kón gewoon niet weg.

Nademah stapte voorin en deed haar gordel om.

'Dag,' zei Kathy en ze reed achteruit de oprit af. 'Tot zondag.'

De meisjes zwaaiden naar hem, en weg waren ze.

Die vrijdag ging hij niet mee, maar hij had wel geleerd nooit meer vraagtekens bij Kathy's vastberadenheid te zetten. Hij wist dat ze het meende, dat hij in de toekomst bij de vakantieplannen zou worden betrokken, maar dat reisjes naar Florida of verder opnieuw konden en zouden plaatsvinden, met of zonder hem. Door de jaren heen gingen ze vaker naar Destin en soms ging hij zelfs mee.

Altijd nam hij echter zijn besluit op het allerlaatste moment. Eén keer kwam Kathy zelf pas laat op gang en daardoor kwam ook bij hem de besluitvorming zo laat op gang dat hij niet eens tijd had om te pakken. Ze reed net achteruit de oprit af toen hij aan kwam rijden.

'Nu of nooit,' zei ze terwijl ze niet eens helemaal stopte met rijden.

Hij sprong zo de auto in. De meisjes giechelden toen ze hun vader in zijn werkkleding op de achterbank zagen zitten, vies en bezweet, niet alleen van het werk van die dag, maar evenzeer van de stress te moeten beslissen. Eenmaal in Florida had Zeitoun strandkleren moeten kopen.

Kathy was er trots op dat ze hem één keer per jaar mee naar Destin kreeg. Zeitoun kon er wel mee leven, omdat hij wist dat hij op ieder moment naar huis zou kunnen. Zo ver was het niet. Meer dan eens wás hij ook eerder naar huis gegaan, omdat er iets aan de hand was op een van de bouwplaatsen. In 2002 verlangde Kathy echter naar het echte vakantiegevoel. Ze wist dat ze iets radicaals moest doen. In al die jaren die ze samen waren, en dat waren er toen acht, had hij nooit meer dan twee dagen achter elkaar vrij genomen. Ze wist dat er niets anders op zat dan hem te ontvoeren.

Om te beginnen plande ze een weekend in Destin. Ze koos een weekend waarop het rustig op het werk zou zijn. Het werd een weekend kort na kerst. Dan was er tot na de jaarwisseling vrijwel nooit veel te doen. Zeitoun wilde zoals gebruikelijk pas op het allerlaatste moment beslissen wat hij zou doen en daarom pakte ze uit voorzorg al wat spullen voor hem in. De tas verstopte ze achter in de gezinsauto. Omdat ze een rustig weekend had gekozen, besloot hij, zoals altijd op de valreep, om mee te gaan. Ze had de kinderen, die in het complot zaten, op het hart gedrukt dat ze zich rustig moesten houden en hij viel al snel in slaap. Hij kwijlde een beetje en een dun straaltje speeksel drupte op zijn gordel. Terwijl hij sliep, reed Kathy dwars door Destin en steeds verder noordwaarts de buik van Florida in. Iedere keer als hij wakker werd zei ze: 'We zijn er bijna, ga maar weer slapen', en dat deed hij dan gelukkig ook, zo moe was hij. Pas op een uur rijden van Miami besefte hij dat ze niet naar Destin gingen. Kathy was linea recta naar Miami gereden. Een rit van zeventien uur. Ze had op internet gekeken waar het die week het warmst was en dat was in Miami. Alleen door zo ver van huis te gaan, kon ze er zeker van zijn dat hij echt vakantie zou nemen en een hele week zou uitrusten. Als ze terugdacht aan die truc en hoe goed die had uitgepakt, moest Kathy altijd stilletjes glimlachen. Een huwelijk was ook maar gewoon een systeem, en zij wist hoe je ermee om moest gaan.

Omstreeks half drie belde Ahmad Zeitoun weer op. Hij hield nog steeds vanaf zijn computer in Spanje het verloop van de storm bij.

'Het ziet er niet goed voor jullie uit,' zei hij.

Zeitoun beloofde dat hij het in de gaten zou houden.

'Stel je die stormvloed eens voor,' zei Ahmad.

Zeitoun zei dat hij het nieuws op de voet volgde.

'Waarom vertrek je niet, gewoon voor de zekerheid?' vroeg Ahmad.

Kathy besloot naar de supermarkt te gaan voordat ze de meisjes van school ophaalde. Je wist nooit wanneer iedereen ineens ging hamsteren voor de storm de stad bereikte en ze wilde de drukte voor zijn.

Ze liep naar de spiegel om haar hijaab recht te trekken, poetste haar tanden en vertrok. Ze wijdde er zelden veel gedachten aan, maar bij iedere gang naar de supermarkt of het winkelcentrum was er een kans op nare confrontaties. Het aantal incidenten leek tot op zekere hoogte gekoppeld aan de actualiteit en het algemene beeld van moslims in de media in een bepaalde week of maand. Met name na 11 september was de spanning voelbaarder geweest, maar daarna was het een paar jaar geleidelijk weer rustiger geworden. In 2004 was het vuur door een plaatselijk voorval echter weer opgelaaid. Op West Jefferson High School was een middelbare scholiere van Iraakse afkomst bij herhaling vervelend behandeld door haar geschiedenisdocent. Hij had Irak een derdewereldland genoemd en hardop zijn zorgen geuit dat de leerling, mocht ze ooit teruggaan naar Irak, 'ons zal platbombarderen'. In februari van dat jaar had de docent bij het uitdelen van proefwerken de hijaab van het meisje naar achteren getrokken en gezegd: 'Ik hoop dat God je straft. O, pardon, ik hoop dat Allah je straft.' Het voorval kreeg veel publiciteit. De leerling bracht de zaak voor de rechter en de politiecommissaris van het Jefferson Parish School District gaf het advies de docent te ontslaan. De schoolcommissie legde het advies naast zich neer. De docent werd een paar weken geschorst en mocht daarna weer voor de klas.

Na die gebeurtenis steeg het aantal pesterijtjes in de directe omgeving. Kathy besefte dat ze die ook uitlokte doordat ze in hijaab de straat op ging. In die dagen was een nieuw tijdverdrijf erg populair, met name bij tienerjongens of anderen met een vergelijkbare mentaliteit: een vrouw met een hoofddoek van achteren stilletjes benaderen, de doek grijpen en ervandoor gaan.

Op een dag overkwam het Kathy. Ze was aan het winkelen met Asma, een vriendin die ook moslima was, maar geen hijaab droeg. Asma kwam oorspronkelijk uit Algerije en woonde inmiddels twintig jaar in de vs. Ze werd doorgaans voor Spaans aangezien. Kathy en Asma kwamen het winkelcentrum uit. Buiten probeerde Kathy zich te herinneren waar ze de auto had neergezet. Ze stond met Asma op de stoep naar de rijen glinsterende auto's te turen, toen Asma ineens een vreemd gezicht opzette.

'Kathy, achter je, een meisje...'

Een meisje van een jaar of vijftien had zich achter Kathy's rug verscholen en reikte één arm omhoog om de hijaab van Kathy's hoofd te rukken.

Kathy hield haar hoofd scheef. 'Is er iets?' vroeg ze snibbig.

Het meisje dook ineen en sloop weg naar een groepje leeftijdgenoten, verschillende jongens en meisjes die hadden staan toekijken. Toen ze weer bij haar vrienden stond riep het meisje wat krachttermen naar Kathy. Haar vrienden lachten, volgden haar voorbeeld en scholden Kathy op allerlei manieren uit.

Ze hadden vast niet verwacht dat Kathy met gelijke munt terug zou betalen. Ze waren er ongetwijfeld van uitgegaan dat een moslima, die naar alle waarschijnlijkheid nederig was en het Engels niet goed beheerste, het lijdzaam zou ondergaan dat haar hijaab haar van het hoofd werd gerukt. Maar Kathy vuurde een venijnige scheldkanonnade af die ze versteld deed staan en hun vooralsnog de mond snoerde.

In de auto op weg naar huis dacht Kathy verbijsterd aan haar eigen woorden terug. Tijdens haar jeugd was er links en rechts van haar heel wat afgescholden en ze kende ieder woord en elke provocerende uitleg, maar sinds ze zelf moeder was en bekeerd, had ze niet meer dan één of twee keer gevloekt. Maar die kinderen hadden een lesje nodig gehad en dat had ze hun dan ook maar gegeven.

In de weken na de aanvallen op de Twin Towers zag Kathy erg weinig moslima's op straat. Ze was ervan overtuigd dat ze zich verborgen hielden en alleen het huis uit kwamen als het niet anders kon. Eind september zag ze bij een drogisterij eindelijk weer eens een andere vrouw met hijaab. Ze holde naar haar toe, riep 'Assalamu alaikum!' en pakte beide handen van de vrouw vast. De vrouw, een arts die aan Tulane studeerde, had zich net zo gevoeld als zij, als een banneling in eigen land, en ze hadden allebei erg moeten lachen om hun uitzinnige vreugde dat ze elkaar waren tegengekomen.

Op deze augustusdag verliep het bezoek aan de supermarkt zonder incident. Aansluitend haalde Kathy de meisjes van school.

'Heb je gehoord over de storm?' vroeg Nademah.

'Hij komt op ons af,' riep Safiya vanaf de achterbank.

'Gaan we weg?' vroeg Nademah.

Kathy wist dat haar kinderen dat wilden. Ze konden naar het huis van een van hun neven of nichten gaan, in Mississippi of Baton Rouge, en dan was het net vakantie, twee nachtjes logeren. Misschien zou de school op maandag wel uitvallen als er in de stad werd opgeruimd. Dat dachten en hoopten ze vast. Kathy wist wat er in de hoofden van haar kinderen omging.

Om vijf uur waren ze thuis. Het nieuws ging alleen maar over Katrina. Ze keken naar de beelden van enorme golven, ontwortelde bomen, hele dorpen die grijs zagen van de stortbuien. Het National Hurricane Center gaf aan dat Katrina binnenkort een storm van de derde categorie zou zijn. Gouverneur Blanco gaf een persconferentie, waarin ze de noodtoestand uitriep voor Louisiana. Gouverneur Barbour deed hetzelfde voor Mississippi.

Kathy zat onthutst te kijken. Ze zat op de leuning van de bank en ging zo in het nieuws op dat het ongemerkt zes uur werd zonder dat ze ook nog maar iets aan het eten had gedaan. Ze belde Zeitoun.

'Wil je op weg naar huis wat kip van Popeyes meenemen?' vroeg ze.

Thuis legde Nademah het tafelkleed en de placemats klaar. Safiya en Aisha legden het bestek op tafel en zetten de glazen neer. Kathy maakte een salade en schonk melk in voor de kinderen en sap voor zichzelf en Zeitoun.

Zeitoun kwam thuis met de kip, nam een douche en schoof ook aan.

'Opeten, opeten,' zei hij tegen zijn dochters, die maar kleine hapjes aten en hele stukken vlees lieten liggen.

Hij was er na al die jaren enigszins aan gewend geraakt, maar zo nu en dan werd de verspilling hem toch te veel. Die hele wegwerpcultuur stond hem tegen. Toen hij als jongetje in Syrië woonde, had hij vaak de uitdrukking gehoord: 'Als je hand er niet voor werkt, heeft je hart er geen compassie voor.' Maar in de vs ging het niet zozeer om welvaart, want zeker in New Orleans was bepaald niet iedereen even welvarend, maar om de mentaliteit dat alles kon worden vervangen, en wel op ieder willekeurig moment. Zijn kinderen probeerde hij een besef van de waarde van werk bij te brengen, de waarde van alles wat het huis binnenkwam, maar hij wist dat veel verloren ging als gevolg van de heersende normen van de landscultuur waarin ze leefden, een cultuur waarin verspilling en overvloed de boventoon voerden. Zelf was hij opgegroeid met de boodschap dat God een enorme hekel had aan verspilling. Hij had zelfs geleerd dat het een van de dingen was die God het méést haatte: moord, scheiding, verspilling. Daaraan ging een samenleving te gronde.

Na het eten wilden de meisjes weer naar *Pride and Prejudice* kijken. Het was vrijdagavond; Zeitoun kon dus niet met school aankomen als argument om het hun te verbieden. Maar dat betekende niet dat hij er zelf nog eens naar moest kijken. De eerste keer had hij zich prima vermaakt met de film, maar hij kon er met zijn verstand niet bij waarom iemand er zo nodig twaalf keer in evenveel dagen naar zou willen kijken. In de afgelopen week hadden Zachary en hij andere kamers opgezocht om daar iets anders, om het even wat, te doen. Maar Kathy voegde zich iedere keer weer bij de meisjes. Dit keer zaten ze met z'n allen dicht op elkaar op de bank en werden ze zoals iedere keer bij dezelfde vertrouwde scènes sentimenteel. Zeitoun liep hoofdschuddend naar de keuken om een losgeraakt keukendeurtje vast te zetten.

De hele avond onderbraken ze de film regelmatig voor het laatste nieuws over de kracht en de richting van de storm. De orkaan verplaatste zich nog steeds langzaam langs de kust met windsnelheden van meer dan 160 kilometer per uur. Hoe langer hij boven een bepaald gebied bleef hangen, hoe groter de schade die hij aanrichtte. Er was alleen maar slecht nieuws en toen Kathy een foto van het vijfkoppige gezin zag, wilde ze de tv meteen uitzetten. Ze wist zeker dat het gezin was omgekomen, dat ze het drama wekenlang niet uit haar hoofd zou kunnen zetten en steeds weer aan de familieleden zou denken die voor een reünie bij elkaar waren gekomen en nu moesten rouwen om het verlies van zovelen in één klap. Maar toen drong het tot haar door dat het gezin niet was omgekomen. Ze zette het geluid harder. Ze waren gered. Ze hadden hun boot op een mangrove-eiland nabij Ten Thousand Islands getrokken en de storm uitgezeten in de kajuit van het jacht. Ze hadden gebeden en waren om beurten naar boven geklommen om te kijken of er hulp vanuit de lucht kwam. Een paar uur geleden had de kustwacht de boot ontdekt en het gezin in veiligheid gebracht. Het voltallige vijfkoppige gezin was gered.

Nadat Kathy Zachary een nachtkus had gegeven, ging ze op Nademahs bed zitten en drapeerden de meisjes zich om haar heen. Het werd een grote kluwen van op elkaar liggende benen en armen en kussens.

'Wie begint er?' vroeg Kathy.

Aisha begon met een verhaal over Pokémon. De verhalen die de meisjes samen vertelden gingen vaak over Pokémon. Nadat Aisha de hoofdpersoon had geïntroduceerd, bedacht Safiya een context en een centraal conflict. Nademah borduurde hier vervolgens op voort. Ze bedachten en vertelden het verhaal om en om verder, tot Aisha sliep en Nademah en Safiya zaten te knikkebollen. Kathy keek op en zag Zeitoun in de deuropening staan. Hij leunde tegen de deurpost en stond stilletjes naar hen te kijken. Dat deed hij vaak; gewoon kijken en alles in zich opnemen. Het was bijna te veel, te mooi. Je hart kon het gewoonweg haast niet bevatten.

Zaterdag 27 augustus

Zeitoun en Kathy werden pas na achten wakker. Toen ze de televisie aanzetten, zagen ze Michael Brown, de directeur van het nationale crisisteam de Federal Emergency Management Agency, de FEMA, die de inwoners van New Orleans opriep zo snel mogelijk te vertrekken en naar het binnenland af te reizen. Het National Hurricane Center had een weeralarm afgegeven voor Centraal-

Louisiana en gewaarschuwd dat de orkaan een categorie 5 zou kunnen worden als hij boven land kwam. Het was nog maar drie keer eerder voorgekomen dat een orkaan van de vijfde categorie het vasteland van de Verenigde Staten had bereikt, en geen van die keren was dat bij New Orleans geweest.

'Lieverd,' zei Kathy, 'volgens mij kunnen we maar beter vertrekken.'

'Gaan jullie maar,' zei Zeitoun. 'Ik blijf.'

'Hoe kun je nou blijven?' vroeg ze.

Maar ze wist het antwoord wel. Hun bedrijf was niet zomaar een kantoor waarvan je de deur achter je kon dichttrekken en kon weggaan. Als ze de stad verlieten, lieten ze ook al hun bouwprojecten en de woningen van hun huurders achter, en dat kon alleen als er echt niets anders op zat. Ze waren op verschillende adressen in de stad aan het werk en er zou tijdens hun afwezigheid van alles kunnen gebeuren. Zij waren aansprakelijk als er door hun materialen schade aan het eigendom van hun klanten ontstond. Dat was nou eenmaal een van de risico's van het bedrijf dat ze hadden opgebouwd.

Kathy neigde sterk naar weggaan. In de loop van de dag kwamen er bovendien zoveel nieuwe berichten die erop wezen dat het een uitzonderlijke storm zou worden dat ze er steeds meer van overtuigd raakte dat blijven gewoonweg geen optie was. De internationale luchthaven Louis Armstrong was al grotendeels buiten bedrijf. De Nationale Garde van Louisiana had vierduizend man opgeroepen voor dienst.

Halverwege de ochtend was het minstens 35 °C en was de lucht loodzwaar van het vocht. Zeitoun was in de achtertuin aan het stoeien met de kinderen en Mekay, de hond. Kathy deed de achterdeur open.

'Ben je echt van plan te blijven?' vroeg ze. Ergens had ze het gevoel dat hij nog twijfelde, maar dat was niet zo.

'Waar ben je bang voor?' vroeg hij.

Eigenlijk was ze niet bang. Ze maakte zich niet echt zorgen om zijn veiligheid, maar vermoedde wel dat het leven in de stad tijdens en na de storm zwaar zou zijn. De elektriciteit zou uitvallen. De wegen zouden vol puin komen te liggen en dagenlang onbegaanbaar zijn. Waarom zou hij zich daaraan bloot willen stellen? 'Ik moet op het huis passen,' zei hij. 'En op de andere huizen. Een gaatje in het dak is zo gerepareerd en dan is er niks aan de hand. Maar doe ik dat niet, dan gaat het hele huis naar de knoppen.'

Vroeg in de middag riepen burgemeester Nagin en gouverneur Blanco de inwoners van New Orleans op vrijwillig te vertrekken uit de stad. Nagin liet weten dat het Superdome-stadion zou worden opengesteld als opvang voor de mensen die niet konden vluchten. Kathy huiverde bij het idee. Het jaar daarvoor, tijdens de orkaan Ivan, was datzelfde plan uitgelopen op een jammerlijke mislukking. De Superdome was toen, net als in 1998 tijdens de orkaan Georges, slecht bevoorraad geweest en had overvol gezeten. Ze kon niet geloven dat de autoriteiten opnieuw voor die locatie hadden gekozen. Misschien hadden ze lering getrokken uit de vorige keren en nu voor een betere bevoorrading van het stadion gezorgd? Alles was mogelijk, maar ze had zo haar twijfels.

Kathy wilde zo snel mogelijk vertrekken nadat alle banen van de snelweg enkel nog voor uitgaand verkeer zouden zijn opengesteld, de zogenoemde 'contraflow'. Die zou naar verwachting rond een uur of vier 's middags ingaan. Tegen die tijd zou Kathy al het nodige in hun Honda Odyssey hebben geladen en zouden ze zo kunnen vertrekken.

Maar waar moest ze heen? Ze wist heel goed dat alle hotels tot driehonderd kilometer in de omtrek vol zouden zitten. Het was dus een kwestie van beslissen aan welk familielid ze zich zou opdringen. Haar eerste keus viel op haar zus Ann, die in Poplar-ville in Mississippi woonde, maar toen ze haar belde, was Ann zelf plannen aan het maken om te vertrekken. Haar huis stond officieel ook in het gebied dat door harde windstoten zou worden getroffen en er stonden veel oude bomen omheen. Gezien de kans dat een daarvan op het dak zou vallen, aarzelde Ann of het wel zo'n goed idee was om te blijven, laat staan om er Kathy en de kinderen op te vangen.

Een andere mogelijkheid was het familiehoofdkwartier in Baton Rouge. Dat was de bungalow van haar broer Andy, een huis met drie slaapkamers in een buitenwijk van de stad. Andy was vaak op reis en zat op dit moment in Hongkong, waar hij aan een bouw-project werkte. Tijdens zijn afwezigheid waren twee van Kathy's zussen, Patty en Mary Ann, in het huis getrokken.

Kathy wist dat ze haar en de kinderen niet de deur zouden wij-zen, maar het zou erg krap worden. Het huis was al niet zo groot en Patty had zelf ook vier kinderen. Als Kathy erbij kwam met haar kroost, zouden ze met acht kinderen en drie zussen in een huis verblijven dat tijdens de storm waarschijnlijk zonder elektri-citeit zou komen te zitten.

Aan de andere kant was het al een tijd geleden dat de fami-lie bij elkaar was geweest. Dit zou hen dichter bij elkaar kunnen brengen. Ze zouden met z'n allen uit eten kunnen gaan in Baton Rouge en misschien ook kunnen gaan winkelen. Kathy wist dat haar kinderen het een goed plan zouden vinden. Patty's kinderen waren ouder, maar konden het goed vinden met die van de Zei-touns, en acht kinderen hadden altijd wel iets te doen samen. Het zou krap en lawaaierig worden, maar Kathy merkte dat ze er nu toch naar uitkeek.

De hele middag probeerde Kathy Zeitoun over te halen om met hen mee te gaan. Had het stadsbestuur ooit eerder opgeroepen tot volledige evacuatie van de stad? Was dat niet reden genoeg om te vertrekken?

Zeitoun moest toegeven dat het ongebruikelijk was, maar hij was nooit eerder voor een orkaan gevlucht en zag daar nu ook geen reden voor. Hun huis stond bijna een meter boven de grond en had twee verdiepingen. Zelfs als de ergste voorspellingen zouden uitkomen, liep hij dus niet het risico op zolder of op het dak vast te komen zitten. Hij zou zich altijd op de bovenverdieping kunnen verschansen. Bovendien woonden ze niet in de buurt van dijken en zouden de eerste vloedgolven vooral andere wijken overspoelen. De buurten East New Orleans en de Lower Ninth, met huizen met maar één verdieping dicht bij de dijken, liepen het grootste gevaar.

Verder zou hij zeker niet vertrekken voor hij bij al zijn bouwprojecten alles zo veilig mogelijk had achtergelaten. Niemand anders zou dat doen en hij wilde het ook niemand anders vragen. Hij had zijn personeel, inclusief de voormannen, al gezegd dat ze konden gaan en hen op het hart gedrukt hun gezin niet in de steek te laten en te zorgen dat ze de grootste verkeersstroom voor zouden zijn. Hij wilde naar al zijn negen bouwplaatsen toe gaan om er zijn gereedschap op te halen of goed vast te zetten. Hij had bij een andere schilder eens gezien wat er gebeurde als je dat niet deed: ladders waren door ramen en muren geslagen, gereedschap had het meubilair beschadigd en het gazon en de oprit hadden onder de verf gezeten.

'Ik kan maar beter zo snel mogelijk beginnen,' zei hij.

Hij ging op pad, bezocht de bouwplaatsen, bond ladders stevig vast en zette gereedschap, kwasten, losse tegels en gipsplaten veilig weg. Toen hij de helft van de adressen had gehad, reed hij naar huis om afscheid te nemen van Kathy en de kinderen.

Kathy stond net een stel tassen in de achterbak van de Odyssey te laden. Ze had voor een dag of twee kleren, toiletartikelen en eten ingepakt. Ze ging ervan uit dat ze maandagavond terug zouden zijn, als de storm voorbij was.

Kathy had de autoradio aanstaan en hoorde burgemeester Nagin de inwoners van de stad nogmaals oproepen om te vertrekken, maar hij kondigde geen verplichte evacuatie af. Dat zou Zeitoun alleen maar sterken in zijn mening, daarvan was ze overtuigd. Ze schakelde over naar een andere zender, waar werd gewaarschuwd dat degenen die van plan waren de storm in New Orleans uit te zitten, zich moesten voorbereiden op overstromingen. De dijken zouden kunnen bezwijken, werd gezegd en vloedgolven zouden voor overstromingen kunnen zorgen. Het water zou drie tot vijf meter hoog kunnen komen te staan. Achterblijvers moesten zorgen dat ze een bijl bij de hand hadden om eventueel een gat in het dak te kunnen hakken, zodat ze via de zolder naar buiten konden.

Zeitoun stopte voor het huis en parkeerde zijn busje langs de stoeprand. Kathy keek naar hem terwijl hij op haar af kwam lopen. Ze wist dat hij in elke mogelijke situatie prima voor zichzelf kon zorgen, maar nu sloeg de angst haar toch om het hart. Moest ze hem hier nou echt in zijn eentje achterlaten en hem met een bijl gaten laten hakken in het dak? Dat was krankzinnig.

Ze stonden samen op de oprit, zoals ze al zo vaak hadden gestaan als zij met de kinderen vertrok en hij achterbleef.

'Ik zou maar opschieten,' zei Zeitoun. 'Er gaan nu heel veel mensen weg.'

Kathy keek hem aan. Tot haar eigen ergernis sprongen de tranen haar in de ogen. Zeitoun pakte haar handen.

'Kom, kom,' zei hij. 'Alles komt goed. Het wordt allemaal enorm opgeblazen.'

'Dag, papa!' riep Aisha vanaf de achterbank.

De kinderen zwaaiden, zoals ze altijd naar hem zwaaiden als hij op de oprit achterbleef. Het was niet anders dan anders. Ze hadden dit al zo vaak meegemaakt als Kathy en de kinderen naar een veilig onderkomen of rustige plek vertrokken en Zeitoun achterbleef om op hun huis en op de huizen van de buren en klanten in de hele stad te passen. Hij had de sleutels van tientallen huizen, iedereen vertrouwde hem zijn woning en inboedel toe.

'Tot maandag,' zei hij.

Kathy reed weg, in de wetenschap dat ze allemaal gek waren. Hier wonen was waanzin, de stad ontvluchten was waanzin en haar man achterlaten in een huis dat op het pad van een orkaan lag was waanzin.

Ze zwaaide, de kinderen zwaaiden en Zeitoun bleef op de oprit staan zwaaien tot ze uit het zicht waren verdwenen.

Zeitoun ging op pad om ook op de rest van de bouwlocaties alles zo veilig mogelijk achter te laten. Er stond een stevige bries en in de laaghangende bewolking tekenden zich bruine en grijze vlekken af. Er heerste chaos in de stad, erger dan hij had verwacht. Het verkeer zat door al die duizenden die onderweg waren vaak muurvast: overal remlichten, getoeter en auto's die door rood reden. Hij koos routes die voor de vluchters niet interessant waren.

Een eind verderop zag hij honderden mensen die met koelboxen, dekens en koffers onderweg waren naar de Superdome. Dat verbaasde Zeitoun. Vorige keren waren pogingen om het stadion als toevluchtsoord te gebruiken op mislukkingen uitgelopen. Met zijn ervaring in de bouw had hij weinig vertrouwen in de stevigheid van het stadiondak. Zou het werkelijk bestand zijn tegen de harde wind en de stortregens? Hij zou er voor geen goud gaan schuilen voor de storm.

Trouwens, in het verleden waren die stormen altijd beperkt gebleven tot weinig meer dan een paar uur gierende wind, een enkele omgevallen boom, een laagje van vijftig centimeter water en wat lichte beschadigingen die gerepareerd moesten worden als de wind eenmaal was gaan liggen.

Zijn humeur begon al op te klaren. Binnen niet al te lange tijd zou New Orleans leeggelopen zijn en hij hield ervan om in de uitgestorven stad te zijn, in ieder geval een dag of twee. Hij maakte zijn ronde af, stelde ook de laatste bouwterreinen veilig en was net voor zessen weer thuis.

Kathy belde om half zeven.

Ze zat een paar kilometer buiten de stad vast in het verkeer. En wat erger was: door de stress en de ongekende drukte op de weg was ze de verkeerde kant op gereden. In plaats van op de I-10 naar Baton Rouge, stond ze nu op diezelfde weg in tegengestelde richting zonder dat er voorlopig een mogelijkheid zou zijn om haar vergissing te herstellen. Nu moest ze Lake Pontchartrain wel oversteken en via Slidell terugrijden naar de andere kant van de staat. Dat zou uren kosten. Ze was nu al moe en gestrest, terwijl de reis nog maar nauwelijks was begonnen.

Zeitoun zat thuis met zijn voeten op tafel tv te kijken. En natuurlijk kon hij zijn mond niet houden.

'Ik heb het je toch gezegd,' zei hij.

In Baton Rouge rekenden ze erop dat Kathy en de kinderen er met etenstijd zouden zijn, maar om zeven uur was ze nog geen dertig kilometer opgeschoten. Net voor Slidell stopte ze bij een Burger King-drive-in, waar ze cheeseburgers en friet bestelde voor zichzelf en de kinderen en meteen weer doorreed. Even later verspreidde zich een vieze stank door de Odyssey.

'Wat is dat?' vroeg Kathy aan de kinderen. Die giechelden alleen maar. Het was een gore putlucht. 'Wat is dat in godsnaam?' vroeg ze nog eens. Dit keer kwamen de meisjes echt niet meer bij van het lachen. Zachary schudde alleen maar zijn hoofd.

'Het is Mekay,' wist een van de meisjes nog net uit te brengen voor ze weer de slappe lach kreeg.

De meisjes hadden de hond stiekem stukjes cheeseburger gevoerd en de kaas had haar darmen verstopt. Ze zat al kilometers lang winden te laten.

'Gadver!' jammerde Kathy. De kinderen bleven lachen en Mekay bleef lijden. Ze was weggekropen onder de achterbank.

Ze passeerden Slidell en kwamen kort daarna op de I-190, een kleinere weg waar misschien minder verkeer zou rijden, hoopte Kathy. Maar het was er al net zo erg: een eindeloze stroom remlichten. Tienduizend auto's, twintigduizend lichtjes, schatte ze, tot aan Baton Rouge of verder. Ze maakte deel uit van een uittocht zonder dat de enormiteit en bizarheid ervan in zijn volle omvang tot haar doordrongen. Honderdduizend mensen onderweg naar het noorden en oosten, op de vlucht voor wind en water. Kathy kon alleen maar aan bedden denken. Waar moesten al die mensen slapen? Honderdduizend bedden. Telkens als ze langs een oprit reden, keek ze verlangend naar het huis. Ze was doodmoe en nog niet eens halverwege.

Weer moest ze aan haar man denken. De beelden die ze op het nieuws had gezien waren eigenlijk krankzinnig. De storm zag eruit als een witte cirkelzaag die in een rechte baan op New Orleans afstevende. Op de satellietbeelden leek de stad vergeleken bij de orkaan heel klein: een minuscuul vlekje dat op het punt stond aan stukken gereten te worden door dat gigantische, ronddraaiende zaagblad. En Zeitoun was maar een man alleen in een houten huis.

Om acht uur belde Zeitoun nog eens. Kathy en de kinderen waren nu drie uur onderweg en ze waren nog maar bij Covington, een kilometer of tachtig van huis. Intussen zat hij televisie te kijken en scharrelde in de aangename koelte van de avond wat rond in huis.

'Je had moeten blijven,' zei hij. 'Het is heerlijk hier.'

'Dat zullen we nog wel zien, betweter,' zei ze.

Hoewel ze doodop was en gek werd van de stank van de winderige hond, verheugde Kathy zich op een paar dagen Baton Rouge, al had ze ook zo haar bedenkingen. Haar familie was niet gemakkelijk in de omgang, dat was een feit, en de sfeer kon van het ene op het andere moment onherstelbaar omslaan. 'Het ligt ingewikkeld,' zei ze altijd. Met acht broers en zussen had ze niet bepaald een rustige jeugd gehad en toen ze zich had bekeerd tot de islam, waren de ruzies en misverstanden alleen maar toegenomen.

Het begon vaak al met haar hijaab. Als ze binnenkwam en haar tassen neerzette, zei er altijd wel iemand: 'Nu kan dat ding wel af.' Hoewel ze al vijftien jaar moslim was, zeiden ze dat nog steeds. Alsof ze de hoofddoek onder dwang droeg, alleen als Zeitoun in de buurt was, als een vermomming die ze kon afleggen als hij er niet was. Alsof ze alleen bij de Delphines echt zichzelf kon zijn, alles los kon laten. Dat had haar moeder haar zelfs letterlijk opgedragen toen Kathy de vorige keer op bezoek was. 'Haal dat ding van je hoofd,' had ze gezegd. 'Ga lekker uit en neem het ervan.'

Op sommige momenten bleek echter dat haar moeders loyaliteit jegens haar sterker was dan haar afkeer van de islam. Jaren geleden had Kathy's moeder haar vergezeld toen ze haar rijbewijs moest laten verlengen. Kathy droeg haar hijaab en had al een flinke portie achterdochtige blikken van andere wachtenden en ambtenaren gekregen toen ze uiteindelijk plaatsnam op het krukje voor de pasfoto. De vrouw achter de camera deed geen moeite haar minachting te verbergen.

'Doe dat ding af,' zei ze.

Kathy wist dat ze het recht had de hoofddoek ook op de foto te dragen, maar wilde de kwestie niet op de spits drijven.

'Hebt u dan misschien een borstel?' vroeg Kathy. Ze probeerde er een grapje van te maken: 'Ik wil niet dat mijn haar op de foto alle kanten op staat.' Kathy glimlachte, maar de vrouw keek haar met een strakke blik aan. 'Heus, ik vind het geen punt als u een borstel voor me hebt...'

Op dat moment schoot haar moeder haar te hulp. Op haar manier.

'Ze mag hem omhouden!' riep haar moeder. 'Als ze dat wil, mag dat gewoon!'

Nu was het een scène. Alle aanwezigen keken. Kathy probeerde de situatie nog te redden. 'Het geeft niet, mama,' zei ze. 'Het geeft echt niet. Heb jij misschien een borstel bij je?'

Haar moeder hoorde niet eens wat Kathy zei. Ze had alleen maar aandacht voor de vrouw achter de camera. 'Je kunt haar niet verplichten hem af te doen! Het is haar grondwettelijke recht!'

Uiteindelijk verdween de vrouw naar een kantoor achter in de ruimte. Toen ze terugkwam, had ze toestemming van haar chef om de foto van Kathy mét hoofddoek te nemen. Toen de flits afging, probeerde Kathy te glimlachen.

Het huis in Baton Rouge waarin ze was opgegroeid was altijd vol mensen, vol rumoer en korte lontjes. Negen kinderen moesten de 130 vierkante meter grote gelijkvloerse woning delen. Ze sliepen met z'n drieën op één kamer en er was altijd ruzie om die ene badkamer. Toch waren ze naar omstandigheden best tevreden. Het was een nette arbeidersbuurt met veel jonge gezinnen. Achter hun huis lag de middelbare school, Sherwood Middle School, een grote multi-etnische leerlingengemeenschap waar Kathy zich verloren voelde. Ze was een van de weinige blanke leerlingen en werd gepest, uitgescholden en aangestaard. Ze ontwikkelde zich vanzelf tot iemand die snel ruzie zocht, snel boos werd.

Ze was vaak van huis weggelopen, misschien wel meer dan tien keer. En bijna altijd, vanaf dat ze een jaar of zes was, vluchtte ze dan naar het huis van haar vriendinnetje Yuko. Die woonde maar een paar straten verderop, aan de andere kant van de school, en omdat Yuko en zij tot de weinigen in de buurt behoorden die niet van

Afro-Amerikaanse afkomst waren, werden ze als buitenstaanders bijna vanzelf bondgenoten. Yuko en haar moeder Kameko waren maar met z'n tweeën. Kameko's man was door een dronken automobilist doodgereden toen Yuko nog klein was. Hoewel Yuko drie jaar ouder was dan Kathy, waren ze toch onafscheidelijk en Kameko was zo warm en begaan met Kathy's welzijn dat Kathy haar na een tijdje mama ging noemen.

Kathy begreep nooit zo goed waarom Kameko haar met zoveel hartelijkheid in het gezin verwelkomd had, maar ze vroeg daar voor de zekerheid ook maar niet naar. Yuko zei wel eens voor de grap dat haar moeder alleen maar zo hartelijk was omdat ze haar in bad wilde kunnen stoppen. Als kind was Kathy nooit zo dol op in bad gaan en bij haar thuis werd daar niet erg op gelet, dus telkens als ze bij Yuko was, liet Kameko het bad vollopen. 'Ze ziet er smoezelig uit,' grapte Kameko dan tegen Yuko, maar ze vond het gewoon fijn om Kathy schoon te boenen en Kathy vond het ook prettig: Kameko's handen die haar haar wasten, haar lange nagels die in haar nek kriebelden en de warmte van een schone, zware badhanddoek om haar schouders.

Na de middelbare school werd de vriendschap tussen Yuko en Kathy nog hechter. Kathy verhuisde naar een flatje aan de Airline Highway in Baton Rouge en ze vonden allebei werk bij Dunkin' Donuts. Kathy genoot enorm van haar onafhankelijkheid. Hoewel het maar een klein flatje was aan een zesbaanssnelweg, kende haar leven nu een ongekende rust en regelmaat.

Twee Maleisische zussen waren vaste klant bij de winkel en Yuko maakte vaak een praatje met ze. Ze vroeg dingen als: 'Waarom dragen jullie zo'n hoofddoek?', 'Wat vind je aantrekkelijk aan de islam?', 'Mogen jullie wel rijden?' De zussen waren heel open en rustig en probeerden niemand te bekeren. Kathy had aanvankelijk niet in de gaten hoeveel indruk ze op Yuko maakten, maar Yuko was volledig in hun ban. Ze begon over de islam te lezen en verdiepte zich in de Koran. Vervolgens namen de Maleisische zussen foldertjes voor Yuko mee en boeken, en verdiepte Yuko zich nog verder in de materie.

Toen ze doorkreeg dat het Yuko ernst was, wist Kathy niet wat ze hoorde. Ze hadden allebei een christelijke opvoeding gehad en hadden op een streng christelijke lagere school gezeten. Ze was verbijsterd dat haar vriendin zich in zo'n exotisch geloof verdiepte. Een vromer christen dan Yuko kwam je zelden tegen, en dat gold nog sterker voor Kameko.

'Wat zal je moeder daar wel niet van vinden?' vroeg ze.

'Kun je er niet gewoon voor openstaan?' vroeg Yuko. 'Alsjeblieft.'

Er verstreken enkele jaren en na een aantal misstappen en mislukte liefdes woonde Kathy als gescheiden vrouw met Zachary, die nog geen één was, nog in hetzelfde flatje aan de Airline Highway en had ze twee baantjes. 's Ochtends zat ze achter de kassa bij K&B, een drogisterijketen langs de snelweg. Op een dag had de manager van Webster Clothes, een herenkledingzaak aan de overkant van de weg, iets bij haar in de winkel gekocht. Onder de indruk van Kathy's bruisende persoonlijkheid had hij haar gevraagd of ze haar baan bij K&B niet zou willen inruilen voor een baan bij hem in de winkel, of anders misschien geïnteresseerd was in een tweede baan bij hem. Kathy kon het geld goed gebruiken en zei ja tegen de tweede baan. Als ze vroeg in de middag klaar was bij K&B stak ze de weg over naar Webster om daar tot sluitingstijd te werken. Ze werkte nu vijftig uur per week en verdiende genoeg om een ziektekostenverzekering voor haarzelf en Zachary te kunnen betalen.

Toch voelde het leven als een worsteling en ze was op zoek naar meer evenwicht en antwoorden. Yuko daarentegen maakte een rustige en zelfverzekerde indruk; ze was altijd al evenwichtig geweest, zozeer zelfs dat Kathy haar erom benijdde, maar nu leek Yuko echt geen twijfels meer te kennen.

Kathy begon boeken over de islam te lenen. Ze was alleen maar nieuwsgierig en niet van plan haar christelijke geloof los te laten. Aanvankelijk was ze enkel geïntrigeerd door de basisinformatie waar ze niets vanaf wist en de vele dingen die ze ten onrechte had verondersteld. Zo had ze bijvoorbeeld geen idee dat veel personen die ze uit de Bijbel kende ook in de Koran voorkwamen: Mozes, Maria, Abraham, de farao en zelfs Jezus. Ze wist niet dat moslims de Koran als het vierde boek van God aan Zijn profeten beschouwden, na het Oude Testament (dat de Taura wordt genoemd, oftewel de Wet), de Psalmen (de Zaboer) en het Nieuwe Testament (Indjiel). Het feit dat de islam die boeken erkent, was een openbaring voor haar. Het feit dat de Koran herhaaldelijk aansluiting zoekt bij andere, verwante geloofsovertuigingen, benam haar de adem:

Wij geloven in God,
in wat naar ons is neergezonden
en in wat naar Ibrahiem, Isma'iel, Ishaak, Ja'koeb
en de stammen is neergezonden
en in wat aan Moesa en 'Isa is gegeven
en in wat aan de profeten door hun Heer gegeven is.
Wij maken geen onderscheid tussen één van hen
en wij hebben ons aan Hem overgegeven.

Het ergerde haar dat dit nieuw voor haar was, dat ze blind was geweest voor het geloof van zo'n miljard mensen. Hoe kon het dat ze daar niets vanaf had geweten?

En dan Mohammed. Over hem had ze heel verkeerde ideeën gehad. Ze had altijd gedacht dat hij de god van de islam was, degene die moslims aanbaden. Maar hij was gewoon de profeet die de woorden van God doorgaf. Mohammed, een ongeletterde, was bezocht door de engel Gabriël (Djibriel in het Arabisch), die hem het woord van God had verteld. Mohammed werd de spreekbuis voor die boodschappen en de Koran was eenvoudigweg het woord van God in geschreven vorm. *Qur'an* betekende 'voordracht'.

Er waren zoveel fundamentele zaken die anders bleken dan ze had verondersteld. Ze had altijd gedacht dat moslims een monolithische groep vormden en dat alle moslims van hetzelfde vrome en onbuigzame soort waren. Nu kwam ze erachter dat er sjiitische en soennitische interpretaties van de Koran waren en dat er binnen elke moskee evenveel verschillende geloofsbelevingen en soorten van toewijding bestonden als in elke willekeurige kerk. Er waren moslims die hun geloof niet al te zwaar opnamen, maar ook anderen die elk woord van de Koran en de begeleidende gedragsregels, de Ahadith, kenden. Er waren moslims die bijna niets van hun geloof wisten en maar een paar keer per jaar naar de moskee gingen en moslims met de strengst mogelijke opvatting van hun geloof. Er waren moslimvrouwen die in t-shirt en spijkerbroek rondliepen en moslimvrouwen die zich van top tot teen bedekten. Er waren moslimmannen die hun leven modelleerden naar dat van de Profeet en mannen die het slechte pad op gingen en tekortschoten. Er waren passieve moslims, onzekere moslims, moslims die op het randje van agnostisch waren, vrome moslims en moslims die de woorden van de Koran verdraaiden ten gunste van tijdelijke verlangens en doelen. Het was allemaal erg vertrouwd en net als bij ieder ander geloof.

Indertijd woonde Kathy altijd de dienst bij in een grote evangelische kerk niet ver van haar werk. Er konden ongeveer duizend parochianen in, maar de kerk zat niet altijd vol. Ze had de behoefte aansluiting te vinden met haar geloof; ze had alle kracht nodig die ze kon vinden.

Maar sommige aspecten van deze kerk zaten haar niet lekker. Ze was intussen wel gewend aan de felle manier waarop er gepreekt werd, het overdreven acteren en het showelement, maar er kwam een dag dat er in haar ogen een grens werd overschreden.

De collecteschalen waren doorgegeven en nadat ze weer waren opgehaald en het geld was geteld, leek de predikant – een kleine man met een rood gezicht en een snor – teleurgesteld. Hij trok een gepijnigd gezicht. Hij kon zich niet bedwingen. Hij sprak de aanwezigen vermanend toe, aanvankelijk kalm, maar vervolgens steeds bozer. Hielden ze soms niet van hun kerk? Stelden ze geen prijs op de schakel die de kerk vormde met hun heer Jezus Christus? Hij ging maar door en bleef de gemeente aanvallen op haar vrekkige gedrag. De preek duurde wel twintig minuten.

Kathy was totaal van haar stuk. Ze had nog nooit meegemaakt dat de collecte nog tijdens de zondagsdienst werd geteld. En dat er om meer werd gevraagd! Het was geen rijke gemeente, dat wist ze. Het was een kerk voor arbeiders en middenstanders. Men gaf wat men kon missen.

Die dag ging ze ontdaan en in de war naar huis. Daar stopte ze eerst Zachary in bed en haalde daarna de brochures weer tevoorschijn die Yuko haar had gegeven. Ze bladerde door de Koran. Kathy wist niet of de islam de juiste oplossing was, maar wel dat Yuko haar nog nooit had misleid. Yuko was de nuchterste en verstandigste persoon die ze kende en als zij heil vond bij de islam, waarom zou Kathy dat daar dan niet kunnen vinden? Yuko was haar zus, haar mentor.

Kathy worstelde de hele week met het vraagstuk van het geloof. Ze stond er 's ochtends mee op, nam het mee naar haar werk en ging er 's avonds mee naar bed. Op een dag, ze was net aan haar dienst bij Webster begonnen, kwam er een man met een bekend gezicht binnen. Kathy herkende hem meteen als een van de predikanten van haar kerk. Ze ging naar hem toe om hem te helpen bij het uitkiezen van een nieuw colbertje.

'U zou ook eens naar onze kerk moeten komen,' zei hij. 'Die is hier vlakbij.'

Ze schoot in de lach. 'Ik ken uw kerk heel goed! Ik kom er regelmatig. Elke zondag.'

De man keek haar verbaasd aan. Hij had haar nog nooit eerder gezien.

'O, ik ga altijd achterin zitten,' zei ze.

Hij lachte en zei dat hij de volgende keer naar haar zou uitkijken. Hij vond het belangrijk dat iedereen zich welkom voelde.

'Weet u,' zei Kathy tegen hem, 'het is vast een teken van God dat ik u hier nu tegenkom.'

'Hoezo?' wilde hij weten.

Ze vertelde hem over haar geloofscrisis, hoe teleurgesteld ze was in bepaalde aspecten van het christendom zoals zij het kende door sommige dingen die ze had meegemaakt, in zijn kerk om precies te zijn. Ze vertelde hem dat ze zelfs had overwogen zich tot de islam te bekeren.

Hij luisterde aandachtig, maar leek zich geen zorgen te maken dat hij misschien een lid van zijn gemeente zou verliezen.

'Dat is alleen maar de duivel die met je speelt,' zei hij. 'Hij zal proberen je weg te lokken van Christus. Maar daardoor zal je geloof alleen maar sterker worden. Wacht maar af tot komende zondag.'

Toen hij weg was, voelde Kathy zich al een stuk zekerder over haar geloof. Zijn bezoek moest wel een teken van God zijn geweest. Precies op het moment dat zij twijfelde over haar kerk, was er een boodschapper van Jezus haar leven binnengewandeld.

Die zondag ging ze met hernieuwde overtuiging naar de kerk. Yuko mocht dan misschien troost en sturing vinden in de islam, maar Kathy was ervan overtuigd dat zij persoonlijk door Christus was geroepen. Ze liep naar binnen en ging op een van de voorste rijen zitten om er zeker van te zijn dat haar nieuwe vriend haar zou zien en zou weten wat hij voor haar had betekend.

Ze hoefde niet lang te wachten. Toen hij op de aanwezigen neerkeek en haar zag, lichtten zijn ogen op. De blik in zijn ogen toen hij haar aankeek maakte duidelijk dat zij degene was die hij al die tijd had gezocht. Ze had kinderen zo zien kijken als ze een verjaardagstaart ontdekten met hun eigen naam erop.

En opeens, tijdens de dienst, werd haar naam genoemd. De predikant zei haar naam ten overstaan van een menigte van bijna duizend mensen: Kathy Delphine.

'Kom eens naar voren, Kathy,' zei de predikant.

Ze stond op en liep naar het felle licht van de schijnwerpers op de kansel. Eenmaal boven wist ze niet waar ze moest kijken, hoe ze al die starende blikken moest ontwijken. Ze hield haar hand beschermend boven haar ogen. Ze kneep haar ogen samen en keek naar haar voeten, naar de mensen op de eerste rij. Ze had nog nooit voor zoveel mensen gestaan. Het enige moment dat er een beetje bij in de buurt kwam was haar bruiloft geweest, maar toen waren er maar een stuk of vijftig vrienden en familieleden geweest. Wat moest dit voorstellen? Waarom was ze naar voren geroepen?

'Kathy,' zei de predikant. 'Vertel deze mensen eens wat je mij hebt verteld. Vertel het ons allemaal.'

Kathy verstijfde. Ze wist niet of ze dat wel kon. Ze was best een spraakzaam type en bijna nooit zenuwachtig, maar om voor een groep van duizend vreemden te vertellen wat ze de geestelijke onder vier ogen had toevertrouwd, voelde niet goed.

Toch had Kathy er het volste vertrouwen in dat hij wist waar hij mee bezig was. Ze geloofde dat zij was uitverkoren om bij deze kerk te blijven. En ze wilde graag dienstbaar zijn. Helpen. Misschien was dit, net als het feit dat de eerwaarde Timothy die dag de winkel was binnengekomen, ook zo bedoeld, bedoeld om haar dichter bij Christus te brengen.

Ze kreeg een microfoon en sprak daarmee de gemeente toe. Ze vertelde wat ze de eerwaarde ook had verteld, dat ze zich had verdiept in de islam en dat...

De predikant viel haar in de rede. 'Ze verdiepte zich in de islam!' zei hij snerend. 'Ze overwoog' – en hier pauzeerde hij even – 'om

Allah te aanbidden!' En daarbij maakte hij een snuivend, honend geluid, zoals een achtjarig jochie dat op het speelplein zou doen. Deze predikant, de leider van deze kerk en gemeente, praatte op een dergelijke toon over Allah. Wist hij niet dat zijn God en die van de islam een en dezelfde waren? Dat was een van de eerste en simpelste dingen die ze had opgestoken uit de brochures die Yuko haar had gegeven: *Allah* is gewoon het Arabische woord voor 'God'. Zelfs Arabisch sprekende christenen gebruikten het woord Allah voor God.

Vervolgens prees hij Kathy en Jezus, en benadrukte nog eens dat zijn en hun geloof het grootste was, maar tegen die tijd luisterde ze nauwelijks meer. Er was iets in haar geknapt. Toen hij klaar was, ging ze verbouwereerd en verward zitten, maar daar en op dat moment was haar wel iets duidelijk geworden. Ze bleef de hele dienst lang beleefd glimlachen, in de wetenschap dat ze nooit meer terug zou komen.

Tijdens de rit naar huis en de daaropvolgende nacht en dag bleef ze aan het gebeurde denken. Ze praatte er met Yuko over en ze kwamen tot de conclusie dat die man, die voor duizend ontvankelijke parochianen preekte die hem vertrouwden, niet wist, of er niets om gaf, dat de islam, het jodendom en het christendom helemaal niet zo ver uit elkaar liggende vertakkingen van hetzelfde monotheïstische, abrahamitische geloof waren. En de islam afdoen met kinderlijk gesnuif? Kathy wilde geen deel uitmaken van wat zo'n man preekte.

Van lieverlee volgde ze Yuko dus naar de islam. Ze las de Koran en was onder de indruk van de kracht en de poëzie ervan. De christelijke predikanten die ze had horen preken, hadden veel tijd besteed aan kwesties als wie er naar de hel zou gaan en wie niet, hoe gloeiend heet het vuur daar was en hoe lang je er door moest brengen, maar de imams die ze sprak deden dat soort uitspraken helemaal niet. 'Ga ik naar de hemel?' vroeg ze. 'Dat weet alleen God,' zei zo'n imam dan. De twijfels van de imams waren troostrijk en trokken haar aan. Als ze hun een vraag stelde, zoals ze zo vaak vragen had gesteld aan predikanten, probeerden de imams haar wel antwoord te geven, maar wisten ze het vaak zelf ook niet. 'Laten we de Koran er eens bij pakken,' zeiden ze dan. Het idee van persoonlijke verantwoordelijkheid in het islamitisch denken sprak haar aan, evenals het belang dat gehecht werd aan sociale rechtvaardigheid. Maar vooral vond ze het besef van waardigheid en puurheid dat de moslimvrouwen die ze kende uitstraalden erg aantrekkelijk. Ze kwamen op Kathy gezond en eerzaam over. Ze waren ingetogen en beheerst. Zij wilde die zelfbeheersing ook ervaren. Ze verlangde naar de rust die met die zelfbeheersing gepaard ging.

De feitelijke bekering was mooi in haar eenvoud. In aanwezigheid van Yuko en een handjevol andere vrouwen van de moskee, sprak ze de *shahuda* uit, de islamitische gelofte van de geloofsovertuiging. '*Ash-hadoe alla iellaha iella Allah, wa ash-hadoe anna Moehammadan rassoeloe Allah.*' Dat was het enige wat ze hoefde te zeggen. 'Ik getuig dat er geen god is behalve Allah en ik getuig dat Mohammed de boodschapper van Allah is.' Met die woorden was Kathy Delphine moslim geworden.

Als Kathy het probeerde uit te leggen aan familie en vrienden, kwam ze niet uit haar woorden, maar ze wist dat ze in de islam rust had gevonden. De twijfel die bij het geloof hoorde, gaf haar de ruimte om na te denken en vragen te stellen. De antwoorden die de Koran bood, hielpen haar verder op weg. Door de lens van de islam werd zelfs haar kijk op haar familie anders. Ze werd minder agressief. Ze had altijd overhoopgelegen met haar moeder, maar de islam leerde haar dat 'de hemel aan de voeten van je moeder ligt' en daardoor kon ze zich beter inhouden. Ze hoefde niet meer altijd het laatste woord te hebben en leerde geduldiger en vergevingsgezinder te zijn. 'Het heeft me zuiverder gemaakt,' zei ze.

In haar eigen ogen mocht haar bekering een stap vooruit zijn, maar in die van haar moeder en broers en zussen was het alsof ze haar familie en alles waar die voor stond had verloochend. Toch deed Kathy haar best een goede relatie met hen te houden en ook haar familie deed daar moeite voor. Er waren momenten dat alles koek en ei was, dat bezoekjes heel aangenaam verliepen en er niets misging. Maar even zo vaak liepen ze uit op verwijten en beschuldigingen, dichtgeslagen deuren en een haastige aftocht. Met een paar van haar acht broers en zussen had ze helemaal geen contact meer.

Maar familie was belangrijk voor haar. Ze wilde dat haar kinderen hun tantes en ooms en neven en nichten kenden, en de opluchting was dan ook groot toen de Odyssey om half twaalf eindelijk aankwam bij het huis van haar broer in Baton Rouge. Ze bracht de kinderen naar binnen, waar ze vrijwel meteen op de bank en de grond in slaap vielen.

Nu ze er was kon ze Zeitoun bellen.

'Is de storm al gearriveerd?'

'Nog niks aan de hand,' zei hij.

'Ik ga nu slapen,' zei Kathy. 'Ik ben nog nooit zo moe geweest.'

'Ga lekker naar bed,' zei hij. 'En slaap morgenochtend maar uit.'

'Jij ook.'

Ze wensten elkaar welterusten en deden het licht uit.

Zondag 28 augustus

Kathy werd voor zonsopgang wakker en zette meteen de tv aan. Katrina was nu een storm van de vijfde categorie met windsnelheden van meer dan 240 kilometer per uur. De orkaan koerste vrijwel rechtstreeks op New Orleans af en het oog van de storm zou waarschijnlijk op ongeveer 25 kilometer ten westen van de stad langstrekken. Meteorologen voorspelden hevige wind, drie meter hoge vloedgolven, mogelijke dijkdoorbraken en overstromingen langs de hele kust. Naar verwachting zou de orkaan New Orleans de komende nacht bereiken.

Nu de berichten over de storm steeds onheilspellender werden, kregen Kathy en Zeitoun de hele dag door telefoontjes van klanten met de vraag of ze hun ramen en deuren wilden dichttimmeren. Kathy verzamelde de opdrachten en gaf ze door aan Zeitoun. Zeitoun kwam erachter dat een van zijn timmermannen, James Crosso, nog in de stad was en met z'n tweeën reden ze de hele dag rond om de huizen op zijn lijst dicht te timmeren. De vrouw van James werkte in een van de hotels in het centrum en het echtpaar was van plan de storm daar uit te zitten. Zeitoun en James reden van huis naar huis met ruim tweehonderd kilo triplex in de achterbak om nog te doen wat ze konden voor de storm er zou zijn. Het was nog steeds druk op de weg door alweer een stroom auto's die de stad probeerden te verlaten, maar Zeitoun overwoog dat niet eens. Volgens hem zat hij straks veilig in hun huis met twee verdiepingen in Dart Street, ver van de dijken en met voldoende gereedschap en voedsel.

Halverwege de ochtend gaf burgemeester Nagin het bevel voor de eerste verplichte evacuatie van New Orleans ooit. Iedereen die weg kon, moest vertrekken.

Zeitoun en James zagen de hele dag bij de bushaltes lange rijen mensen die van plan waren naar de Superdome te gaan. Gezinnen, echtparen, oudere mannen en vrouwen, met hun eigendommen in rugzakken, koffers en vuilniszakken. Zeitoun vond het zorgelijk hen daar zo buiten te zien staan nu de wind aanwakkerde en de hemel steeds donkerder werd. Op de terugweg kwamen James en hij weer langs dezelfde, nog steeds geduldig wachtende groepen.

In Baton Rouge was het donker en onrustig buiten. Harde windstoten en om twaalf uur 's middags een zwarte hemel. De kinderen speelden een tijdje buiten, maar kwamen toen binnen om dvd's te kijken, terwijl Kathy bijpraatte met Patty en Mary Ann. De bomen op straat zwaaiden vervaarlijk in de wind. Om vijf uur 's middags viel de elektriciteit uit. De kinderen deden bordspelletjes bij kaarslicht.

Kathy liep af en toe naar de auto om naar het nieuws op de radio te luisteren. Door de storm werden ruiten in New Orleans kapotgeslagen en bomen en elektriciteitsleidingen omvergeblazen.

Kathy probeerde Zeitoun te bellen, maar kreeg meteen zijn voicemail. Ze probeerde de vaste telefoon. Niets. Ze nam aan dat het telefoonverkeer platlag. De orkaan was nog niet eens bij de stad aangekomen en nu al kon ze haar man niet meer bereiken.

Tegen zessen had Zeitoun James bij het hotel afgezet en was hij weer thuis. Het werk zat erop en hij keek naar het nieuws op tv. De berichten waren nog vrijwel hetzelfde. Het front van de orkaan werd rond middernacht verwacht. Hij ging ervan uit dat het elektriciteitsnet vanaf dat moment een paar dagen uitgeschakeld zou zijn.

Zeitoun maakte in de vallende schemer een rondje langs alle kamers om in te schatten welke risico's die tijdens de storm zouden lopen. Het huis had vier slaapkamers: de ouderslaapkamer op de begane grond en de kinderkamers boven. Daar verwachtte hij wel lekkage. Sommige delen van het dak konden gaan lekken. Er zouden wat ramen kunnen breken, vooral die van de voorkamer in de erker liep gevaar. Er was een kleine kans dat de boom in de achtertuin op het huis zou vallen. Als dat gebeurde, zou er flinke schade kunnen ontstaan, want dan zou niets het water meer tegenhouden.

Toch zag hij het niet somber in. Hoe het ook uitpakte, hij wilde in ieder geval ter plekke zijn om het huis dat hij voor duizenden dollars had opgeknapt zo goed mogelijk te beschermen. Zijn grootmoeder was tijdens talloze stormen op het eiland Arwad ook altijd thuisgebleven en hij was datzelfde van plan. Een huis was het waard om voor te vechten.

Het enige wat hem zorgen baarde waren de dijken. Keer op keer waarschuwden de nieuwsberichten voor de stormvloed. De dijken waren gemaakt om vier meter water tegen te houden en de vloedgolven in de Golf waren nu al bijna zes meter hoog. Hij wist dat als de dijken doorbraken het een verloren strijd zou zijn.

Om acht uur belde hij Kathy.

'Dus je bent er toch,' zei ze. 'Ik was je kwijt.'

Hij keek op het schermpje van zijn telefoon en zag dat hij drie telefoontjes van haar had gemist.

'Kennelijk is het bereik nu al niet meer geweldig,' zei hij. Zijn telefoon was niet overgegaan. Hij vertelde dat er nog niets opmerkelijks was gebeurd. Alleen harde wind. Niets nieuws onder de zon.

'Blijf uit de buurt van de ramen,' zei ze.

Hij zei dat hij zijn best zou doen.

Kathy vroeg zich hardop af of ze stom bezig waren. Haar man bevond zich op het pad van een orkaan van de vijfde categorie en ze hadden het over uit de buurt blijven van de ramen.

'Wens de kinderen welterusten namens mij,' zei hij.

Dat zou ze doen.

'Laten we maar ophangen,' zei hij. 'Ik moet zuinig zijn met de accu.'

Ze wensten elkaar welterusten.

Toen de kinderen sliepen, zat Kathy in het huis van haar broer Andy op de bank in de kaars die voor haar stond te staren. Dat was nog het enige lichtje in huis.

Even na elven bereikte het front van de storm Zeitouns huis. De hemel was woest grijs, windvlagen kolkten en brachten verkoeling. De regen vormde een dicht gordijn. Elk halfuur werd de chaos buiten een graadje erger. Rond middernacht viel de stroom uit. Om een uur of twee, drie begon het te lekken. Eerst in de hoek van Nademahs kamer. Zeitoun liep naar de garage en haalde een vuilnisbak om het water op te vangen. Een paar minuten later begon het op de overloop te lekken. Zeitoun ging nog een vuilnisbak halen. Net na drieën brak er een raam in de ouderslaapkamer, alsof er een baksteen door de ruit werd gegooid. Zeitoun veegde de scherven op en dichtte het gat met een kussen. Toen begon het te lekken in de kamer van Safiya en Aisha. Hij haalde nog een afvalemmer, een grotere dit keer.

Hij sjouwde de eerste twee vuilnisbakken naar buiten en gooide ze leeg op het gazon. De lucht leek wel de vingerverftekening van een kind, een slordig mengsel van blauw en zwart. De wind was nu frisser. Het was pikdonker in de buurt. Terwijl hij daar op het gras stond, hoorde hij ergens in de wijk een boom omvallen: gekraak en vervolgens geruis van takken die door andere boomkruinen heen duwden en tot rust kwamen tegen de muur van een huis.

Hij ging naar binnen.

Er was nog een raam gebroken. Hij duwde ook hier weer een kussen in het gat. Takken graaiden naar de muren, het dak. Overal klonk gebonk van onbekende herkomst. De botten van het huis leken te kraken onder alle druk. Het huis werd van alle kanten belaagd.

Toen hij weer op de klok keek was het vier uur 's ochtends. Hij was al vijf uur in touw. Als het in dit tempo doorging, zou de schade ernstiger worden dan hij had gedacht. En de orkaan zelf was nog niet eens gearriveerd.

In de kleine uurtjes van de nacht kreeg Zeitoun een ingeving. Hij verwachtte niet dat de stad zou overstromen, maar wist dat zoiets niet uitgesloten was. Hij ging daarom naar buiten, waar hij de koelte van de wind gretig inademde, haalde zijn tweedehands kano uit de garage en zette die overeind. Hij wilde hem vast klaar hebben staan.

Kon Kathy hem zo maar bezig zien. Ze had haar ogen ten hemel geslagen toen ze hem thuis had zien komen met die boot. Hij had hem een paar jaar eerder gekocht van een klant in Bayou St. John. Toen de klant ging verhuizen, had Zeitoun de kano in zijn voortuin zien staan, een standaard aluminium model, en hem gevraagd of hij hem wilde verkopen. De klant was in de lach geschoten. 'Wil je dát ding hebben?' had hij gevraagd. Zeitoun had hem ter plekke kunnen overnemen voor vijfenzeventig dollar.

Iets aan de kano had hem aangetrokken. Hij zat goed in elkaar, was onbeschadigd en had twee houten bankjes. Hij was ongeveer vijf meter lang en bedoeld voor twee personen. Hij leek een belofte van ontdekkingen en ontsnapping te belichamen. Hij sjorde hem vast op het dak van zijn busje en nam hem mee naar huis.

Kathy zag hem door het raam van de woonkamer aankomen. Ze kwam hem bij de voordeur tegemoet.

'Geen sprake van,' zei ze.

'Wat?' zei Zeitoun met een lach.

'Je bent gek,' zei ze.

Kathy speelde graag de verontwaardigde echtgenote, maar Zeitouns romantische kant vormde de basis van haar liefde voor hem. Ze wist dat iedere boot hem aan zijn jeugd herinnerde. Dan kon ze hem zo'n tweedehands kano toch niet ontzeggen? Ze wist vrijwel zeker dat hij hem nooit zou gebruiken, maar besefte dat alleen al het bezit ervan in zijn garage iets voor hem zou betekenen, een link met zijn verleden, de belofte van avontuur. Hoe dan ook, zij zou hem niets in de weg leggen.

Hij deed een aantal pogingen zijn dochters te interesseren voor de kano. Hij nam hen mee naar Bayou St. John, legde de kano in het water en ging erin zitten. Toen hij Nademah, die op de kant stond, erin wilde tillen, stribbelde ze tegen. Haar jongere zusjes wilden er al evenmin iets van weten en dus peddelde hij maar een halfuurtje zelf een beetje rond, terwijl zij vanaf de kant toekeken. Hij probeerde te laten zien hoe leuk het was, hoe onweerstaanbaar, maar toen hij terugkwam, wilden ze er nog steeds niets van weten. Hij had de kano dus maar weer op het dak van zijn bus gelegd en was terug naar huis gereden.

Na vijven wakkerde de wind aan. Het was niet duidelijk wanneer de orkaan precies boven land kwam, maar het werd die ochtend nauwelijks licht. Het zwart ging over in antraciet en de regen kletterde als kiezelstenen tegen het glas. Hij hoorde boomtakken bezwijken in de wind, een zwaar zuchten van stammen die op straat en op de daken vielen.

Op het laatst won de slaap het toch. Hoewel zijn huis van alle kanten werd aangevallen ging hij liggen, ervan overtuigd dat hij snel genoeg wel weer ergens door zou worden gewekt. Hij durfde dus wel even toe te geven aan zijn vermoeidheid en zakte weg in een oppervlakkige slaap.

Maandag 29 augustus

Zeitoun werd laat wakker. Hij kon zijn horloge niet geloven. Het was al na tienen. Hij was in jaren niet zo laat wakker geworden. Alle klokken stonden stil. Hij stond op en probeerde in drie kamers het licht aan te doen. Er was nog steeds geen elektriciteit.

Buiten woei het hard en was het nog steeds donker. Ook regende het nog; niet heel hard, maar genoeg om Zeitoun het grootste deel van de dag binnen te houden. Hij ontbeet en controleerde hoe het met de schade aan het huis was. Hij zette emmers onder twee nieuwe lekplekken. Over het geheel genomen was de schade nog ongeveer even groot als toen hij was gaan slapen. Hij had door het ergste deel van de orkaan heen gedommeld. Door het raam zag hij dat overal op straat omgevallen elektriciteitspalen en bomen lagen en dat er ongeveer dertig centimeter water stond. Er was heel wat schade, maar niet erger dan bij een aantal andere stormen die hij zich herinnerde.

In Baton Rouge nam Kathy de kinderen mee naar de Walmart om voorraden in te slaan en zaklampen te kopen. Het leek wel alsof er binnen meer mensen dan producten waren. Zoiets had ze nog nooit gezien. Alles was uitverkocht, de schappen waren zo goed als leeg. Het leek het einde van de wereld wel. De kinderen klampten zich angstig aan haar vast. Kathy ging op zoek naar ijs en kreeg te horen dat al het ijs allang op was. Wel vond ze, ongelooflijk genoeg, nog een verpakking met twee zaklampen, de laatste, waar ze net een halve seconde eerder haar hand naar uitstak dan een andere vrouw. Ze lachte haar verontschuldigend toe en liep ermee naar de kassa.

's Middags ging de wind iets liggen en nam ook de regen af. Zeitoun ging buiten op verkenning. Het was warm, meer dan 26 °C. Het water stond zo'n halve meter hoog, schatte hij. Het was regenwater, grijsbruin en modderig, maar het zou snel wegtrekken, wist hij. Hij liep naar de achtertuin. Daar lag de kano te lonken, drijvend op het water en klaar voor vertrek. Dit was een zeldzame gelegenheid, bedacht hij, om over de wegen te glijden. Zoiets zou alleen vandaag kunnen. Hij hoosde het water uit de boot en stapte in zijn T-shirt, korte broek en sportschoenen aan boord.

De tuin uit komen viel niet mee. Aan de overkant van de straat was een boom ontworteld en die lag over de weg. De takken versperden zijn oprit. Hij peddelde eromheen en keek over zijn schouder naar zijn huis. Aan de buitenkant was weinig schade te zien. Er waren wat dakspanen van het dak gewaaid en een paar ramen waren kapot. Een van de dakgoten moest opnieuw worden vastgezet. Niks ernstigs. Een dag of drie werk.

Andere huizen in de buurt waren door allerlei soorten puin getroffen. Ramen waren kapotgewaaid. Op auto's en in de straten lagen natte, zwarte takken. Overal lagen uit de grond gerukte bomen.

Er hing een diepe stilte. De wind blies rimpels op het water, maar verder was het doodstil. Er reden geen auto's, er vlogen geen vliegtuigen. Hier en daar stonden buren op hun veranda of waadden door hun tuin om de schade op te nemen. Niemand wist waar hij moest beginnen, of wanneer. Hij wist dat hij de komende weken veel offertes zou moeten maken.

Hij was nog maar een paar straten verder gepeddeld, toen hij bedenkingen begon te krijgen. Overal lagen omgevallen elektriciteitspalen. Wat zou er gebeuren als zijn aluminium kano in contact kwam met de blootliggende kabels? Het water was trouwens ook niet diep genoeg om echt goed te kunnen peddelen. In sommige delen van de wijk stond nauwelijks water, hooguit een paar centimeter. Hij kwam vast te zitten, stapte uit, draaide de kano om en peddelde weer naar huis.

Gedurende de middag zakte het water langzaam weg uit de straten, met vijf tot tien centimeter per uur. Het afwateringssysteem werkte. Die avond was het helemaal verdwenen. De straten stonden weer droog. De schade was groot, maar niet veel erger dan bij de stormen die hij zich herinnerde. En het was voorbij.

Hij belde Kathy.

'Kom maar weer terug,' zei hij.

Dat klonk verleidelijk, maar het was al zeven uur 's avonds en ze stonden op het punt te gaan eten. Kathy had ook geen zin om alweer door het donker op reis te gaan met vier kinderen en een winderige hond. Er was trouwens nog geen elektriciteit in New

Orleans, dus ze zouden daar net zo onthand zijn als in Baton Rouge. De kinderen vermaakten zich nog steeds prima met hun neven en nichten. Dat was te horen aan het gelach dat door het huis schalde.

Ze sprak met Zeitoun af dat ze er de volgende morgen op terug zouden komen, hoewel ze er allebei van uitgingen dat Kathy de kinderen de volgende dag zeker in de auto zou laden.

Ze ging naar binnen, waar de verschillende gezinnen, drie volwassenen en acht kinderen, bij kaarslicht hotdogs zaten te eten. Dat haar zussen varkensvlees op tafel zetten, was Kathy niet ontgaan, maar ze was vastbesloten er geen punt van te maken. Laat maar zitten, zei ze tegen zichzelf. Niet moeilijk doen, niet moeilijk doen. Er was nog zoveel om voor te vechten. De komende dagen zou ze heel wat strijd moeten leveren, wist ze, dus ze kon haar energie beter niet aan haar zussen en aan hotdogs verspillen. Als ze haar kinderen varkensvlees wilden laten eten, moesten ze dat maar proberen.

Later, toen Kathy in de auto zat om een paar minuutjes naar de radio te luisteren, hoorde ze haar aarzeling om terug te keren ook doorklinken in de woorden van burgemeester Nagin. 'Kom nog niet terug,' zei hij. 'Wacht tot we weten hoe groot de schade is, tot alles duidelijk is en opgeruimd. Wacht nog een paar dagen af.'

's Middags kreeg Zeitoun een telefoontje van Adnan, zijn achterneef van moederskant. Adnan had goed geboerd sinds hij meer dan tien jaar geleden naar de vs geëmigreerd was. Hij was nu eigenaar en manager van vier broodjeszaken in New Orleans van de keten Subway. Zijn vrouw Abeer was zes maanden zwanger van hun eerste kind.

'Ben je nog in de stad?' vroeg hij aan Zeitoun. Hij vermoedde dat dat het geval was.

'Natuurlijk. Zit jij in Baton Rouge?' vroeg Zeitoun.

'Klopt.' Adnan was er de avond daarvoor heen gereden met Abeer en zijn bejaarde ouders. 'Hoe is het daar?'

''t Waait wat,' zei Zeitoun. 'Serieus? Best eng eigenlijk.' Dat zou hij nooit aan Kathy hebben toegegeven, maar Adnan durfde hij dat wel te bekennen.

'Denk je wel dat je blijft?' vroeg Adnan.

Zeitoun zei dat hij dat inderdaad van plan was en bood aan om een oogje in het zeil te houden bij Adnans winkels. Voor Adnan was vertrokken, had hij de kassa van de vestiging aan City Park Avenue leeggehaald en geregeld dat er brood zou worden gebakken. Hij was ervan uitgegaan dat hij op dinsdag terug zou zijn.

'Weet jij moskeeën in Baton Rouge?' vroeg Adnan. Alle motels zaten vol en Abeer en hij kenden daar niemand. Ze hadden de vorige avond voor Adnans ouders onderdak gevonden in een moskee, maar daar waren toen al honderden mensen. Ze sliepen op de vloer en meer konden er echt niet bij. Adnan en Abeer hadden in de auto overnacht.

'Nee, sorry,' zei Zeitoun. 'Bel Kathy maar. Die logeert bij familie. Daar kunnen jullie vast terecht.' Hij gaf Adnan haar mobiele nummer.

Zeitoun leegde alle emmers die in huis stonden, zette ze weer terug onder de gaten in het dak en maakte zich klaar voor de nacht. Het was buiten warm en binnen bloedheet. Daar lag hij in het donker. Hij dacht aan de kracht van de storm, de duur ervan, hoe merkwaardig beperkt de schade aan zijn huis was gebleven. Hij liep naar het raam aan de voorkant. Nu, om acht uur 's avonds, waren de straten alweer kurkdroog. Al die moeite om te vluchten, en waarvoor? Honderdduizenden mensen die hiervoor noordwaarts waren gevlucht: een paar centimeter water dat nu al weggetrokken was.

Het was stil die nacht. Hij hoorde geen wind, geen stemmen,

geen sirenes. Enkel het geluid van de ademende stad die met hem mee-ademde, moegestreden, dankbaar dat het voorbij was.

Dinsdag 30 augustus

Zeitoun werd weer laat wakker. Hij keek met slaperige ogen naar het raam boven zich, zag dezelfde grijze lucht, hoorde dezelfde ongewone stilte. Hij had nog nooit zo'n situatie meegemaakt. Hij kon nergens heen rijden en niet werken. Voor het eerst in tientallen jaren was er niets te doen. Het zou een stille, rustige dag worden. Hij voelde zich ongewoon loom, hemels tevreden. Hij zonk weer weg in een oppervlakkige slaap.

Het eiland Arwad, waar het voorouderlijk huis van zijn familie stond, was in licht gedrenkt. De zon scheen er altijd, een warm wit licht dat de stenen gebouwen en keistraatjes bleekte en dat de omringende kobaltblauwe zee een ongelooflijke helderheid gaf.

Als Zeitoun over Arwad droomde, was het het Arwad waar hij de zomers van zijn jeugd had doorgebracht, en in die dromen deed hij jongensachtige dingen: het kleine eilandje rondrennen, zeemeeuwen verschrikt laten opvliegen, in rotspoeltjes zoeken naar krabben en schelpen, of wat er ook maar op de rotsachtige kust van het eilandje aanspoelde.

Bij de buitenmuur die aan de westzijde over de uitgestrekte zee uitkeek, joegen Ahmad en hij door de vervallen huizen aan de rand van het dorp achter een eenzame kip aan. Het magere beest rende een berg afval en puin op, een holletje van koraal en metselwerk in. Ze draaiden zich om bij het geluid van een fregat dat voor anker ging, in afwachting van een mogelijkheid om de haven van Tartus, anderhalve kilometer verderop, binnen te kunnen varen. Er lagen altijd wel een aantal boten, tankers en vrachtschepen te wachten op een ligplaats in de drukke haven, en vaak gingen ze zo dicht bij het eilandje voor anker dat hun schaduw eroverheen viel. Abdulrahman en Ahmad kwamen dan kijken naar de enorme scheepsrompen die wel zes tot negen meter uit de zee omhoogstaken. De jongens zwaaiden naar de bemanning en fantaseerden over een leven aan boord. Het leek een leven vol ongekende romantiek en vrijheid.

Ook toen al, toen Ahmad nog een spichtig, zonverbrand joch van vijftien was, wist hij dat hij zeeman zou worden. Hij zorgde er wel voor dat hij dat nooit tegen zijn vader zei, maar wist zeker dat hij aan het roer wilde staan van een van die schepen. Hij wilde grote vaartuigen de wereld rond leiden, vele talen spreken en de bevolking van alle landen leren kennen.

Abdulrahman twijfelde er niet aan dat Ahmad dat ook zou doen. In zijn ogen was Ahmad tot alles in staat. Hij was zijn beste vriend, zijn held en zijn leermeester. Ahmad had hem geleerd hoe hij met een speer vissen kon vangen, hoe hij in zijn eentje met een roeiboot kon varen, hoe hij van de grote Fenicische stenen van de zuidelijke eilandmuur kon duiken. Hij zou Ahmad overal gevolgd zijn en deed dat ook vaak.

De jongens kleedden zich uit en gingen in hun ondergoed op weg naar een kleine archipel van rotsen. Abdulrahman en Ahmad zochten de speer op die ze tussen de rotsen verborgen hadden en doken om beurten naar vis. Zwemmen zat de jongens van het gezin Zeitoun en alle kinderen van het eiland Arwad in het bloed. Ze leerden even snel zwemmen als lopen en konden urenlang zwemmen en watertrappelen. Toen Ahmad en Abdulrahman uit het water kwamen, gingen ze op een laag stenen muurtje liggen met de zee aan de ene en de promenade van het stadje aan de andere kant.

De promenade stelde niet veel voor; het was niet meer dan een brede, verbrokkelende verharde weg vol afval, en getuigde van de halfhartige pogingen van het eiland om toeristen te trekken. De meeste inwoners van Arwad zou het een zorg zijn of er bezoekers kwamen of niet. Het eiland was hun thuis en een plaats waar hard werd gewerkt: er werd vis gevangen, schoongemaakt en naar het vasteland gebracht, en er werden schepen gebouwd, sterke houten zeilboten met één, twee of drie masten, volgens methodes die al eeuwen geleden op het eiland waren vervolmaakt.

Arwad was het strategische bezit geweest van een eindeloze reeks zeemachten: de Feniciërs, de Assyriërs, de Achaemenidische Perzen, de Grieken onder Alexander, de Romeinen, de kruisvaarders, de Mongolen, de Turken, de Fransen en de Britten. Verschillende muren en torens, in puin en zo goed als verdwenen, herinnerden aan vestingwerken uit het verleden. Midden op het eiland stonden twee kleine kastelen uit de middeleeuwen, die nog bijna helemaal intact waren en regelmatig door nieuwsgierige kinderen werden doorzocht. Abdulrahman en Ahmad renden vaak de gladde stenen traptreden van de uitkijktoren bij hun huis op en speelden dat ze indringers zagen komen, de noodklok luidden en de verdediging planden.

Maar meestal speelden ze in het water. Ze waren nooit verder dan een paar stappen van de koele Middellandse Zee en Abdulrahman volgde Ahmad naar het strand en beklom met hem de grote Fenicische stenen van de stadsmuur. Daarbovenop konden ze door de ramen van de hoger gelegen woningen van de stad naar binnen kijken. Vervolgens draaiden ze zich om en doken ze de zee in. Na het zwemmen gingen ze op de stenen muur liggen, waarvan het oppervlak gladgesleten was door de beukende golven en talloze kindervoeten. Ze warmden zich aan de rotsen en de zon boven hen. Ze praatten over helden die het eiland hadden verdedigd, over legers en heiligen die er aan land waren gegaan. En ze hadden het over hun plannen, hun eigen toekomstige grote daden en ontdekkingen.

Al snel vielen ze dan stil en dommelden ze half weg bij het geluid van de golven die tegen de buitenmuren van het eiland sloegen, het onophoudelijke ruisen van de zee. Maar in de halfdroom van Zeitoun leek er iets mis met het geluid van de oceaan. Het was minder hard dan anders en minder ritmisch – geen eb en vloed, maar het constante gefluister van een rivier.

Die tegenstrijdigheid wekte hem.

II

Dinsdag 30 augustus

Zeitoun sloeg zijn ogen open. Hij was thuis, in de kamer van zijn dochter Nademah, lag in haar bed en zag door het raam een vaalwitte hemel. Het geluid klonk nog steeds, het leek op dat van stromend water. Maar het regende niet en er was ook geen lekkage. Hij dacht even dat er misschien een leiding stuk was gegaan, maar verwierp dat idee weer. Het klonk anders, meer als een rivier, alsof grote hoeveelheden water zich verplaatsten.

Hij ging rechtop zitten en keek door het raam dat op de achtertuin uitkeek. Hij zag water, een grote plas water. Het kwam vanuit het noorden en stroomde de tuin in en onder het huis door. Het waterpeil steeg snel.

Hij kon het niet verklaren. De vorige dag was het water weggetrokken, zoals hij verwacht had, maar nu was het terug en was de stroming veel sterker. Dit was bovendien ander water dan het troebele regenwater van de vorige dag. Dit water was groen en helder. Dit was water uit het meer.

Op dat moment besefte Zeitoun dat de dijken waren overstroomd of doorgebroken. Daar was geen twijfel over mogelijk. De hele stad zou binnenkort overstroomd zijn. Hij wist dat als het water hier was, het grootste deel van New Orleans onder water moest staan. Hij wist dat het zou blijven komen en dat het water in deze wijk tot boven de twee meter zou kunnen stijgen en elders nog hoger. Hij wist dat de herstelwerkzaamheden maanden, zo niet jaren zouden duren. Hij wist dat de overstroming een feit was.

Hij belde Kathy.

'Het water komt eraan,' zei hij.

'Wat? O nee,' zei ze. 'Hebben de dijken het begeven?'

'Ik denk het wel.'

'Nee, dat kan gewoon niet.'

Hij hoorde dat ze een snik inslikte.

'Ik moet gaan,' zei hij.

Hij hing op en ging aan de slag.

Naar boven, dacht hij, de boel moet naar boven. Alles moest naar de eerste verdieping. Hij dacht aan de somberste voorspellingen over de storm: als de dijken braken, zou het water op sommige plekken wel drie tot vijf meter stijgen. Hij ging systematisch te werk. Alles van waarde moest naar boven. Het was een klus als iedere andere en hij ging rustig en efficiënt aan de slag.

Hij bracht de tv, de dvd-speler, de stereo-installatie en alle andere elektronica naar de eerste verdieping. Vervolgens zocht hij alle spelletjes, boeken en naslagwerken van de kinderen bij elkaar en droeg die ook naar boven.

In Baton Rouge was de sfeer gespannen. Door het onstuimige, sombere weer en met zoveel mensen in een klein huis liepen de irritaties snel op. Kathy besloot dat de kinderen en zij zich maar beter uit de voeten konden maken. Ze ruimden hun slaapzakken en kussens op en vertrokken in de Odyssey. Het plan was om het grootste deel van de dag rond te rijden en naar een winkelcentrum hier of een restaurant daar te gaan, waarheen deed er niet zo toe, als ze de tijd maar konden doden. Ze zouden dan later op de avond, pas na het eten, terugkomen, zodat ze meteen konden gaan slapen. Kathy bad dat ze de volgende dag terug zouden kunnen gaan naar New Orleans.

Zodra ze op weg waren, belde Kathy Zeitoun op.

'Mijn sieraden!' zei ze.

Die vond hij, evenals het mooie servies, en hij bracht het allemaal naar boven. Hij haalde de koelkast leeg, maar liet de voorraden in de vrieskist ongemoeid. De stoelen zette hij op de eetkamertafel. Een kastje dat hij niet kon tillen, kantelde hij op een matras en trok hij zo de trap op. Hij zette de ene bank op de andere en offerde er zo een op ten gunste van de ander. Vervolgens verzamelde hij nog meer boeken en hij bracht ze allemaal in veiligheid.

Kathy belde nog eens. 'Ik had toch gezegd dat je die verzekering niet moest opzeggen?' zei ze.

Ze had gelijk. Net drie weken geleden had hij besloten het deel van de overstromingsverzekering dat hun meubels en in feite alles in huis dekte niet te verlengen. Hij had er het geld niet aan willen uitgeven. Hij gaf haar gelijk en wist dat ze hier nog jaren telkens weer op terug zou komen.

'Kunnen we het daar een andere keer over hebben?' vroeg hij.

Zeitoun ging naar buiten. De lucht was zwaar en het woei hard. Hij maakte de kano aan de achterveranda vast. Het water lispelde door de kieren in de schutting en steeg. Het stroomde ontstellend snel de achtertuin in. In de korte tijd dat hij stond te kijken, had het water al spoedig zijn enkels bereikt en trok het verder langs zijn benen omhoog.

Hij ging weer naar binnen en bracht alles van waarde naar de bovenverdieping. Terwijl hij daarmee bezig was, zag hij dat het water de vloer blank zette en langs de muren omhoogklom. Een uur later stond het water in huis één meter hoog. Het huis zelf lag al circa één meter boven straatniveau.

Maar het water was schoon. Het was doorzichtig en had een groenige tint. Hij moest toezien hoe zijn eetkamer volstroomde en was korte tijd gebiologeerd door de schoonheid van het schouwspel. Het herinnerde hem vaag aan een storm op het eiland Arwad toen hij nog een jongetje was en de Middellandse Zee omhoogkwam en de lagergelegen huizen opslokte; de blauwgroene zee had in woonkamers, slaapkamers en keukens gestaan. Het water was moeiteloos langs en over de Fenicische stenen rondom het eiland gestroomd.

Op dat moment had Zeitoun een ingeving. Hij wist dat de vissen in het aquarium zonder filtering en eten niet in leven zouden blijven. Hij stak zijn hand in het aquarium, pakte ze op, en liet ze vrij in het water dat in huis stond. Een betere kans op overleven kon hij ze niet geven. Ze doken omlaag en zwommen weg.

Via de mobiele telefoon had hij de hele dag regelmatig contact met Kathy. Ze lieten wat niet gered kon worden, de meubelstukken die te groot waren om naar boven te dragen, de revue passeren. Er waren commodes en grote klerenkasten, waar hij zo veel mogelijk lades uit trok. Alle losse onderdelen en alles wat hij kon tillen, bracht hij naar boven.

Het water verzwolg kasten en ramen. Zeitoun keek ontzet toe hoe het in huis eerst anderhalve meter en uiteindelijk twee meter steeg, voorbij de meterkast en de telefoonaansluiting. Hij wist dat hij wekenlang zonder elektriciteit en zonder vaste telefoonlijn zou zitten.

Bij het vallen van de avond stond het water in de omliggende straten bijna drie meter hoog en kon Zeitoun de trap niet meer af. Hij was bekaf. Hij had gedaan wat hij kon, lag op de eerste etage op Nademahs bed en belde Kathy. Die reed rondjes met de kinderen en zag er erg tegen op om weer naar Baton Rouge te moeten.

'Ik heb gered wat ik kon,' zei hij.

'Ik ben blij dat je daar was,' zei ze, en dat meende ze. Als hij niet thuis was geweest, waren ze alles kwijt geweest.

Ze hadden het erover wat er nu verder met het huis en de stad zou gebeuren. Ze wisten dat het huis zou moeten worden gestript en de complete isolatie en bedrading zouden moeten worden vernieuwd, evenals het stucwerk, alle gipsplaten, verf en behang.

Werkelijk alles tot en met de steunbalken moest als verloren worden beschouwd. Als er hier in Uptown al zoveel water was, zou het in andere wijken nog hoger staan. Hij dacht aan die wijken, aan de huizen dicht bij het meer en aan die bij de dijken. Ze waren kansloos.

Terwijl ze praatten, merkte Zeitoun dat zijn telefoon bijna leeg was. Ze wisten allebei dat hij zonder elektriciteit zijn accu niet kon opladen en dus niet meer zou kunnen bellen.

'Ik moet ophangen,' zei hij.

'Ga daar alsjeblieft weg,' zei ze. 'Morgen.'

'Nee, nee,' zei hij, maar terwijl hij dat zei overwoog hij toch te gaan. Hij had er niet op gerekend dat hij zo lang in dit huis vast zou zitten. Hij wist dat er genoeg eten was voor een week of langer, maar de nieuwe situatie zou meer van hem vergen dan hij had voorzien.

'Zeg de kinderen welterusten van me,' zei hij.

Ze beloofde dat ze dat zou doen.

Hij zette zijn telefoon uit om het beetje stroom dat er nog over was te sparen.

Kathy reed nog steeds rond. Ze had alle afleidingsmogelijkheden benut en stond op het punt terug te rijden naar het huis van haar broer, toen haar telefoon weer ging. Het was Adnan. Hij was met zijn vrouw Abeer in Baton Rouge en ze hadden geen onderkomen.

'Waar waren jullie afgelopen nacht?' vroeg Kathy.

'In de auto,' zei hij, en in zijn stem klonken verontschuldiging en schaamte door.

'O god,' zei ze. 'Ik probeer iets voor jullie te regelen.'

Zodra ze weer op hun logeeradres was, wilde ze met Mary Ann en Patty overleggen. Het zou vol worden, maar ze kon niet toestaan dat een zwangere vrouw in een auto moest slapen als er plek genoeg was in het huis van haar broer.

Kathy was om tien uur weer bij Andy's huis. Er brandde geen licht. Alleen Nademah was nog wakker, de andere kinderen lagen op de achterbank te slapen. Ze wekte hen en zachtjes gingen ze naar binnen. Toen alle kinderen in hun slaapzak lagen, kwam Mary Ann de kamer binnenlopen en sprak haar aan.

'Waar was je de hele dag?'

'Op stap,' zei Kathy. 'Ik wilde niemand voor de voeten lopen.'

'Weet je wel wat benzine kost?' vroeg Mary Ann.

'Pardon?' zei Kathy. 'Ik wist niet dat jij mijn benzine betaalde.'

Kathy was geïrriteerd en ontdaan. Als ze in huis bleven, kregen ze voortdurend signalen dat ze te veel waren en nu kreeg ze ook al op haar kop omdat ze weg was gegaan. Ze sprak met zichzelf af dat ze deze nacht zou zien door te komen en de volgende dag een alternatief zou bedenken. Misschien konden ze naar Phoenix gaan en daar bij Yuko overnachten. Het was een bespottelijk idee om vijfentwintighonderd kilometer te moeten reizen terwijl haar directe familie tachtig kilometer van New Orleans woonde, maar het zou niet de eerste keer zijn dat ze haar toevlucht bij Yuko zocht.

De sfeer was al uitermate slecht, maar voor Adnan en Abeer moest Kathy de vraag wel stellen. Mary Ann kende hen tenslotte, ze had Adnan en Abeer verschillende keren ontmoet. Konden ze niet één nachtje bij hen logeren?

'Geen sprake van,' zei Mary Ann.

Zeitoun stond op de eerste verdieping met een zaklantaarn tussen zijn tanden en zocht de stapel spullen uit die hij had weten te redden. Hij zette zo veel mogelijk boeken op planken. Diploma's en foto's stopte hij in dozen. Hij kwam foto's tegen van zijn kinderen toen ze nog klein waren, vakantiefoto's van die keer toen ze met z'n allen naar Spanje waren geweest en foto's van hun reis naar Syrië. Hij sorteerde ze, deed ze in een plastic zak die hij vond en stopte alles vervolgens weer in dozen.

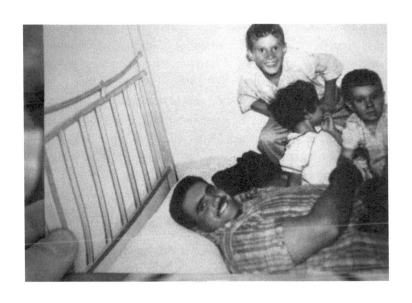

Huis Zeitoun, Jableh, Syrië

In een oudere doos kwam hij nog een foto tegen, eentje in sepiatinten, ingelijst in een krakkemikkige fotolijst. Hij bekeek hem verrast. Deze foto had hij al jaren niet meer onder ogen gehad. Zijn broer Luay en zus Zakiya en hij speelden daarop met zijn broer Mohammed, die achttien jaar ouder was. Ze waren aan het stoeien in de gezamenlijke slaapkamer van Zeitoun, Ahmad en alle jongere broers in Jableh. Helemaal rechts zag je de kleine Abdulrahman, hij was daar een jaar of vijf en zijn kleutervingertjes verdwenen helemaal in Mohammeds grote knuist.

Zeitoun staarde naar de aanstekelijke lach van zijn broer. Mohammed had het toen helemaal gemaakt. Hij had alles bereikt: hij was de beroemdste en meest getalenteerde atleet in de geschiedenis van Syrië. Hij was een oceaanzwemmer, een van de besten ter wereld. Het feit dat hij uit een land kwam dat niet echt bekendstond om zijn kustlijn, maakte zijn prestaties alleen maar opmerkelijker. Hij had wedstrijden in Syrië, Libanon en Italië gewonnen. Hij kon achter elkaar wel vijftig kilometer zwemmen en dat sneller dan wie ook. Sneller dan iedere Italiaan, Brit, Fransman of Griek.

Zeitoun bekeek de foto nauwkeuriger. Arme Mohammed, dacht hij, al die broers en zussen die hem besprongen. Zo ging het altijd als hij thuis was. Vanwege al die wedstrijden – in Griekenland, Italië, de Verenigde Staten – was hij vaak langdurig van huis. Hij werd gefêteerd door staatshoofden en stond overal ter wereld in de krant en in tijdschriften. Ze noemden hem 'De Menselijke Torpedo', 'De Nijlkrokodil' en ook wel 'Het Wonder'. Als hij thuis was, was het feest en zwermden zijn broers en zussen als vliegen om hem heen.

Maar op vierentwintigjarige leeftijd was hij overleden. Hij was omgekomen bij een auto-ongeluk in Egypte, kort voor een wedstrijd in het Suezkanaal. Zeitoun miste hem nog steeds verschrikkelijk, al was hij pas zes geweest toen het gebeurde. Daarna kende hij Mohammed alleen uit verhalen, foto's en herdenkingen en van het monument dat niet ver van hun huis in Jableh ter ere van hem aan de waterkant was opgericht. Toen hij nog kind was, waren ze er dagelijks langs gekomen en daardoor alleen al was het onmogelijk geweest om Mohammed, al was het maar voor even, te vergeten.

Zeitoun zat ruim een minuut naar de foto te staren voordat hij hem weer in de doos opborg.

Hij kon in huis de slaap niet vatten. Het was die nacht warmer en dergelijke hitte had hij in New Orleans nooit zonder airconditioning hoeven doorstaan. Hij lag op de met zweet doordrenkte lakens en kreeg een idee. Hij zocht boven in een van de kasten de tent die hij een aantal jaren eerder had gekocht. De zomer daarvoor had hij die in de achtertuin opgezet en hadden de kinderen buiten geslapen zodra de ergste hitte voorbij was en het buiten wel uit te houden was.

Hij vond de tent, kroop via het raam van Nademahs kamer naar buiten en ging het dak op. Buiten zocht een briesje zich een weg door de stilstaande lucht en was het iets koeler. Hij zette de tent op het platte dak van de garage op en zette hem vast met boeken en een paar betonblokken. Hij trok een matras van een van de kinderen door het raam en propte hem door de tentopening. Het verschil was enorm.

Hij lag op de matras en luisterde naar het water. Steeg het nog steeds? Het zou hem niet verbazen. Hij zou er niet van opkijken als het water in de wijk de volgende ochtend drieënhalf, misschien zelfs vier meter hoog zou staan.

Hij was omgeven door volledige duisternis en het was afgezien van de honden doodstil. Eerst waren het er een paar, maar al snel werden het er meer. Uit alle hoeken hoorde hij hun gejank. Er zaten in hun wijk veel honden, dus er klonk wel vaker geblaf. Het gebeurde vaker dat er eentje zich 's nachts ergens druk om maakte, en de rest dan al snel inviel met een onregelmatig heenen-weer geblaf dat uren kon duren, tot ze een voor een weer tot rust kwamen. Maar deze nacht was het anders. Deze honden waren achtergelaten en dat hadden ze nu ook door. Uit het geblaf dat de nacht aan flarden scheurde sprak verwondering, maar ook woede.

Woensdag 31 augustus

Zeitoun werd bij zonsopgang wakker en kroop de tent uit. Het was een heldere dag en de stad stond blank zo ver zijn oog reikte. Iedere inwoner van New Orleans is zich bewust van het risico van een grote overstroming in een stad die omgeven is door water en slecht ontworpen dijken, maar wat hij nu zag overtrof alles wat hij zich ooit had voorgesteld. Hij kon alleen maar denken aan de dag des oordeels en aan Noah en veertig dagen regen. Maar het was ook rustig, stil. Niets bewoog. Hij zat op het dak en tuurde de horizon af op zoek naar een mens, een dier of een voertuig, iets dat bewoog. Niets.

Terwijl hij zijn ochtendgebed verrichtte, werd de stilte doorbroken door een helikopter, die over de boomtoppen richting het centrum vloog.

Zeitoun keek van het dak naar beneden en zag dat het water even hoog stond als de vorige avond. Het stelde hem enigszins gerust dat het vermoedelijk op die hoogte zou blijven of zelfs een halve meter zou zakken tot het peil van Lake Pontchartrain.

Zeitoun zat voor de tent en ontbeet met de voorraden die hij uit de keuken had gered. Het water steeg nu niet meer en hij besefte dat hij thuis niets meer kon doen. Hij had gered wat hij kon en zou hier pas weer aan de slag kunnen als het water zich terugtrok.

Na het ontbijt bekroop hem een onrustig gevoel, alsof hij opgesloten zat. Het water was te diep om te doorwaden en te onbetrouwbaar om erin te zwemmen. Toen zag hij zijn kano, die vastgebonden aan het huis in de tuin lag te dobberen. Zeitoun stond op het dak van zijn overstroomde huis in de verwoeste stad en voelde een zekere opwinding zich van hem meester maken bij het idee dat hij in zijn eentje door de straten van zijn stad zou varen. Dit was in zekere zin een nieuwe wereld die nog niet in kaart was gebracht. Hij kon een ontdekkingsreiziger zijn. Hij zou als eerste dingen kunnen zien.

Hij klom langs de zijkant van het huis naar beneden en liet zichzelf in de kano zakken, gooide het touw los en duwde af.

Zeitoun peddelde over het gladde, heldere water Dart Street af. Eigenaardig genoeg voelde hij zich vrijwel onmiddellijk volkomen op zijn gemak. Hij zag links en rechts uitzonderlijk grote schade, maar in zijn hart voelde hij een zonderlinge kalmte. Er was veel verloren gegaan, maar de stilte die in de stad hing had iets hypnotiserends.

Hij kanode weg van het huis en voer over fietsen en auto's, waarvan de antennes tegen de bodem van zijn bootje schraapten. Alle voertuigen, oud of nieuw, waren onherstelbaar verloren. In gedachten telde hij ze: honderdduizend auto's waren in de overstroming verloren gegaan, misschien wel meer. Wat zou ermee gebeuren? Wie zou ze opruimen als het water zich weer had teruggetrokken? Hoe groot moest de kuil zijn om ze allemaal te kunnen begraven?

Vrijwel al zijn kennissen waren vertrokken met het idee dat ze hooguit twee dagen weg zouden zijn en dat de schade beperkt zou blijven. Hij kwam langs hun huizen, waarvan hij er heel wat had geschilderd of zelfs had helpen bouwen, en rekende uit hoe groot de schade binnen zou zijn. Hij werd beroerd bij de gedachte hoeveel verdriet dit zou veroorzaken. Hij wist dat niemand hier afdoende op voorbereid was geweest, als ze al iets hadden geregeld.

Hij dacht aan de dieren. De eekhoorntjes, muizen, ratten, kikkers, buidelratten, hagedissen. Allemaal dood. Miljoenen dieren waren verdronken. Alleen vogels konden een dergelijke ramp overleven. Vogels, sommige slangen en andere dieren die de vloed voor konden blijven en hoger gelegen grond hadden bereikt. Hij keek of hij vissen zag. Als hij op water voer dat uit het meer kwam, moesten er wel vissen de stad in zijn gespoeld. Precies op dat moment zag hij tussen overstroomde boomtakken een donkere schim wegschieten.

Hij dacht weer aan de honden, liet zijn peddel op schoot rusten, dobberde rond en probeerde de dieren die hij in het donker had horen blaffen te lokaliseren.

Hij hoorde niets.

Wat hij zag, bracht hem in verwarring. De stad die hij kende was in tweeën gebroken, de huizen en bomen waren gehalveerd en werden in het merkwaardig rustige wateroppervlak weerspiegeld. Het onbekende van de nieuwe wereld appelleerde aan de avonturier in hem; hij wilde het allemaal zien, de hele stad, kijken hoe die erbij lag. Maar de aannemer in hem dacht eraan hoe groot de schade was en hoe lang het zou duren om alles te herbouwen. Jaren, misschien wel tien jaar. Hij vroeg zich af of de rest van de wereld kon zien wat hij nu zag: een ramp van mythische omvang en ernst.

In zijn wijk, kilometers verwijderd van de dichtstbijzijnde dijk, was het water zo langzaam gestegen dat het onwaarschijnlijk was dat er iemand was verdronken. Er liep een rilling over zijn rug toen hij dacht aan degenen die zich dichter bij de bressen hadden bevonden. Hij wist niet waar de dijken waren bezweken, maar wel dat degenen daar in de buurt door het water overvallen moesten zijn.

Hij sloeg Vincennes Place op en voer zuidwaarts. Iemand riep zijn naam. Hij keek op en zag Frank Noland, een van zijn klanten, een fitte, stevig gebouwde zestiger, uit het raam van een eerste verdieping leunen. Zeitoun had een paar jaar terug aan zijn huis gewerkt. De Zeitouns kwamen Frank en zijn vrouw zo nu en dan op straat tegen en dan groetten ze elkaar altijd hartelijk.

Zeitoun zwaaide en peddelde naar de overkant.

'Heb je sigaretten?' vroeg Frank, die naar beneden keek.

Zeitoun schudde van nee en voer dichter naar het raam waar Frank stond. Het was een vreemde gewaarwording dat hij zo door diens voortuin kon peddelen. De normale versperring die je verhindert om je voertuig tot vlak voor het huis te brengen, was verdwenen. Hij kon vanaf de straat dwars over het gazon varen en een meter of zo onder het bovenraam stoppen. Geleidelijk begon Zeitoun te wennen aan de nieuwe wetten van deze wereld.

Frank droeg geen hemd, alleen een korte tennisbroek. Zijn vrouw stond achter hem en er was nog iemand in huis, een vrouw van ongeveer dezelfde leeftijd. De vrouwen waren allebei gekleed in een t-shirt en korte broek en hadden zichtbaar last van de hitte. Het was nog vroeg, maar door de hoge luchtvochtigheid nu al benauwd.

'Kun je me een lift geven naar een winkel waar ze peuken verkopen?' vroeg Frank.

Zeitoun antwoordde dat er volgens hem die dag geen winkel open was waar je sigaretten kon kopen.

Frank zuchtte. 'Heb je gezien wat er met mijn motor is gebeurd?' Hij wees naar de veranda van het buurhuis.

Zeitoun herinnerde zich dat Frank het wel eens over de antieke motorfiets had gehad die hij had gekocht en opgeknapt en met veel zorg omgaf. Nu stond hij onder twee meter water. Toen het water de vorige dag was gestegen, had Frank hem eerst op zijn veranda gezet en vervolgens op die van zijn buurman, want die lag hoger. Maar het had niet mogen baten. Ze konden de vage, wazige vorm van de motor onder water nog onderscheiden, als een relict van een vorige beschaving.

Ze praatten eventjes over de storm. Frank vertelde dat hij het allemaal eerst wel en toen toch niet had zien aankomen.

'Kun je me misschien meenemen naar mijn wagen?' vroeg Frank. Zeitoun knikte, maar zei dat Frank dan ook nog iets verder mee moest varen. Zeitoun wilde bij een van zijn huurpanden langs dat ruim drie kilometer verderop lag.

Frank had geen bezwaar tegen een langer uitje en klom vanuit het raam de kano in. Zeitoun gaf hem de extra peddel en ze vertrokken.

'Spiksplinternieuwe wagen,' zei Frank. Hij had hem op Fontainebleau weggezet, aangezien die straat bijna een halve meter hoger lag dan Vincennes en de auto dan misschien droog zou blijven staan. Ze voeren zes straten verder naar het punt waar Frank zijn auto had neergezet. Toen hoorde Zeitoun Frank naar adem happen. Het voertuig stond anderhalve meter onder water en was een halve straat verder gedreven. Die kon hij wel afschrijven, net als de motor. Ze hoorden nu tot het verleden.

'Heb je er iets uit nodig?' vroeg Zeitoun.

Frank schudde zijn hoofd. 'Ik wil het niet zien. Laten we gaan.'

Ze voeren verder. Al snel zagen ze op de bovenveranda van een wit huis een oudere man, een arts die Zeitoun kende. Ze peddelden de tuin in en vroegen of hij hulp nodig had. 'Nee, er komt al iemand,' zei hij. Zijn huishoudster was er ook, vertelde hij, en voorlopig waren ze goed voorzien.

Een paar huizen verderop zagen Zeitoun en Frank een grote witte lap uit een raam op de eerste verdieping bollen. Toen ze dichterbij kwamen, zagen ze een man en vrouw, beiden in de zeventig, uit het raam leunen.

'Geven jullie je over?' vroeg Frank.

De man lachte.

'Willen jullie weg?' vroeg Zeitoun.

'Graag,' zei de man.

Het was niet veilig om meer mensen in de kano mee te nemen, maar Zeitoun en Frank beloofden dat ze iemand naar het huis zouden sturen zodra ze op Claiborne Avenue waren. Ze namen aan dat daar wel iemand zou zijn. Als er ergens politie of soldaten waren, dan op Claiborne Avenue, de dichtbij gelegen hoofdverkeersader.

'We zijn zo terug,' zei Zeitoun.

Toen ze verder peddelden, hoorden ze in de verte een vrouwenstem. Het klonk kermend, zwak en beverig.

'Hoor je dat?' vroeg Zeitoun.

Frank knikte. 'Het komt daarvandaan.'

Ze kanoden de kant van het geluid op en hoorden de stem weer.

'Help!'

Het kwam uit een bungalow aan Nashville Avenue.

Ze kanoden naar de voordeur en hoorden de stem weer: 'Help!'

Zeitoun liet zijn peddel vallen en sprong het water in. Hij hield zijn adem in en zwom naar de veranda. Sneller dan verwacht was hij bij de treden. Hij stootte zijn knie tegen het metselwerk en hapte naar adem. Toen hij ging staan, kwam het water tot aan zijn nck.

'Gaat het?' vroeg Frank.

Zeitoun knikte en liep de trap op.

'Hallo?' zei een stem, nu hoopvol.

Hij probeerde de voordeur te openen. Die zat vast. Zeitoun gaf een trap tegen de deur, maar er kwam geen beweging in. Hij gaf nog een trap. Geen enkele beweging. Het water reikte hier tot aan zijn borstkas. Hij deed een stap naar achteren en gooide zijn hele lichaam tegen de deur. Nog eens. En nog eens. Uiteindelijk week de deur.

Binnen trof hij een vrouw aan die op het water dreef. Ze was in de zeventig en fors, ruim negentig kilo. De bedrukte stof van haar jurk lag als een enorme drijvende bloem op het water. Haar benen bungelden daaronder. Ze klampte zich vast aan een boekenplank. 'Help, alsjeblieft,' zei ze.

Zeitoun sprak rustig tegen de vrouw en verzekerde haar dat ze geholpen zou worden. Hij wist dat ze zich daar hoogstwaarschijnlijk al een etmaal of langer aan die plank in het water vastklampte. Een oudere vrouw zoals zij kon zich niet zwemmend in veiligheid brengen en had al helemaal niet de kracht om een gat in het dak te slaan. Gelukkig was het water warm. Ze had wel kunnen overlijden.

Zeitoun hielp haar de voordeur uit en zag uit zijn ooghoek het gezicht van Frank in de kano. Zijn mond was opengevallen en hij keek vol ongeloof toe.

Ze wisten geen van drieën wat ze nu moesten doen. Onder normale omstandigheden was het al lastig geweest om een vrouw van haar omvang in de kano te krijgen. Om haar erin te tillen had je meer dan twee mannen nodig, en al zou het hun wel gelukt zijn, dan nog zou er niet genoeg plaats zijn voor hen alle drie. De boot zou geheid omslaan.

Fluisterend besprak hij de situatie kort met Frank. Ze moesten haar wel achterlaten en hulp zoeken. Ze zouden snel naar Claiborne Avenue peddelen en daar een boot aanhouden. Ze vertelden de vrouw wat het plan was. Ze vond het vervelend om weer alleen te worden gelaten, maar er zat niets anders op.

Toen ze een paar minuten later bij Claiborne Avenue kwamen, zagen ze onmiddellijk wat ze zochten: een propellerboot. Zeitoun had er nog niet eerder een in het echt gezien, maar herkende ze wel van de film. Deze militaire variant maakte veel herrie. Een enorme propeller was loodrecht op de achterboeg bevestigd. Hij voer recht op hen af.

Zeitoun prees zichzelf gelukkig dat ze zo snel al een andere boot hadden gevonden en voelde een zekere trots omdat de hulp die hij had beloofd daadwerkelijk verleend kon worden.

Met Frank zorgde hij ervoor dat de kano in het pad van de boot kwam te liggen en daar begonnen ze met beide armen te zwaaien. De propellerboot kwam recht op hen af en toen hij dichtbij was, zag Zeitoun dat er vier of vijf geüniformeerde mannen aan boord waren. Hij wist niet zeker of het politieagenten of soldaten waren, maar was erg blij hen te zien. Hij zwaaide, Frank zwaaide en allebei riepen ze: 'Stop!', en: 'Help!'

Maar de propellerboot stopte niet. Hij zwenkte zonder vaart te minderen om de kano van Zeitoun en Frank heen en voer verder Claiborne Avenue af. De mannen op de propellerboot leken hen nauwelijks op te merken.

Door de golfslag van de propellerboot sloeg de kano bijna om. Zeitoun en Frank bleven stil zitten en hielden de kano aan weerszijden stevig vast tot de golven gingen liggen. Ze hadden amper tijd om hun verbazing te laten blijken of er kwam nog een boot hun kant op. Het was weer een propellerboot, met weer vier soldaten aan boord. Weer zwaaiden Zeitoun en Frank en riepen ze om hulp. Maar ook deze propellerboot voer zonder meer om hen heen en ging verder.

De twintig minuten daarop gebeurde dit keer op keer. Tien van deze vaartuigen, die allemaal bemand waren door soldaten of politieagenten, negeerden de kano en de roep om hulp. Waar gingen deze boten heen? Wat zochten ze dan wel als het niet inwoners van de stad waren die hulp nodig hadden? Het was niet te geloven.

Uiteindelijk kwam er een andere boot op hen af, een vissersbootje met daarin twee jongere mannen. Zeitoun en Frank hadden de moed bijna opgegeven en twijfelden of er ooit nog wel iemand zou stoppen, maar probeerden het toch weer. Ze gingen in de kano staan, zwaaiden en riepen. De boot stopte.

'We hebben hulp nodig,' zei Frank.

'Oké, we gaan wel mee,' zeiden de mannen in het bootje.

De jonge mannen gooiden een lijntje naar Zeitoun, dat hij aan zijn kano vastmaakte. De motorboot trok Zeitoun en Frank naar het huis van de vrouw. Toen ze er bijna waren, zetten de mannen in het vissersbootje de motor af en koersten op de veranda af.

Zeitoun sprong weer in het water en zwom naar de deur. De vrouw bevond zich nog op dezelfde plaats als waar ze haar hadden achtergelaten: net onder het plafond in het halletje, waar ze zich drijvende hield.

Nu moesten ze alleen nog bedenken hoe ze haar in het vissersbootje konden krijgen. Ze had niet de kracht om zich aan de rand van de boot op te trekken. Ze kon zich ook niet in het water laten zakken om zich beter af te zetten. Het water was te diep en ze kon niet zwemmen.

'Hebt u ook een ladder, mevrouw?' vroeg een van de jongere mannen.

Die had ze. Ze wees naar de vrijstaande garage aan het eind van de oprit. Zeitoun sprong in het water, zwom naar de garage en pakte de ladder.

Hij zwom met de ladder terug en zette hem op de grond en tegen de boot aan. Het idee was dat de vrouw de plank zou loslaten, de ladder zou grijpen, erop zou gaan staan en omhoog zou klimmen tot ze boven de rand van de boot was en er zo in kon stappen.

Zeitoun hield de ladder vast. De twee mannen in de boot zorgden ervoor dat hij niet wiebelde en stonden klaar om haar op te vangen. Het leek een slim plan.

Maar ze kon de ladder niet op. Ze had een slecht been, vertelde ze, dat ze niet kon belasten. Het plan vergde een zekere behendigheid en die had ze niet. Ze was bijna tachtig, en extra verzwakt doordat ze de afgelopen vierentwintig uur niet had geslapen, net onder het plafond in het water had gelegen en al die tijd bang was geweest dat ze misschien in haar eigen huis zou verdrinken.

'Het spijt me,' zei ze.

Ze besloten dat er maar één andere oplossing was. Ze zouden de ladder als een soort brancard gebruiken. De ene kant konden ze op de rand van de vissersboot leggen en een van de mannen zou dan op de veranda gaan staan en de andere kant vasthouden. Vervolgens zouden ze de ladder tot boven de rand van de boot moeten tillen en ver genoeg naar binnen zodat de vrouw zich in de boot kon laten rollen.

Zeitoun besefte dat twee mannen, aan iedere kant van de ladder één, niet toereikend zouden zijn om een vrouw van ruim negentig kilo te tillen. Hij zou vanaf de onderkant ook een zetje moeten geven. Toen de twee mannen klaarstonden en de vrouw zover was, haalde Zeitoun diep adem en ging hij kopje-onder. Hij zag onder water hoe de vrouw de boekenkast losliet en de ladder beetpakte. Het ging niet vanzelf, maar het lukte haar op de ladder te gaan liggen alsof die een soort vlot was.

Toen ze goed en wel op de ladder lag, zette Zeitoun zijn schouders eronder en duwde hij. Het was eenzelfde soort beweging die hij van een druktoestel voor schoudertraining kende. Hij ging langzaam rechtop staan, duwde daarmee de ladder omhoog en bleef duwen tot hij het spiegelende licht op het wateroppervlak zag, de buitenlucht op zijn gezicht voelde en eindelijk kon uitademen.

De vrouw liet zich in de romp van de boot rollen. Het was geen elegante landing, maar ze kon op eigen kracht gaan zitten. Ze was nat en hijgde, maar was ongedeerd.

Zeitoun rilde terwijl hij haar op adem zag komen. Het was ongepast om een vrouw van haar leeftijd dit te moeten zien doorstaan. Door deze situatie was ze van haar waardigheid beroofd en hij vond het vreselijk dat hij daar getuige van moest zijn.

Zeitoun klom weer in de kano. Frank stak hem vanuit de vissersboot glimlachend en hoofdschuddend de hand toe.

'Dat was niet niks,' zei Frank.

Zeitoun schudde zijn hand en grijnsde.

Ze wachtten zwijgend in de boten tot de vrouw aangaf dat ze konden vertrekken. Ze wisten dat het ondraaglijk voor haar moest zijn om haar huis en bezittingen in deze staat te moeten achterlaten. Gezien haar leeftijd en de vele jaren die het zou duren om het huis te herstellen, was het onwaarschijnlijk dat ze hier ooit nog terug zou keren. Ze gaven haar de tijd. Toen ze ten slotte knikte, vertrokken ze. Zeitoun zat alleen in de kano op sleeptouw. Hij was doornat en uitgeput.

In de vissersboot wees Frank de weg naar het stel dat met de witte lap had staan zwaaien. Onderweg hoorden ze weer hulpgeroep.

Het was een ander ouder echtpaar, ook flink op leeftijd. Ze stonden vanuit hun raam op de eerste verdieping te zwaaien.

'Wilt u hier weg?' vroeg Frank.

'Ja,' zei de man aan het raam.

De jonge vissers legden aan bij het raam en het stel liet zich kwiek en soepel in de boot zakken.

Inmiddels waren ze met zes man aan boord van het vissers-bootje en zo kwamen ze bij het huis met de witte lap. Het echt-paar dat daar woonde, liet zich eveneens in de boot zakken en daarmee waren ze met z'n achten. De vissers hadden gezien dat op de hoek van Napoleon en St. Charles Avenue een provisori-sche EHBO-post was ingericht en ze besloten alle passagiers daar af te zetten. Het moment was aangebroken dat Frank en Zeitoun afscheid moesten nemen van de vissers. Frank stapte van de boot terug in de kano en ze zeiden gedag.

'Succes met alles,' zei een van de vissers.

'Jullie ook,' zei Zeitoun.

Ze hadden niet eens namen uitgewisseld.

In Baton Rouge was Kathy weer met de kinderen in de auto rond-jes aan het rijden om de dag door te komen. Omdat ze niet steeds naar het radionieuws wilde luisteren, dat met het uur slechtere berichten uitzond, stopte ze regelmatig bij winkels of restaurants die open waren. Zeitoun had de vorige avond aan de telefoon heel rustig geklonken, voordat zijn telefoon het had begeven. Maar de omstandigheden in de stad waren sindsdien verslechterd. Op de radio hadden ze het over ongecontroleerd geweld, wijdverspreide chaos en vermoedelijk duizenden doden. Wat deed haar krank-zinnige man daar? Ze draaide telkens weer zijn nummer in de hoop dat hij zijn telefoon op de een of andere manier had kunnen opladen. Ze belde naar huis, want stel dat het water als door een wonder weer tot onder de telefoonaansluiting was gezakt en alle lijnen onbeschadigd waren. Ze kreeg geen gehoor. Het telefoon-verkeer lag plat.

Op de radio vertelden ze dat nog eens tienduizend Nationale Gardisten naar het gebied werden gestuurd, waarvan ongeveer eenderde opdracht had om de orde te handhaven. Binnenkort zouden er in het gebied eenentwintigduizend Nationale Gardis-ten vanuit het hele land gestationeerd worden: uit West-Virginia,

Utah, New Mexico, Missouri. Hoe kon haar man zo rustig blijven als alle mogelijke strijdkrachten daar over elkaar struikelden? Ze zette de radio uit en probeerde Zeitoun weer te bellen. Niets. Ze wist dat ze zich nog geen zorgen hoefde te maken, maar in haar hoofd ontstonden de akeligste scenario's. Als ze haar man nu al niet kon bereiken, hoe kwam ze er dan achter als er iets mis was? Hoe kon ze weten of hij leefde, in gevaar was of dood? Ze moest zich niet van alles in haar hoofd halen. Hij was niet in gevaar. De storm was voorbij en nu ging het alleen om water, kalm water. En de hulptroepen kwamen eraan. Geen enkele reden om je zorgen te maken.

Toen ze terugkwamen bij het huis in Baton Rouge, was haar moeder daar. Ze was ijs komen brengen. Ze begroette de kinderen en keek Kathy aan.

'Waarom doe je dat ding niet lekker af?' zei ze en ze wees naar Kathy's hijaab. 'Hij is hier niet. Je kunt gewoon jezelf zijn.'

Kathy slikte alle tegenwerpingen in en reageerde haar woede af op hun spullen, die ze razendsnel in tassen propte. Ze zou met de kinderen naar een motel of een opvanghuis gaan. Als het maar ergens anders was. Misschien naar Arizona. Het ging gewoon niet in Baton Rouge. Dat ze niet wist waar Zeitoun was, maakte het allemaal alleen maar erger. Waarom moest die man zo nodig daar blijven? Het was welbeschouwd harteloos. Hij wilde de zekerheid dat zijn gezin in veiligheid was, maar Kathy, zijn vrouw nog wel, werd die zekerheid niet gegund. Als ze hem weer te pakken kreeg, zou ze pas ophangen als hij ermee instemde om ook te vertrekken. Het deed er niet meer toe waarom hij in die stad wilde blijven. Het huis en hun spullen deden er niet toe. Het was het allemaal niet waard.

In New Orleans was Zeitoun in opperbeste stemming. Hij had zich nog nooit zo onmisbaar en nuttig gevoeld. Op de eerste dag in zijn overstroomde stad had hij al vijf oudere inwoners helpen redden. Hij wist nu zeker dat hij niet zomaar in de stad was gebleven. Hij had het gevoel gehad alsof een hogere macht hem dwong te blijven. Hij had hier een taak.

De volgende halte voor Zeitoun en Frank was Claiborne Avenue 5010. Het huis van twee verdiepingen dat daar stond, was al vijf jaar eigendom van Zeitoun en Kathy. Het was een huurpand waar gemiddeld zo'n vier tot zes huurders woonden.

Toen ze daar aankwamen, troffen ze op de veranda Todd Gambino aan, een van Zeitouns huurders, met een flesje bier in zijn hand. Todd was een stevige man van achter in de dertig, die hier al woonde zo lang het pand eigendom van de Zeitouns was. De meeste dagen was hij werkzaam als monteur bij een autoservicebedrijf; daarnaast werkte hij parttime voor het vliegveld en bracht hij teruggevonden bagage rond. Hij was een goede huurder die de huur altijd op tijd betaalde en ook verder niet voor overlast zorgde.

Hij stond op en keek vol ongeloof naar Zeitoun.

'Wat doe jij hier?' vroeg hij.

'Serieus? Ik kwam even kijken of alles hier in orde was,' zei Zeitoun met een glimlach. Hij hoorde zelf hoe belachelijk het klonk. 'Ik kwam even kijken hoe het met jou was.'

Todd geloofde zijn ogen niet.

Zeitoun en Frank stapten uit de kano en bonden hem vast aan de veranda. Ze waren allebei opgelucht dat ze weer vaste grond onder de voeten hadden.

Todd bood hun een biertje aan. Zeitoun bedankte. Frank nam er eentje en ging op het verandatrapje zitten. Zeitoun ging naar binnen.

Todd huurde een ruimte op de begane grond en had al zijn bezittingen naar de bovenverdieping verhuisd. De kamers aan de voorkant en de gang stonden vol meubels, stoelen en bureaus die op tafels en banken waren gestapeld. Op de eetkamertafel lagen allerlei elektrische apparaten die van de vloer waren gered. Het leek wel een uitdragerij.

Het huis was flink beschadigd, maar niet onherstelbaar. Zeitoun wist dat de kelder een verloren zaak was en vermoedelijk voor langere tijd onbruikbaar zou blijven. Maar met de begane grond en eerste verdieping viel het wel mee, en dat stelde Zeitoun gerust. Overal lag vuil en modder, voor een groot deel omdat Todd spullen naar boven had gebracht en telkens van binnen naar buiten en terug was gehold, maar het had veel erger kunnen zijn.

Zeitoun hoorde van Todd dat de vaste telefoon in huis het nog deed, aangezien de aansluiting boven water zat. Hij belde onmiddellijk Kathy op haar mobiel.

'Hallo? Met mij,' zei hij.

Ze gilde bijna. Ze had niet in de gaten gehad hoe bezorgd ze was geweest. '*Alhamdulillah*,' zei ze, wat Arabisch is voor 'alle lof zij Allah'. 'En nu wegwezen.'

Hij zei dat hij niet zou vertrekken. Hij vertelde over de vrouw met de opbollende jurk in het halletje en dat hij de ladder had opgedrukt om haar te redden. Hij vertelde over de vissers en over Frank en de twee oudere echtparen. Hij praatte zo snel dat ze moest lachen.

'En wanneer wou je vertrekken?' vroeg ze.

'Niet,' zei hij.

Hij probeerde het uit te leggen. Hoe zou het gaan als hij hier wegging? Hij zou in een huis met allemaal vrouwen terechtkomen en niets te doen hebben. Hij zou eten, tv-kijken en daar maar zitten en zich op afstand zorgen maken. Hij kon ook hier in de stad blijven en de boel van dichtbij in de gaten houden. Hij kon waar nodig hulp bieden. Ze bezaten hier een stuk of zes panden, herinnerde hij haar. Hij was veilig, hij had te eten, hij kon voor zichzelf zorgen en verdere schade voorkomen.

'Serieus, ik wil dit zien,' zei hij.

Hij wilde alles wat er gebeurd was en zou gebeuren met eigen ogen zien. Hij hield van deze stad en was ervan overtuigd dat hij zich hier nuttig kon maken.

'Voel je je daar echt veilig?' vroeg ze.

'Natuurlijk,' zei hij. 'Het is hier prima.'

Kathy wist dat ze het hem niet uit het hoofd zou kunnen praten. Maar hoe moest ze bij alle beelden van de verdrinkende stad aan de kinderen uitleggen dat hun vader daar vrijwillig bleef en in zijn tweedehands kano rondpeddelde? Ze praatte op hem in en zei keer op keer dat het volgens de berichten op tv alleen maar erger zou worden, dat het water snel vervuild zou raken door zaken als olie, afval en kadavers, en dat zich dan al snel ziektes zouden verspreiden.

Zeitoun beloofde dat hij voorzichtig zou zijn. Hij beloofde ook dat hij de volgende dag om twaalf uur weer zou bellen vanuit het huis aan Claiborne Avenue.

'Bel me iedere dag om twaalf uur,' zei ze.

Dat beloofde hij.

'Het is je geraden,' zei ze.

Ze hingen op. Kathy zette de televisie aan. Het nieuws opende met berichten over anarchie en doden. Alle media waren het erover eens dat New Orleans was verworden tot een 'derdewereldstaat'. Soms werd deze vergelijking gemaakt als het ging om het feit dat ziekenhuizen dicht waren of niet-operationeel en dat schoon water en andere basisdiensten niet beschikbaar waren. Maar de term viel ook bij beelden van Afro-Amerikaanse inwoners die moedeloos en naar water snakkend in de hitte buiten het Morial Convention Center rondhingen of op daken stonden te zwaaien om hulp. Er waren onbevestigde berichten over plunderende bendes van gewapende mannen en schoten die gelost werden op helikopters die patiënten van het dak van een ziekenhuis probeerden te redden. Inwoners werden aangeduid als 'vluchtelingen'.

Kathy wist zeker dat Zeitoun niet op de hoogte was van het gevaar waarover op tv werd bericht. Hij voelde zich misschien wel veilig in Uptown, maar wat als er echt chaotische toestanden heersten die langzaam ook zijn kant op kwamen? De overtrokken en racistisch getinte verslaggeving nam ze niet zomaar voor waar aan, maar desondanks verslechterde de situatie nog steeds. De meeste mensen die nog in de stad zaten, deden wanhopige pogingen om weg te komen. Ze kon het niet uitstaan. Ze belde weer naar het huis aan Claiborne. Er werd niet opgenomen.

Hij was al weg. Zeitoun en Frank zaten in de kano en peddelden terug naar Zeitouns huis aan Dart Street. Onderweg kwamen ze een stuk of zes propellerboten tegen en Zeitoun bedacht dat Frank en hij de mensen die ze hadden geholpen, en dan met name de oudere vrouw die in haar huis had vastgezeten, hadden kunnen horen doordat ze in een kano zaten. Als ze op een propellerboot hadden gezeten, hadden ze door het enorme lawaai van de propeller niets gehoord. Ze zouden zo zijn doorgevaren en de vrouw zou een tweede nacht in het water vermoedelijk niet hebben overleefd. Juist omdat dit zo'n klein, stil voertuig was, hadden zij ook de zachtste roep om hulp kunnen horen. De kano was goed, de stilte cruciaal.

Zeitoun zette Frank thuis af en kanode huiswaarts. Zijn peddel gleed door het schone water, zijn schouders bewogen volmaakt ritmisch. Zeitoun had die dag al zo'n acht à negen kilometer afgelegd en was nog niet moe. Het werd donker en hij wist dat hij naar huis moest, waar hij op het dak in veiligheid was. Maar hij vond het jammer dat de dag om was.

Hij bevestigde de kano aan de achterveranda en klom het huis in. Hij vond een kleine barbecue en nam die mee het dak op. Hij maakte een vuurtje en bereidde de kip en groente die hij die dag had laten ontdooien. Terwijl hij zat te eten, ging de zon onder. De hemel was al snel donkerder dan hij ooit in New Orleans had meegemaakt. Het enige licht kwam van een helikopter die boven het centrum rondcirkelde en er vanuit de verte nietig en machteloos uitzag.

Zeitoun maakte het dak schoon met flessenwater en verrichtte daar zijn gebed. Hij kroop in de tent. Hij voelde de vermoeidheid in zijn lichaam, maar zijn geest was klaarwakker en hij ging in gedachten de gebeurtenissen van die dag nog eens langs. Frank en hij hadden die vrouw toch echt gered? Ja, dat hadden ze. Het was een feit. Ze hadden ook nog vier anderen in veiligheid gebracht. Morgen zou hij het weer druk krijgen. Hoe kon hij aan Kathy of zijn broer Ahmad uitleggen hoe dankbaar hij was dat hij in de stad was gebleven? Hij was ervan overtuigd dat het zijn roeping was om te blijven en dat God wist dat hij zijn nut zou bewijzen als hij bleef. Zijn keuze om in de stad te blijven was Gods wil geweest.

Hij was te opgewonden om te slapen en kroop weer door het raam naar binnen. Hij wilde de foto van Mohammed nog eens bekijken. Hij wist niet meer met wie hij op die foto stond – Ahmad? – en hij wilde de uitdrukking op Mohammeds gezicht zien, die wereldveroverende grijns. Hij haalde de doos met foto's tevoorschijn en terwijl hij die ene foto zocht vond hij een andere.

Het was een foto die hij was vergeten. Daar stond hij, Mohammed, naast de vicepresident van Libanon. Zeitoun had dit portret al een paar jaar niet meer gezien. Mohammed was daar nog geen twintig en had een wedstrijd gewonnen met als startpunt Saïda en als eindpunt Beiroet, een afstand van tweeënveertig kilometer. De toeschouwers waren met stomheid geslagen. Hij was volkomen onbekend geweest, Mohammed Zeitoun, zoon van een zeeman van het kleine eilandje Arwad, en had iedereen versteld doen

staan van zijn kracht en uithoudingsvermogen. Zeitoun wist dat zijn vader, Mahmoud, ergens in de menigte stond. Hij sloeg geen enkele wedstrijd over. Maar dat was niet altijd zo geweest.

Mahmoud wilde dat Mohammed, en trouwens al zijn zonen, aan de wal zou werken, en zo kwam het dat Mohammed vanaf ongeveer zijn tiende jaar als ambachtsman werkte, bakstenen legde en in de leer ging bij een smid. Hij was een krachtig gebouwde jongen en was op zijn veertiende van school gegaan. Met achttien zag hij er met zijn volle snor en vierkante kaaklijn stukken ouder uit dan hij was. Hij was een harde werker, maar ook een charmeur, die even populair was bij de ouderen als bij de jonge vrouwen in het dorp.

Zijn vader had er knarsetandend mee ingestemd dat Mohammed 's middags en 's avonds meevoer met de dorpsvissers. Op zijn veertiende wilde hij al, na een hele dag vissen op open zee, per se zwemmend terug naar de kust. De andere vissers hadden vaak amper de laatste netten binnengehaald of ze hoorden al een plons en zagen Mohammed door de zee klieven, die dan een wedstrijdje met hen deed wie het eerst weer bij het strand was.

Mohammed vertelde zijn vader niets over deze avonturen, en zei een paar jaar later al helemaal niet dat hij tot de conclusie was gekomen dat hij voorbestemd was om de snelste langeafstandszwemmer ter wereld te worden.

Het was 1958. In reactie op verschillende politieke factoren, waaronder de toenemende Amerikaanse invloed in dit deel van de wereld, verenigden Egypte en Syrië zich tot de Verenigde Arabische Republiek. De vereniging moest tot een krachtiger blok leiden, waartoe later eventueel ook Jordanië, Saudi-Arabië en andere landen zouden behoren. Er was brede publieke steun voor het bondgenootschap en in de straten van Syrië en Egypte klonk trots gejuich. De inwoners van beide landen zagen het bondgenootschap als een stap naar een breder samengaan van de twee Arabische staten. Van Alexandrië tot in Latakia werden parades en festiviteiten georganiseerd.

Een van de feestelijke gebeurtenissen was een wedstrijd tussen Jableh en Latakia, waarbij zwemmers uit de hele Arabische wereld dertig kilometer door de Middellandse Zee zouden zwemmen. Het was voor het eerst dat zo'n wedstrijd voor de Syrische kust werd gehouden en de achttienjarige Mohammed volgde alles op de voet, vanaf de voorbereidingen tot en met de feitelijke wedstrijd. Hij keek hoe de zwemmers trainden, bestudeerde hun slagen en trainingsopbouw en wenste vurig dat hij zelf deel kon nemen. Hij kreeg het voor elkaar dat hij als bemanningslid mee mocht op de begeleidingsboot van een van de deelnemers, Mouneer Deeb. De boot zou tijdens de wedstrijd gelijk met hem opvaren.

Onderweg kon Mohammed zich niet langer inhouden, sprong in het water en zwom met Deeb en de andere deelnemers mee. Hij kon de profs niet alleen bijhouden, maar viel ook op bij een van de juryleden. 'Die jongen is geweldig,' zei de man. 'Dat wordt een kampioen.' Vanaf die dag dacht Mohammed aan weinig anders dan aan het waarmaken van die voorspelling.

Hij werkte 's ochtends als metselaar en smid, ging 's middags met de vissers mee en trainde 's avonds voor de wedstrijd van het jaar daarop. Dat hij trainde, vertelde hij niet aan zijn vader, zelfs niet toen hij meedeed met twee proefwedstrijden voor de lange afstand, de ene tussen Latakia en Jableh en de andere tussen Jableh en Baniyas. Maar Mahmoud hoorde snel genoeg van zijn zoons ambities. Hij vreesde zijn zoon kwijt te raken aan de onverbiddelijke zee die hem bijna zelf van het leven had beroofd en verbood hem nog langer lange afstanden te zwemmen. Hij wilde dat hij afstand nam van de visserij en van de zee. Hij wilde dat zijn zoon bleef leven.

Maar Mohammed kon niet stoppen. Het viel hem zwaar om zijn vaders bevel te negeren, maar hij ging toch door met trainen. Zonder ook maar iemand in het gezin op de hoogte te brengen zwom Mohammed het jaar daarop mee in de wedstrijd. Toen hij in Latakia het water uit kwam, werd hij met oorverdovend gejuich onthaald. Hij had de wedstrijd met gemak gewonnen. Nog eer Mohammed thuis was, was een oude vriend van Mahmoud, die eveneens een zwemkampioen was, al bij de Zeitouns langs geweest om Mahmoud te feliciteren met de overwinning van zijn zoon. Zo hoorde Mahmoud dat Mohammed Zeitoun de snelste zwemmer in heel Syrië was.

Toen Mohammed die avond thuiskwam had Mahmoud alle verzet opgegeven. Als zijn zoon dit wilde en als zijn zoon voorbestemd was om te zwemmen, kortom als God een zwemmer van hem had gemaakt, dan kon Mahmoud niet dwarsliggen. Hij kocht een buskaartje naar Damascus voor Mohammed zodat hij daar met de besten uit de regio kon trainen en wedijveren.

Zeitoun vond nog een andere foto. Mohammed had datzelfde jaar, in 1959, zijn eerste grote zege in een wedstrijd in Libanon behaald. Het deelnemersveld was sterk, er deden veel bekende namen mee, maar Mohammed bereikte niet alleen als eerste de finish, maar deed dat ook nog eens in recordtijd: negen uur en vijfenvijftig minuten. Zeitoun wist vrijwel zeker dat de foto was gemaakt tijdens de feestelijkheden na die wedstrijd. Er waren duizenden toeschouwers geweest die zijn broer toejuichten.

Hoe oud was Zeitoun toen? Hij rekende het na in zijn hoofd. Net één jaar. Hij was toen pakweg één jaar oud geweest. Van die vroege zeges kon hij zich niets herinneren.

Het jaar daarop had Mohammed meegedaan met de beroemde wedstrijd tussen Capri en Napels, waar de beste zwemmers van over de hele wereld het tegen elkaar opnamen. De favoriet was Alfredo Camarero, een Argentijn die vijf achtereenvolgende jaren als eerste of als tweede was geëindigd. Toen de wedstrijd om zes uur 's ochtends begon, kende niemand Mohammed. Toen hij acht uur later de kust weer naderde had hij er geen idee van dat hij voorop zwom. Pas toen hij uit zee kwam en het verbaasde gegil en gescandeer van zijn naam hoorde, besefte hij dat hij had gewonnen. 'Zeitoun de Arabier heeft gewonnen!' werd er geroepen. Niemand kon het geloven. Een Syriër die 's werelds belangrijkste langeafstandswedstrijd wint? Camarero zei tegen iedereen dat Mohammed de krachtigste zwemmer was die hij ooit had gezien.

Mohammed droeg zijn zege op aan president Nasser. Als tegenprestatie benoemde Nasser de twintigjarige Mohammed tot ereluitenant van de marine. De prins van Koeweit woonde de wedstrijd bij en huldigde hem tijdens een erebanket in Napels. Het jaar daarop won Mohammed de wedstrijd Capri-Napels weer en dit keer brak hij het record, dat op naam van Camarero stond, met vijftien minuten. Mohammed was nu de onbetwiste kampioen oceaanzwemmen ter wereld.

Als jongetje was Abdulrahman volkomen in de ban van zijn broer. Alle broers en zussen waren mateloos trots dat ze in dat huis met zo'n broer mochten opgroeien en genoten iedere dag

van de roem die hij het gezin had gebracht. De trots die ze voor Mohammed voelden, voedde het gevoel waarmee ze dagelijks opstonden en de dag beleefden en de manier waarop anderen tegen hen aankeken in Jableh, op Arwad en in feite in heel Syrië. Hierdoor veranderde hun kijk op de wereld definitief. Mohammeds prestaties gaven de indruk – vormden zelfs het bewijs – dat de Zeitouns uitzonderlijke mensen waren. Alle kinderen ervoeren het nadien als hun plicht die erfenis eer aan te doen.

Mohammed was inmiddels eenenveertig jaar dood. Zijn ongelooflijke carrière en vroegtijdige dood hadden hun stempel gedrukt op de levens van alle gezinsleden en van Abdulrahman in het bijzonder, maar daar stond hij niet graag al te lang bij stil. Op zijn minder ruimhartige momenten meende hij dat zijn broer hem was ontnomen, dat de onrechtvaardigheid dat zo'n prachtig mens op zo jonge leeftijd moest overlijden een groot aantal zaken op de helling zette. Maar hij wist dat hij zo niet moest denken. Het leidde hoe dan ook tot niets. Het enige wat hij nu nog kon doen was zijn broers nagedachtenis eren. Sterk, manhaftig en integer zijn. Doorzetten. Even goed zijn als Mohammed.

Zeitoun ging weer in de tent liggen en viel in een onrustige slaap. Overal in de wijk waren de honden gek van de honger. Het geblaf klonk wild, tomeloos, en escaleerde.

Donderdag 1 september

's Ochtends tegen zessen had Kathy de Odyssey klaar voor vertrek; alle bagage was gepakt en de kinderen zaten in de auto. Haar zussen sliepen nog toen ze zachtjes de oprit af reed en Baton Rouge achter zich liet. Het was vijfentwintighonderd kilometer rijden naar Phoenix.

'Laten we Mekay echt achter?' vroeg Nademah.

Kathy kon het zelf amper geloven, maar ze hadden toch geen

keus? Ze had Patty gesmeekt of de hond daar een week mocht blijven en ze had een van haar puberzonen hondenvoer en geld gegeven, zodat hij voor Mekay kon zorgen. Het was beter dan de hond naar een kennel brengen en duizendmaal beter dan de hond die hele reis naar Phoenix en terug laten maken. Kathy kon dat gewoon niet aan. Het was al moeilijk genoeg met vier kinderen.

Ze hadden een autorit van drie dagen voor de boeg, op z'n minst dan. Waarschijnlijk zouden ze wel vier of vijf dagen onderweg zijn. Waar begon ze aan? Het was gekkenwerk om vier dagen de weg op te gaan in een auto vol kinderen. En dat te besluiten zonder met haar man te overleggen! Het was lang geleden dat ze zoiets alleen had moeten doen. Maar ze had geen keus. Ze kon niet in Baton Rouge blijven, al die vele weken die het zou duren eer New Orleans weer bewoonbaar zou zijn. Aan school of kleren wilde ze nog maar niet denken – ze hadden slechts voor twee dagen spullen meegenomen – of hoe ze aan geld moesten komen zolang het bedrijf stillag.

Terwijl ze over de I-10 naar het westen reed, vond ze troost in het besef dat ze op de lange stukken snelweg in ieder geval genoeg tijd zou hebben om na te denken.

Vanaf de snelweg belde ze het nummer van Claiborne Avenue 5010. Het was nog uren voor het afgesproken tijdstip, maar ze belde toch voor het geval Zeitoun er al zou zijn en op haar telefoontje zat te wachten. De telefoon ging drie keer over.

'Hallo?' zei een man. Het was de stem van een Amerikaan, niet die van haar echtgenoot. Het was een norse, ongeduldige stem.

'Is Abdulrahman Zeitoun er ook?' vroeg ze.

'Wat? Wie?'

Ze herhaalde de naam van haar man.

'Nee, er is hier niemand die zo heet.'

'Is dit Claiborne Avenue 5010?' vroeg ze.

'Weet ik het. Ik geloof het wel,' zei de man.

'Met wie spreek ik?' vroeg ze.

Het was even stil en toen werd de verbinding verbroken.

Kathy reed werktuiglijk door. Het duurde even voor ze over haar eerste verbazing heen was en begon na te denken over wat er zo-even was gebeurd. Wie had ze aan de lijn gehad? Het was geen huurder geweest, die kende ze allemaal. Het was een vreemdeling, iemand die op de een of andere manier het huis was binnengekomen en nu de telefoon opnam. Ze raakte razendsnel in een neerwaartse spiraal. Had die man aan de telefoon soms haar man vermoord en het huis bezet en woonde hij daar nu?

Ze sloeg af bij een McDonald's, parkeerde en probeerde zichzelf te kalmeren. Ze zette de radio aan en viel al snel midden in een verslag over New Orleans. Ze wist dat ze beter niet kon luisteren, maar was te geboeid. De berichten over anarchie waren erger dan voorheen en gouverneur Blanco waarschuwde potentiële criminelen dat vs-soldaten met oorlogservaring onderweg naar New Orleans waren om ten koste van alles de orde te herstellen. 'Ik heb een boodschap voor dit gajes,' zei ze. 'Deze mannen kunnen schieten en doden en zijn zonder meer bereid dit indien nodig te doen, en ik ga ervan uit dat ze dat ook zullen doen.'

Kathy wist dat ze naar een andere zender moest overschakelen voordat de kinderen hier iets van opvingen, maar het was te laat.

'Zeiden ze dat de stad overstroomd is, mam?'

'Staat ons huis onder water?'

'Schieten ze mensen dood, mama?'

Kathy zette de radio uit. 'Alsjeblieft lieverds, ik weet het ook niet.'

Ze vermande zich en reed de snelweg weer op, met het vaste voornemen om linea recta door te rijden naar Phoenix. Eenmaal bij Yuko zou het wel beter gaan. Yuko zou haar in balans brengen. Natuurlijk was alles in orde met Zeitoun, zei ze tegen zichzelf. Die man aan de lijn was gewoon een of andere passant geweest. Het was niet meer dan normaal dat meer mensen van één telefoon gebruik maakten als de meeste vaste lijnen het niet meer deden.

Heel eventjes was ze weer rustig. Maar toen begonnen de kinderen weer vragen te stellen.

'Wat is er met ons huis gebeurd, mama?'

'Waar is papa?'

Kathy's hoofd sloeg weer op hol. Wat nou als die vent haar man inderdaad had vermoord? Had ze daarnet de moordenaar van haar man aan de lijn gehad? Ze had het gevoel alsof ze van bovenaf had toegezien hoe bepaalde krachten zich rondom haar man hadden verzameld. Alleen zij wist wat er in de stad aan de hand was, welke gekte, ontberingen en wanhoop er heersten. Hij had geen televisie en kon gewoonweg niet weten hoe groot de chaos was. Zij had de beelden vanuit helikopters gezien en de persconferenties, had de statistieken aangehoord en de verhalen over bendes en de golf van misdaad. Kathy beet op haar lip. 'Lieverds, nu even geen vragen. Nu even niet.'

'Wanneer gaan we naar huis?'

'Toe nou!' snibde Kathy. 'Even niet praten. Ik moet nadenken!'

Ze kon zich niet langer goed houden. Ze zag de weg amper nog, de wegmarkering verdween voor haar ogen. Ze voelde het gebeuren en zette de auto aan de kant van de weg. Ze werd verblind door haar tranen, veegde met de rug van haar hand haar neus af en liet haar hoofd op het stuur zakken.

'Wat is er, mama?'

Het snelwegverkeer zoefde langs haar heen.

Na een paar minuten had ze zichzelf weer zover onder controle dat ze een parkeerplaats langs de snelweg kon opzoeken. Daar belde ze Yuko.

'Blijf waar je bent,' zei Yuko.

Binnen twintig minuten hadden ze een plan bedacht. Kathy zou op de parkeerplaats blijven staan terwijl Yuko's echtgenoot Ahmaad keek welke vluchten er waren. Kathy zou dan maar tot Houston hoeven rijden. Yuko zou het zo regelen dat Kathy en de kinderen daar bij vrienden konden overnachten. Ahmaad zou onmiddellijk naar Houston vliegen, haar daar de volgende ochtend ontmoeten en hen allemaal met de auto helemaal naar Phoenix brengen.

'Weet je het zeker?' vroeg Kathy.

'Ik ben je zus. Jij bent mijn zus. Jij bent de enige die ik nog heb,' zei Yuko. Haar moeder Kameko was eerder dat jaar overleden. Het verlies had zowel Yuko als Kathy zwaar geraakt.

Door Yuko's woorden schoot Kathy weer vol.

Diezelfde ochtend was Zeitoun na negenen wakker geworden. Hij had slecht geslapen door het gejank van de honden en was vast van plan ze vandaag te vinden.

Na het gebed peddelde hij zijn ondergelopen tuin door. Het leek alsof de honden heel dichtbij waren. Hij stak de straat over en sloeg links af Dart Street in. Een paar huizen verderop ontdekte hij de bron van het lawaai al.

Het kwam uit een huis dat hij goed kende. Hij peddelde dichterbij en de honden werden hoorndol. Hun wanhopige gejank galmde naar buiten. Hij moest nu alleen ontdekken hoe hij binnen kon komen. De begane grond was ondergelopen, hij nam daarom aan dat de honden – twee vermoedde hij – vastzaten op de eerste verdieping. Naast het huis stond een breedvertakte boom. Hij peddelde erheen en bond de kano aan de stam vast.

Hij trok zich op en klom verder de boom in tot hij door een raam op de eerste verdieping naar binnen kon kijken. Hij zag de honden niet, maar hoorde ze wel. Ze zaten in dat huis en wisten dat hij in de buurt was. De boom waarin hij zat, stond zo'n drie meter van het raam af. Springen was geen optie. Het was te ver.

Op dat moment zag hij een plank van een halve meter breed en vijf meter lang in de tuin naast het huis drijven. Hij klom naar beneden, peddelde naar de plank, duwde die naar het huis en zette hem tegen de boom. Hij klom weer naar boven en tilde de plank op om een verbinding tussen de boom en het dak te creëren. Hij bevond zich nu zo'n vijf meter boven de grond, circa tweeënhalve meter boven het wateroppervlak.

De brug die hij had gemaakt, verschilde niet veel van de steigers die hij dagelijks voor zijn werk betrad. Hij probeerde voorzichtig met één voet of hij stevig genoeg was en liep er toen overheen naar het dak.

Daar wrikte hij een raam open en klauterde zo het huis in. Het geblaf klonk harder en dringender. Hij bevond zich in de slaapkamer, liep naar de deur en hoorde de honden steeds hysterischer worden. Toen hij over de gang op de eerste verdieping liep, zag hij ze: twee honden in een kooi, een zwarte labrador en een kleinere van een onbestemd ras. Ze hadden geen eten en de waterbak was leeg. Ze leken zo van streek dat ze hem zouden kunnen bijten, maar hij aarzelde geen tel. Hij opende de kooi en liet ze vrij. De labrador holde langs hem heen de kamer uit. De kleinere hond dook weg in de kooi. Zeitoun deed een stap naar achteren om hem de ruimte te geven, maar hij bleef in de kooi zitten.

De labrador kon nergens heen. Hij wilde de trap af en zag dat het water tot net onder de eerste verdieping kwam. Hij liep terug naar Zeitoun, die een plan had bedacht.

'Wacht hier,' zei hij tegen de honden.

Hij liep weer over de houten brug terug, klauterde langs de boom naar beneden, liet zich in zijn kano zakken en peddelde naar huis. Daar klom hij op het dak, glipte via het raam naar binnen en liep de paar treden die niet onder water stonden de trap af. Hij wist dat Kathy altijd een flinke voorraad vlees en groente in de diepvriezer bewaarde, reikte naar beneden en pakte twee stukken vlees. Hij sloot de deur snel weer om zo min mogelijk van de afnemende kou te laten ontsnappen. Hij ging het dak weer op, pakte twee plastic flessen water en liet die samen met het vlees in de kano onder hem vallen. Hij klom snel weer in de kano en voer terug naar het huis met de honden.

Weer voorvoelden ze dat hij eraan kwam en dit keer stonden ze allebei bij het raam te wachten. Hun koppen staken net boven de vensterbank uit. Ze roken het vlees, al was het nog bevroren, en begonnen wild te blaffen en te kwispelen. Zeitoun vulde hun waterbak en ze doken eropaf. Toen ze genoeg hadden gedronken stortten ze zich op het vlees. Ze kauwden erop tot het ontdooid was. Zeitoun keek het een paar minuten moe en tevreden aan, maar hoorde toen nog meer geblaf. Er waren nog meer honden en hij had een diepvries vol eten. Hij ging weer naar huis om voorbereidingen te treffen.

Hij laadde meer vlees in zijn kano en ging op zoek naar de andere dieren die achtergelaten waren. Vrijwel meteen nadat hij van huis was gegaan, hoorde hij duidelijk geblaf. Het klonk gedempt en leek van praktisch dezelfde plek te komen als het huis waar hij eerder al die twee honden had gevonden.

Hij peddelde dichterbij en vroeg zich af of er soms nog een derde hond in het huis was waar hij zo-even was geweest. Hij bevestigde de kano weer aan de boom, pakte twee stukken vlees en klom naar boven. Vanaf een tak halverwege keek hij dit keer naar het buurhuis aan de linkerkant. Daar zag hij twee honden tegen het raam op springen.

Hij trok de plank weg van het eerste huis en legde die nu andersom neer om een brug naar het andere huis te maken. De honden zagen hem aankomen en begonnen wild op en neer te springen.

Hij had binnen een tel het raam geopend en stapte naar binnen. De twee honden sprongen tegen hem op. Hij liet het vlees vallen, de honden stortten zich er uitgehongerd op en hadden meteen geen aandacht meer voor hem. Hij moest ze ook nog water geven, kanode dus weer naar huis en kwam terug met nieuwe flessen water en een kom.

Zeitoun liet het raam een eindje openstaan, zodat de honden frisse lucht kregen, liep toen weer over de plank en liet zich langs de boom naar beneden en in zijn kano zakken. Terwijl hij wegpeddelde bedacht hij dat hij nodig Kathy moest bellen.

Terwijl hij verder kanode, viel hem op dat het water vervuilder raakte. Het was nu donkerder, troebel, en hij zag olie- en benzinesporen en ook allerlei rommel: eten, afval, kleding, huisraad. Maar Zeitoun was opgewekt. Het gaf hem een bijzonder goed gevoel dat hij iets voor die honden had kunnen doen, dat hij ze zo kon helpen. Vier honden die anders zeker dood waren gegaan, bleven nu in leven omdat hij hier was gebleven en omdat hij die oude kano had gekocht. Hij kon niet wachten om het Kathy te vertellen.

Om twaalf uur was hij weer op Claiborne Avenue 5010. Todd was er niet en het huis was leeg. Hij ging naar binnen en belde Kathy.

'Godzijdank!' riep Kathy. 'Godzijdank, godzijdank, godzijdank. Waar was je toch?' Ze was met de kinderen onderweg naar Houston en ging aan de kant van de weg staan.

'Waar maak je je zorgen om?' vroeg Zeitoun. 'Ik zei dat ik om twaalf uur zou bellen. Het is nu twaalf uur.'

'Wie was die man?' vroeg ze.

'Welke man?' vroeg hij.

Ze vertelde dat ze eerder had gebeld en dat er toen iemand anders had opgenomen. Het verhaal verontrustte Zeitoun. Hij keek om zich heen. Er waren geen sporen van braak of een misdaad. Er waren geen geforceerde sloten of gebroken ramen. Misschien was die man een vriend van Todd geweest? Hij verzekerde Kathy dat er geen reden voor bezorgdheid was en dat hij zou uitzoeken wat er aan de hand was.

Kathy was inmiddels wat bedaard. Het deed haar deugd dat hij die honden had kunnen helpen en zich nuttig voelde. Maar ze wilde dat hij wegging uit New Orleans, hoeveel honden hij ook voerde en hoeveel mensen hij ook aantrof en redde.

'Ik wil echt dat je gaat,' zei ze. 'Het nieuws dat we over de stad krijgen is heel slecht. Er wordt geplunderd en gemoord. Voor je het weet overkomt jou ook iets.'

Zeitoun hoorde hoe bezorgd ze was. Maar hij had nergens iets gezien van de chaos die zij beschreef. Als zoiets al gaande was – en ze wist toch hoe de media waren? –, dan zou dat in het centrum zijn. Waar hij zich bevond, legde hij uit, was het heel stil, heel vredig, heel onwerkelijk en vreemd, het kon gewoon niet zo zijn dat hij gevaar liep. Misschien was er wel een reden waarom hij was gebleven, een reden waarom hij die kano had gekocht, een reden waarom hij zich op dit specifieke moment in deze specifieke situatie bevond.

'Ik heb het gevoel alsof ik hier móet zijn,' zei hij.

Kathy zweeg.

'Het is de wil van God,' zei hij.

Daar wist ze niets tegenin te brengen.

Ze schakelden over naar een aantal praktische zaken. Haar mobiel deed het nooit goed bij Yuko thuis in Phoenix, dus gaf ze Zeitoun Yuko's vaste nummer. Hij schreef het op een stukje papier, dat hij achterliet bij de telefoon aan Claiborne Avenue 5010.

'Zorg dat de kinderen naar school gaan als je in Phoenix bent,' zei hij.

Kathy sloeg haar ogen ten hemel.

'Uiteraard,' zei ze.

'Ik hou van je, van jullie allemaal,' zei hij en hij hing op.

Hij ging weer op weg, en de eerste die hij zag was Charlie Ray, die rechts van Claiborne Avenue 5010 woonde. Charlie was een blauwogige timmerman van in de vijftig, een vriendelijke, rustige man, geboren en getogen in New Orleans, die Zeitoun al jaren kende. Hij zat op zijn veranda alsof het vandaag een dag als alle andere was.

'Jij bent ook gebleven,' zei Zeitoun.

''t Ziet er wel naar uit.'

'Heb je iets nodig? Water?'

Dat had Charlie niet, maar binnenkort misschien wel, zei hij. Zeitoun beloofde dat hij nog eens bij hem aan zou komen en peddelde weg. Hij vroeg zich af hoeveel mensen in de stad waren gebleven. Als Frank hier nog was en ook Todd en Charlie de storm hier hadden uitgezeten, moesten er nog wel duizenden en nog eens duizenden anderen zijn. Hij was niet alleen in zijn koppigheid.

Hij kanode verder. Hij wist dat hij vermoeidheid zou moeten voelen, maar was helemaal niet moe. Hij had zich nog nooit zo sterk gevoeld.

Vandaag voer hij verder richting het centrum. Hij kwam langs gezinnen die door het water waadden terwijl ze wastobbes vol bezittingen voor zich uit duwden. Hij peddelde langs een stel vrouwen die een opblaasbaar babybadje met daarin hun kleren en eten voortduwden. Aan iedereen die hij zag, vroeg Zeitoun of hij hulp nodig had. Sommigen vroegen om één of twee flessen water. Hij gaf hun wat hij had. Hij vond onderweg van alles – flessen water, gevechtsrantsoenen, blikjes eten – en als hij iemand tegenkwam, gaf hij diegene wat hij op dat moment in zijn kano had. Hij had voor zichzelf genoeg thuis en wilde de ballast graag weer kwijt.

Hij peddelde tot aan het I-10-viaduct bij Claiborne Avenue en Poydras Street, een betonnen geval dat ruim drie meter boven het water uitstak. Er zaten een heleboel mensen te wachten tot ze zouden worden gered. Een helikopter had water en voedsel gedropt en ze leken goed te zijn voorzien. Ze vroegen aan Zeitoun of hij water nodig had. Hij antwoordde dat hij genoeg had, maar dat hij het kon meenemen voor anderen die het wel nodig hadden. Ze gaven hem een krat. Toen hij langsvoer in zijn kano, zag hij een stuk of vijf honden bij de groep, bijna allemaal puppy's. Ze zagen er gezond en goed doorvoed uit en lagen uit de zon in de schaduw van de auto's.

Zeitoun ging ervan uit dat de eventuele narigheid in de stad waarover hij had gehoord zich vooral in het centrum afspeelde en besloot daar niet te dichtbij te komen. Hij maakte rechtsomkeert en voer terug naar Dart Street.

Terwijl Kathy onderweg was naar Houston, belde Yuko een gezamenlijke vriendin die ze al lang kenden en die ze Miss Mary noemden, om te vragen of het gezin de nacht bij haar kon doorbrengen. Net als Yuko en Kathy was Mary Amerikaanse, was ze geboren in een christelijk gezin en had ze zich als volwassene tot de islam bekeerd. Haar huis was dezer dagen een vrijplaats voor gezinnen die voor de storm op de vlucht waren geslagen. Toen Kathy's Odyssey de oprit op reed, waren er al een stuk of tien, zo niet meer, gasten, allemaal moslims uit New Orleans en andere delen van Louisiana en Mississippi.

Mary, een pientere vrouw van in de veertig, liep op Kathy en de kinderen af. Ze pakte hun tassen aan en omhelsde Kathy zo stevig dat Kathy meteen weer in tranen uitbarstte. Mary liep met ze naar binnen en wees de kinderen het zwembad achter het huis. Binnen enkele minuten lagen ze alle vier vrolijk te spetteren in het water. Kathy zonk neer op de bank en probeerde nergens aan te denken.

Toen hij weer thuis aan Dart Street was, trof Zeitoun zijn tent beneden in het water aan. Hij was van het dak gewaaid – door een helikopter waarschijnlijk, concludeerde Zeitoun. Hij viste hem uit het water, zette hem weer op, wreef met handdoeken de binnenkant droog en ging in huis op zoek naar extra versteviging. Hij kwam weer naar buiten met een stapel boeken, dit keer de zwaarste die hij had kunnen vinden, en zette die in de hoeken van de tent neer.

Terwijl hij daarmee in de tent bezig was, hoorde hij weer een helikopter aankomen. Het geluid was oorverdovend. Hij verwachtte dat de helikopter over zijn huis zou vliegen op weg naar een andere bestemming, maar toen hij zijn hoofd uit de tent stak en naar boven keek, zag hij dat hij boven zijn huis was blijven hangen, recht boven zijn tent. Er zaten twee mannen in, die naar hem gebaarden.

Hij zwaaide dat ze door konden vliegen en probeerde duidelijk te maken dat hij hen niet nodig had. Maar daardoor leken ze alleen maar meer in hem geïnteresseerd. De tweede man in de helikopter was begonnen een kooi te laten zakken toen Zeitoun op het idee kwam om zijn duim in de lucht te steken dat alles in orde was. Hij wees naar zijn tent, toen naar zichzelf, richtte zich daarna weer tot de helikopter en bleef verwoed zijn duim in de lucht steken en met duim en wijsvinger tegen elkaar 'pico bello' gebaren. Toen ze eindelijk doorhadden dat Zeitoun wilde blijven, besloot een van de mannen een krat met water bij hem te droppen. Zeitoun probeerde hem daar al zwaaiend vanaf te brengen, maar het mocht niet baten. Het krat kwam naar beneden en Zeitoun sprong opzij net voor het zijn tent tegen de vlakte smeet en er overal plastic flessen rondstuiterden. De mannen in de helikopter hadden hun werk gedaan, maakten een bocht en vlogen tevreden weg.

Zeitoun moest zijn tent opnieuw goed verstevigen en maakte zich klaar voor de nacht. Maar hij was net als de vorige nacht onrustig en zijn hoofd tolde van alles wat er die dag was gebeurd. Hij zat op het dak en keek naar de helikopters die boven de stad cirkelden en af en toe naar beneden en dan weer omhoogvlogen. Hij maakte plannen voor de volgende dag: hij wilde verder het centrum in varen, nog eens bij het I-10-viaduct langsgaan, kijken hoe het ervoor stond met het bedrijfskantoor en magazijn aan Dublin Street. Daar bewaarden ze op de begane grond extra materialen, zoals gereedschap, verf, afdekfolie – alles. Op de eerste verdieping bevonden zich de kantoorruimtes met de computers, dossiers, archieven en eigendomsakten. Hij huiverde als hij eraan dacht hoe het nu zou zijn met het gebouw, dat toch al aan de gammele kant was geweest.

De helikopters bleven de hele nacht rondvliegen. Verder was het stil. Hij hoorde geen honden. Na het gebed viel hij bij het gebrom aan de hemel in slaap.

Vrijdag 2 september

De volgende ochtend stond Zeitoun vroeg op, klom in zijn kano en peddelde naar de overkant om de honden te voeren. Ze jankten zachtjes toen hij dichterbij kwam, wat hij als teken van opluchting en dankbaarheid opvatte. Hij klom in de boom, stapte voorzichtig over de plank naar het huis aan de rechterkant en kroop door het raam naar binnen. Hij legde twee grote stukken vlees neer en ververste het water. Toen de honden zich op het eten stortten, klom hij weer door het raam naar buiten, stapte voorzichtig over naar het dak ernaast en ging het andere huis binnen om het tweede stel honden te voeren. Ze blaften en kwispelden toen hij twee stukken lamsvlees voor ze neerlegde en hun waterbak bijvulde. Hij vertrok weer via het raam, klom omlaag naar zijn kano en peddelde weg.

Nu was het tijd om te kijken hoe zijn kantoor alles had doorstaan. Dat lag ongeveer 750 meter verderop, bij Carrollton Avenue, een grote weg in de buurt met pakhuizen, supermarkten, benzinestations en bouwmarkten. Het water was nu erg smerig, vol olieresten en rioolslib. Als je daardoorheen moest, zou je zeker ziek worden, dacht hij. Maar vandaag had hij nog niemand in het water gezien. De stad liep leeg. Elke dag waadden er minder mensen door het water, waren er minder gezichten achter de ramen en minder bootjes zoals het zijne.

Het motregende al de hele ochtend, maar nu begon het harder te regenen. De wind wakkerde aan en het weer werd troosteloos. Zeitoun peddelde tegen de wind in. Hij moest vechten om de kano recht te houden nu de wind het bruinblauwe water liet deinen.

Hij voer via Earhart naar Carrollton en kanode die straat in zuidwestelijke richting af naar Dublin. Hij verwachtte op Carrollton wel mensen te zien – net als Napoleon en St. Charles leek het een voor de hand liggende doorgangsroute voor reddings- en militaire voertuigen – maar toen hij daar in de buurt kwam, waren er nergens hulpverleners te bekennen.

Wel zag hij bij een Shell-station tegenover zijn kantoor een groepje mannen. Het benzinestation lag iets hoger dan de weg en het water stond er nog geen meter hoog. De mannen – het waren er een stuk of acht, negen – droegen volle vuilniszakken het kantoortje uit, die ze vervolgens in een boot laadden. Het was de eerste keer sinds de storm dat hij getuige was van een plundering en ook de eerste keer dat hij mannen zag die leken op het soort mensen waar Kathy hem voor had gewaarschuwd. Dit was een georganiseerde groep criminele opportunisten die niet enkel wegnamen wat ze nodig hadden om te overleven. Ze stalen geld en goederen uit het benzinestation en deden dat met een aantal dat bedoeld leek om mensen als Zeitoun, die hen zouden zien of hen zouden proberen tegen te houden, te intimideren.

Zeitoun was ver genoeg weg om ze te kunnen gadeslaan zonder bang te hoeven zijn dat ze bij hem konden komen, in ieder geval niet snel. Toch ging hij langzamer varen om op veilige afstand te blijven, terwijl hij probeerde een route te bedenken om bij zijn kantoor te komen zonder hen direct te hoeven passeren.

Maar een van de mannen had hem al gezien. Hij was jong en had een korte spijkerbroek aan en een wit mouwloos T-shirt. Hij rechtte zijn rug toen hij Zeitoun in de gaten kreeg en zorgde ervoor dat de kolf van het pistool dat hij achter zijn riem had goed zichtbaar was.

Zeitoun keek snel de andere kant op. Hij wilde geen confrontatie uitlokken. Hij draaide zijn kano om en ging op weg naar het huis aan Claiborne. Vandaag ging hij maar even niet naar zijn kantoor.

Hij was voor twaalven bij het huis en belde Kathy. Ze was nog steeds in Houston, in het huis van Miss Mary.

'Het gaat vandaag niet lukken om op kantoor te kijken,' zei hij.

'Waarom niet?'

Hij wilde haar niet ongerust maken en wist dat hij iets moest verzinnen.

'Het regent,' zei hij.

Ze vertelde dat ze was gebeld door vrienden die wilden weten waar Zeitoun en zij waren en of ze veilig waren. Als ze dan vertelde dat hij nog steeds in de stad was, verliep hun reactie steevast volgens hetzelfde patroon: eerst schrokken ze, vervolgens beseften ze dat het Zeitoun was over wie ze het hadden – een man om wie je je eigenlijk in geen enkele situatie zorgen hoefde te maken – en uiteindelijk vroegen ze dan of hij, als hij daar toch aan het rondpeddelen was, niet even bij hun huis kon gaan kijken.

Zeitoun was allang blij als hij iets omhanden had, dus gaf Kathy de verzoeken maar door. Ze was net gebeld door de Burmidians, vrienden die ze al dertien jaar kenden. Ali Burmidian was hoogleraar informatica aan Tulane University en was voorzitter van de Masjid ar-Rahmah, een islamitische studentenvereniging. Die club had een gebouw aan Burthe Street met daarin een documentatiecentrum en kamers waar bezoekende studenten uit de Arabische wereld konden verblijven.

Delilah Burmidian had Kathy gebeld om te vragen of Zeitoun misschien even bij het gebouw kon gaan kijken om te zien of het erg beschadigd was. Zeitoun vond het prima en zei dat hij er een kijkje zou gaan nemen. Hij kende het gebouw goed, hij was er in de loop van de jaren een aantal keren op bijeenkomsten geweest en wist hoe hij er moest komen. Hij was eigenlijk zelf ook wel nieuwsgierig hoe het iets hoger gelegen universiteitsterrein erbij lag.

'Bel je me rond een uur of twaalf weer?' vroeg ze.

'Natuurlijk,' zei hij.

Voor hij vertrok, belde Zeitoun zijn broer Ahmad. Ahmad was in eerste instantie erg opgelucht zijn stem te horen, maar werd toen serieus.

'Je moet daar weg,' zei hij.

'Welnee, met mij gaat het prima. Niks aan de hand hier,' zei Zeitoun.

Ahmad gooide het over een andere boeg en speelde de rol van oudere broer. 'Ga naar je gezin,' zei hij. 'Ik wil echt dat je daar weggaat. Je gezin heeft je nodig.'

'Ze hebben me hier harder nodig,' zei Zeitoun en hij hoopte dat dat niet te bombastisch klonk. 'Dit is ook mijn familie.'

Daar kon Ahmad niet tegenop.

'Het wordt een beetje te duur nu,' zei Zeitoun. 'Ik bel je morgen weer.'

Toen hij bij Tulane aankwam, stond het water daar zo laag dat hij zo van zijn kano op het droge kon stappen. Hij liep de betegelde voortuin van de Masjid ar-Rahmah in en keek om zich heen. De tuin lag bezaaid met gevallen takken, maar verder was het gebouw niet beschadigd. Hij stond op het punt om naar binnen te gaan, toen hij een man uit de zijdeur van het gebouw zag komen.

'Nasser?'

Het was Nasser Dayoob. Nasser, die ook uit Syrië afkomstig was, was in 1995 naar Libanon gevlucht. Vanuit Beiroet was hij als verstekeling aan boord gegaan van een tanker met onbekende bestemming. Die bleek op weg te zijn naar de Verenigde Staten en toen hij daar aankwam, was Nasser van boord gesprongen en had hij meteen asiel aangevraagd. Uiteindelijk – hij was toen al in New Orleans – was hem dat ook verleend. Tijdens de gerechtelijke procedure had de Masjid ar-Rahmah hem onderdak geboden.

'Abdulrahman?'

Ze schudden elkaar de hand en vertelden hoe ze de storm hadden doorstaan. Nassers huis in de wijk Broadmoor, die aan Uptown grensde, was overstroomd. Hij had zijn toevlucht gezocht in het gebouw van de studentenvereniging omdat hij wist dat dat hoger lag.

'Wil je hier blijven of ga je met mij mee?' vroeg Zeitoun.

Nasser wist dat hij op de campus veilig zat. De kans was klein dat het water en de plunderaars zo ver zouden komen, maar hij besloot toch met Zeitoun mee te gaan. Hij wilde ook graag weten hoe het in de stad en met zijn huis was.

Hij holde het gebouw weer in om zijn reistas te pakken en stapte aan boord van de kano. Zeitoun gaf hem een peddel en ze vertrokken.

Nasser was vijfendertig, vrij lang en had sproeten en een slordige bos rood haar. Hij was niet zo spraakzaam en had iets nerveus. Toen Kathy hem voor het eerst ontmoette, leek hij haar een broze man. Hij was een voormalig huisschilder en had wel eens een klus voor Zeitoun gedaan. Ze kenden elkaar niet zo heel goed, maar Zeitoun vond het toch prettig om Nasser hier na de orkaan tegen het lijf te lopen. Ze hadden veel gemeen: Syrië, emigratie naar Amerika en New Orleans, hun werk in de bouw.

Tijdens het peddelen praatten ze over wat ze tot dan toe hadden gezien, wat ze hadden gegeten, hoe ze hadden geslapen. Allebei de mannen hadden het geblaf van de honden gehoord. Iedere nacht weer dat geblaf. Ook Nasser had honden in verlaten huizen, op straat en waar hij ze maar tegenkwam, te eten gegeven. Het was een van de vreemdste kenmerken van die tussentijd – de tijd na de storm, maar voor de mensen weer terugkeerden naar de stad: de aanwezigheid van duizenden achtergelaten dieren.

Er stond nu meer wind. Ze moesten ploeteren om vooruit te komen door de striemende regen die bijna horizontaal leek te vallen. Ze kwamen langs het postkantoor bij Jefferson Parkway en Lafitte. De parkeerplaats daar was veranderd in een verzamelplaats voor evacuaties. Bewoners die via de luchtbrug de stad uit wilden, konden naar het postkantoor komen, vanwaar ze met helikopters werden overgebracht naar een vermoedelijk veiliger plaats.

Toen ze dichterbij kwamen, vroeg Zeitoun aan Nasser of hij wilde vertrekken. 'Nog niet,' zei Nasser. Hij had gehoord over evacués die onder snelwegviaducten waren gestrand en wilde daar niet ook terechtkomen. Zolang hij nog geen betrouwbare verhalen over geslaagde evacuaties had gehoord, bleef hij liever in de stad. Zeitoun zei dat hij welkom was om bij hem thuis of in het huis aan Claiborne te slapen, waar een werkende telefoon was. Vooral dat laatste was goed nieuws voor Nasser, die stond te springen om een stuk of vijf familieleden te laten weten dat hij nog leefde.

Onderweg naar Claiborne peddelden ze langs een krat vol flessen bronwater dat zomaar in het water dreef. Ze tilden het in de kano en voeren door. Toen ze bij het huis aankwamen, stapte Nasser uit om de kano vast te maken. Zeitoun wilde ook uitstappen, maar hoorde op dat moment iemand zijn naam roepen.

'Zeitoun!'

Hij dacht eerst dat het Charlie Ray was, vanuit het buurhuis. Maar de stem kwam uit het huis achter dat van Charlie, in Robert Street.

'Hier!'

Het waren de Williamsen, een echtpaar van in de zeventig. Alvin was predikant in de New Bethlehem Baptist Church en zat in een rolstoel. Hij was al vijfenveertig jaar getrouwd met Beulah. Zeitoun en Kathy kenden hen al bijna net zo lang als ze in New Orleans woonden. Toen de Zeitouns nog in de buurt woonden, was de zus van meneer Williams vaak bij Kathy komen eten. Kathy wist niet meer hoe dat ooit was begonnen, maar de zus, die al op leeftijd was, hield erg van Kathy's kookkunst en dus zorgde Kathy altijd dat er rond etenstijd een bord voor haar klaarstond. Dat was maanden zo gegaan. Kathy had het vleiend gevonden dat iemand het ervoor overhad om speciaal naar haar huis te komen om te eten wat zij had klaargemaakt.

'Hallo!' riep Zeitoun terug en hij peddelde erheen.

'Kun je ons helpen om hiervandaan te komen?' vroeg Alvin.

De predikant en Beulah waren tijdens de storm thuisgebleven, maar hun voorraad voedsel en water was nu op. Zeitoun had hen nog nooit zo moe gezien.

'Het is tijd om te vertrekken,' zei Alvin.

Gezien de regen en de wind had het geen zin om te proberen hen per kano te evacueren. Zeitoun beloofde hulp te gaan zoeken.

Hij peddelde Claiborne af, tegen de harde wind en regen in, naar het Memorial Medical Center. Hij wist dat daar politie en soldaten van de Nationale Garde gestationeerd waren. Toen hij dichterbij kwam zag hij soldaten in de zijstraat, op het dak, op de opritten en op de balkons. Het had veel weg van een zwaarbewaakte militaire basis. Toen hij zo dichtbij was dat hij de gezichten van de soldaten kon onderscheiden, richtten ze hun wapens op hem.

'Niet dichterbij komen!' riepen ze.

Zeitoun ging langzamer varen. De wind nam toe. Het was onmogelijk om stil te blijven liggen en hij kon zich van zo'n afstand nauwelijks verstaanbaar maken.

'Ik zoek alleen hulp!' riep hij.

Een van de soldaten liet zijn geweer zakken. De ander hield het zijne op Zeitoun gericht.

'We kunnen niets voor je doen,' zei hij. 'Ga maar naar St. Charles.'

Zeitoun nam aan dat de soldaat hem niet goed had verstaan. Door de wind was zijn kano gedraaid en verwaaiden zijn woorden. 'Een eindje verderop bevindt zich een ouder echtpaar dat moet worden geëvacueerd,' verduidelijkte hij nog wat harder.

'Daar gaan wij niet over,' zei de soldaat. 'Dan moet je op St. Charles zijn.'

Nu waren allebei de geweren gezakt.

'Kunnen jullie niet even iemand oproepen?' vroeg Zeitoun. De soldaat zou toch niet echt bedoelen dat Zeitoun dat hele eind naar het kruispunt van Napoleon en St. Charles moest peddelen, terwijl hij ook gewoon via zijn walkietalkie contact kon opnemen met de andere eenheden? Wat deden ze anders in de stad, als ze niet hielpen met het evacueren van burgers?

'We kunnen niemand oproepen,' zei de soldaat.

'Hoezo niet?' wilde Zeitoun weten. 'Kun je met al die technologie van jullie niet eens iemand oproepen?'

Nu leek de soldaat, die maar een paar jaar ouder was dan Zeitouns zoon Zachary, bang te worden. Hij zei niets terug en leek niet te weten wat hij moest doen. Uiteindelijk draaide hij zich maar om en liep weg. De overgebleven soldaten bleven Zeitoun aanstaren met hun M16's in de aanslag.

Zeitoun draaide zijn kano om.

Hij peddelde naar de kruising van Napoleon en St. Charles. Zijn schouders begonnen pijn te doen. Door de wind was het kanoën twee keer zo zwaar als normaal. Naarmate hij dichter bij het kruispunt kwam, werd het water ondieper. Daar zag hij tenten en militaire voertuigen en een stuk of tien politiemannen en soldaten. Hij stapte uit zijn kano en liep op een man af, een soort militair, die op het gras van de middenberm stond die de inwoners van New Orleans *neutral ground*, neutraal terrein, noemden.

'Ik heb een probleem,' zei Zeitoun. 'Ik zit met een gehandicapte man die hulp en medische zorg nodig heeft. Het kan niet wachten.'

'Oké, laat dat maar aan ons over,' zei de man.

'Zal ik het adres geven?' vroeg Zeitoun.

'Dat is goed, geef maar,' zei de man en hij sloeg een notitieboekje open.

Zeitoun gaf hem het adres.

De man schreef het op en stopte het boekje weer in zijn zak.

'Dus u gaat erheen?' zei Zeitoun.

'Ja,' zei de man.

'Wanneer?' vroeg Zeitoun.

'Over een uur of zo,' zei de man.

'Alles komt goed, ze zijn onderweg,' zei Zeitoun. 'Over een uur, zeiden ze.'

De predikant en zijn vrouw bedankten Zeitoun, die vervolgens weer terugging naar het huis aan Claiborne. Hij haalde Nasser op en samen gingen ze op pad om te kijken wat ze konden doen. Het was even na enen.

Zestienhonderd kilometer verderop zat Yuko's man Ahmaad achter het stuur van de Odyssey. De wagen raasde door New Mexico terwijl Kathy uitrustte. De kinderen zaten achterin. Ahmaad zat al zeven uur onafgebroken achter het stuur. In dit tempo zouden ze op zaterdagmiddag in Phoenix aankomen.

Ahmaad had Kathy afgeraden om naar het nieuws te luisteren, maar zelfs op de rock- en countryzenders druppelden flarden informatie door: president Bush bezocht New Orleans die dag en had zojuist zijn medeleven met senator Trent Lott betuigd, die zijn zomerhuis aan de oever van de Mississippi was kwijtgeraakt. Zwaarbewapende manschappen van de Nationale Garde waren zojuist het Convention Center binnengegaan en hoewel ze erheen waren gestuurd met het idee dat hun binnenkomst met een soort guerrillaoorlog gepaard zou gaan, werd hun geen strobreed in de weg gelegd. Er waren enkel uitgeputte, hongerige mensen aanwezig die de stad uit wilden. Daar putte Kathy troost uit, omdat ze dacht dat dat misschien betekende dat de orde langzaamaan weer terugkeerde in de stad. De aanwezigheid van militairen zou volgens een commentator 'binnenkort overweldigend zijn'.

Op hun ronde vonden Zeitoun en Nasser een in de steek gelaten militaire jeep met daarin een doos met kant-en-klare legermaaltijden. Kort daarna kwamen ze een gezin van vijf personen op een viaduct tegen die ze wat water gaven en de doos met maaltijden. Dat kwam goed uit. Zeitoun had liever niet te veel waardevolle spullen bij zich en was blij met elke gelegenheid om wat hij had gevonden weer van de hand te doen.

Om een uur of vijf, toen het begon te schemeren, keerden Zeitoun en Nasser terug naar het huis aan Claiborne.

Zeitoun was ervan overtuigd dat de predikant en zijn vrouw intussen wel zouden zijn opgehaald, maar voor alle zekerheid maakten Nasser en hij toch een kleine omweg via Robert Street.

Alvin en Beulah zaten nog steeds in de regen met hun tassen naast zich op de veranda. Ze wachtten al vier uur.

Zeitoun was woedend. Hij voelde zich machteloos en verraden. Hij had de predikant en zijn vrouw een belofte gedaan en door de leugen van een ander had hij die niet kunnen waarmaken.

Hij verontschuldigde zich tegenover het echtpaar en legde uit dat hij eerst bij het ziekenhuis hulp had gezocht, waar men hem onder bedreiging van een vuurwapen had weggejaagd, en dat hij daarna naar St. Charles was gevaren om de soldaten en hulpverleners daar over hun benarde situatie te vertellen. De predikant was er nog steeds van overtuigd dat er hulp onderweg was, maar Zeitoun durfde daar niet op te rekenen.

'Ik bedenk wel wat,' zei hij.

Toen Nasser en hij weer bij het huis aan Claiborne kwamen, zagen ze dat er een motorbootje aan de veranda was vastgelegd. Binnen troffen ze Todd Gambino aan met een nieuwe hond. Todd had de boot zien drijven in een ingestorte garage, had bedacht dat hij die goed kon gebruiken en was toen ook op eigen houtje door de stad gevaren. Hij had mensen van veranda's en daken geplukt en hen naar viaducten en andere veilige plekken gebracht. Op een van de daken had hij zelfs deze hond, die nu tevreden aan zijn voeten zat te eten, gevonden en meegenomen.

Opnieuw kreeg Zeitoun het gevoel dat hij een handreiking van God kreeg. De predikant en zijn vrouw hadden snel hulp nodig, hulp die hij hun niet had kunnen bieden, en hier was Todd opeens met precies het voertuig dat ze nodig hadden, op precies het juiste moment.

Todd aarzelde geen moment. Zodra Zeitoun hem verzekerd had dat hij tijdens zijn afwezigheid voor de hond zou zorgen, vertrok hij. Hij ging naar Alvin en Beulah en hielp hen een voor een in de motorboot. Daarna scheurde hij ervandoor naar de verzamelplaats bij Napoleon en St. Charles.

De actie duurde al met al ruim twintig minuten en al snel was Todd weer terug en zat hij met een biertje uit te rusten op de veranda, terwijl hij de geredde hond over zijn klitterige vacht aaide.

'Sommige dingen moet je gewoon zelf doen,' zei hij lachend.

Zeitoun wist dat Todd een goede huurder was, maar zo kende hij hem nog niet. Ze raakten daar op de veranda in gesprek en Todd vertelde hem verhalen over zijn reddingsacties. Hoe hij al tientallen mensen had opgepikt, hoe hij hen naar ziekenhuizen en verzamelplaatsen had gebracht en hoe handig dat ging met een motorboot. In Zeitouns ogen was Todd altijd een beetje een vrijbuiter geweest, die het leven niet zo serieus nam. Hij wilde vooral lol hebben en hield niet van regels en verantwoordelijkheden die hem daarin beperkten. Hij rookte, dronk en leidde een los-vast bestaan. En moest je hem nu eens zien. Met glanzende ogen vertelde hij hoe hij mensen in veiligheid had gebracht, hoe zijn komst bij huizen en viaducten met gejuich en dankbaarheid werd onthaald. Tijden als deze konden iemand veranderen, wist Zeitoun, en hij was blij dat hij dat hier en nu bij Todd zag gebeuren: een goede man die er alleen maar beter op werd.

Die avond ging Nasser met Zeitoun mee naar zijn huis. Ze haalden het laatste lamsvlees uit de vriezer en legden dat op de barbecue op het dak, terwijl ze het hadden over alles wat ze hadden gezien en gehoord. Maar Nasser was doodop en hield het niet lang vol. Hij kroop de tent in en was al snel diep in slaap.

Zeitoun was ook nu weer te rusteloos om te slapen. Hij was nog steeds kwaad over wat er met de predikant en zijn vrouw was gebeurd. Als hij ergens niet tegen kon waren dat wel mensen die zich niet aan hun belofte hielden. Wat was dat voor man geweest, daar bij Napoleon en St. Charles, die had gezegd dat hij hulp naar het echtpaar Williams zou sturen? Waarom had hij gezegd dat hij zou komen als hij dat niet van plan was? Zeitoun probeerde welwillend te zijn. Misschien was de man onderweg verdwaald. Maar ook dat hielp niet. Geen enkel excuus was goed genoeg. De man had een eenvoudige afspraak geschonden. Hij had hulp toegezegd en zich daar niet aan gehouden.

Omdat hij niet kon slapen, ging Zeitoun naar binnen, waar hij op de grond in Nademahs kamer ging zitten. Haar geur, de geur van zijn dochters, was nog maar heel zwak. Die van regen en beginnende schimmel was ervoor in de plaats gekomen. Hij miste hen nu al. Hij kon zich maar een paar keer herinneren dat hij hen zo lang niet had gezien. Zo ging het altijd: de eerste dag gaf het alleen-zijn hem een aangenaam gevoel van kalmte en rust, maar al snel daarna begon hij hen te missen. Hij miste hun stemmen, hun glanzende donkere ogen, het gestommel van hun voeten op de trap, hun gilletjes en voortdurende gezang.

Hij sloeg een van de fotoalbums open die hij had bewaard en ging op Nademahs bed liggen, waar hij haar aardbeienshampoo op het sloop rook. Hij bekeek een foto van zijn eerste jaar op zee, aan boord van een schip waarop Ahmad de kapitein was geweest. Hij keek verbaasd naar zijn haar – wat veel nog toen, en wat keek hij ijdel. Hij was toen een kilo of vijftien lichter en liep altijd te grijnzen: een man die met volle teugen genoot van de genoegens van de jeugd. Zijn broer Ahmad had hem gered, had wereld na wereld voor hem ontsloten.

Ahmad was een jaar na hun vaders dood naar Turkije gegaan om medicijnen te studeren. Dat had hij thuis tenminste verteld. Maar hoewel Mahmoud zijn zoons had verboden naar zee te

1978 New Orleans USA

1978 Greek Pascua , Altamar , M/V Glyfada Spirit

1 9 7 6 Tsukumi - Japan

1 9 7 8 Dubai

gaan, wilde Ahmad niets liever. Dus zei hij tegen zijn moeder dat hij arts wilde worden en nam de bus naar Istanboel. Hij had korte tijd ook echt medicijnen gestudeerd, maar was al snel met de studie gestopt en had zich ingeschreven op de zeevaartschool. Toen zijn moeder erachter kwam dat Ahmad van plan was scheepskapitein te worden, was ze verrast, maar had ze hem niets in de weg gelegd. Twee jaar later had Ahmad zijn diploma behaald en bevoer hij de Middellandse en Zwarte Zee.

Zeitoun bekeek een foto van Ahmad. Hij had meer foto's van Ahmad dan van zichzelf. Het was bijna lachwekkend hoeveel foto's zijn broer nam en bewaarde en naar familieleden verstuurde. Hij legde iedere haven en elk schip vast. Op deze foto was hij samen met zijn bemanning iets aan het barbecueën, een of ander dier. Zeitoun tuurde er ingespannen naar. Het leek wel een windhond. Zou het werkelijk... Nee. Zeitoun hoopte dat het geen hond was. Op een spandoek boven de mannen stond: PASEN 1978. Op een andere foto stond Ahmad in het centrum van New Orleans. Bij het bekijken van die foto en zovele andere van Ahmad in een of andere stad of voor een of ander monument, moest Zeitoun altijd denken aan de mensen aan wie Ahmad had gevraagd om de foto te maken. Hij moest wel duizend mensen hebben gesproken op die reizen van hem, vooral bij het zoeken naar iemand die hem kon helpen vastleggen dat Ahmad Zeitoun uit Jableh in Syrië daar was geweest. Daar in Tokyo. Daar in Amerika. Daar in India.

Terwijl Ahmad in hoog tempo alle hoeken van de aarde verkende, zat Zeitoun nog steeds thuis in Jableh, waar hij weg wilde. Het was een huis zonder hart en Zeitoun kon er niet meer tegen. Overdag werkte hij in de winkel met bouwmaterialen van zijn broer Lutfi, waar hij de verhalen hoorde over Ahmads vele avonturen, zijn reizen naar China, Australië, Zuid-Afrika, Nederland. Zeitoun wist dat zijn vader het er nooit mee eens zou zijn geweest als

hij nog had geleefd, maar hij was dood, en Mohammed was ook dood. Zeitoun wilde niet in Jableh blijven hangen.

Zijn moeder besefte wat er in hem omging. Ze had hem boven horen ijsberen, had de verlangende blik in zijn ogen gezien als hij door de telefoon met Ahmad praatte. Uit zichzelf belde ze Ahmad op een dag op om hem te vragen of hij zijn broer niet mee wilde nemen. Het was de hoogste tijd, zei ze, dat Abdulrahman uit Jableh wegging, al was het maar voor kortere tijd, uit hun van weemoed vervulde huis.

Ahmad belde Zeitoun en vertelde zijn jongere broer dat hij over een paar weken scheep zou gaan. Zeitoun was sprakeloos. Hij kuste de telefoon. Hij kuste zijn moeder en zussen. En toen het zover was, pakte hij zijn spullen bij elkaar en reisde naar Ahmad in Griekenland.

Op zijn eerste reis was hij dekknecht. Hij was de jongste aan boord. De andere bemanningsleden kwamen overal vandaan – uit Zuid-Afrika, Turkije, Nigeria – en heetten hem hartelijk welkom. Zeitoun wist zeker dat Ahmad hem strenger behandelde dan de rest, om eventuele vermoedens van voortrekkerij de kop in te drukken, maar het deerde hem niet. Hij schrobde en verfde en sjouwde. Hij deed de klusjes waar niemand zin in had.

Ze voeren van Piraeus naar Naxos en terug, en Zeitoun vond het allemaal geweldig. Hij liet zijn haar groeien, was in zijn vrije tijd altijd aan dek, waar hij over de zee uitkeek en het water op het schip af zag komen en erachter weer verdwijnen. De werktijden waren slopend – vier uur op, vier uur af –, maar dat vond hij niet erg. Hij kon toen nog makkelijk zonder slaap.

Pas daar werd hem duidelijk hoe erg hij naar deze vrijheid had verlangd. Hij voelde zich twee keer zo sterk en drie keer zo lang. Nu kende Zeitoun eindelijk Ahmads geheim, nu wist hij waarom hij zeeman was geworden en waarom hij zoveel op het spel had gezet om kapitein te worden. Als Zeitoun en Ahmad elkaar op het dek of op weg naar hun eigen afdeling op het schip tegenkwamen, wisselden ze veelbetekenende blikken en schaapachtige lachjes. Nu pas leerde Zeitoun wat vrijheid inhield en besefte hij hoe belangrijk die was. Ahmad zag dat zijn jongere broertje voorlopig niet naar Jableh terug zou keren.

Van hun twintigste tot ze de dertig gepasseerd waren speelde hun leven zich af op zee, soms bij elkaar aan boord, soms elk apart. Op vrachtschepen en passagiersschepen en soms op een combinatie van beide. Ze brachten tarwe van Nebraska naar Tokyo, Braziliaanse bananen naar Londen, Amerikaans schroot naar India. Ze brachten Roemeens cement naar Nigeria en in Nigeria waren er altijd verstekelingen. Als ze Lagos uit voeren, troffen ze steevast twee of drie mannen aan die zich aan boord hadden verstopt, en de afspraak die ze dan maakten was altijd dezelfde: je verdient zelf de kost aan boord en bij de volgende haven sta je er alleen voor.

Aanstellingen op vrachtschepen waren het meest in trek. Meestal lagen die een week of twee in de haven, zodat de bemanning ruim de tijd had om op verkenning uit te gaan. Zeitoun bezocht tientallen steden, ging aan land met een goedgevulde portemonnee en zonder verplichtingen aan wie ook. Dan huurde hij een auto, ging op ontdekkingstocht door de omgeving, verkende de kust, bezocht beroemde moskeeën en leerde vrouwen kennen die hem smeekten te blijven.

Maar hij was een serieuze jongen, soms misschien wel té serieus. Het is geen geheim dat zeelui van kaarten houden en daar graag een slokje bij drinken. Zeitoun gokte niet en had nog nooit een druppel alcohol gedronken, dus als zijn eigen dienst erop zat, ging hij gewoon door en hielp hij iedereen die hulp kon gebruiken. En als er niets te doen was, zocht hij een andere afleiding, terwijl zijn maten aangeschoten bij elkaar zaten en elkaar geld afhandig maakten bij het kaarten. Hij ging dan naar het zwembadje aan boord van het schip en bond een touw om zijn middel. Het andere eind bond hij aan de muur en dan ging hij zwemmen, drie uur onafgebroken om zijn armen en rug sterker te maken en zichzelf te testen. Hij was altijd bezig zichzelf te testen en uit te proberen hoeveel zijn lichaam aankon.

Tien jaar had Zeitoun gevaren. Aan boord van het schip de *Star Castor* had hij de Perzische Golf, Japan, Australië en Baltimore gezien. Aan boord van de Capitan Elias was hij naar Nederland en Noorwegen gevaren. Hij had scholen bultruggen gezien, grijze walvissen die uit het water omhoogsprongen en scholen dolfijnen die het schip naar de haven begeleidden. Hij had het noorderlicht gezien, meteoorregens boven rollende zwarte golven, nachtelijke hemels die zo helder waren dat de sterren binnen handbereik leken en met visdraad aan het plafond leken te zijn opgehangen. Hij werkte op de Nitsa en op de Andromeda en was voortdurend op zee tot 1988, toen hij aan wal ging in Houston en het binnenland besloot te gaan verkennen. Dat voerde hem naar Baton Rouge, en Baton Rouge voerde hem naar Kathy, en Kathy voerde hem naar Zachary en Nademah en Safiya en Aisha.

Zeitoun bad op de grond van zijn huis en ging daarna op Nademahs bed liggen. Hij vroeg zich af waar zijn vrouw en kinderen op dat moment waren, of ze al in Phoenix zouden zijn, en dankte God dat ze veilig waren, dat hij veilig was en dat ze elkaar snel weer zouden zien.

Zaterdag 3 september

De volgende ochtend stond Zeitoun bij zonsopgang op, bad en keek wat er nog in de vriezer zat. Niet veel meer, en wat erin zat was aan het ontdooien. Nog één dag en het zou bedorven zijn. Het moest allemaal maar zo snel mogelijk worden opgegeten, dus haalde hij er wat hamburgers uit voor de honden en besloot de rest die avond op de barbecue te leggen. Hij zou Todd en Nasser uitnodigen en iedereen die hij verder maar kon vinden. Ze zouden het vlees dat nog over was roosteren en er een soort etentje op het dak van maken, hoewel er weinig te vieren viel.

Hij peddelde naar de overkant van de straat om de honden te voeren.

'Hoe is het met jullie, jongens?' vroeg hij de eerste twee.

Ze jankten, aten en likten zijn benen. Het was grappig om te zien hoe dankbaar en blij verrast ze elke dag weer waren.

'Jullie moeten wat meer vertrouwen hebben,' zei hij.

Hij klom via de wankele plank naar het tweede stel honden. Ook die jankten zacht toen hij door het raam naar binnen klom.

'Waarom doen jullie zo angstig?' vroeg hij ze. 'Ik kom elke dag rond hetzelfde tijdstip. Wees maar gerust.'

Yuko's man Ahmaad had de hele nacht doorgereden en was onderweg maar één keer gestopt. Zaterdag tegen de middag kwamen ze eindelijk in Arizona aan. Ze waren allebei te uitgeput en te gespannen om te kunnen slapen en die eerste dag bij Yuko en Ahmaad thuis was te vol welkome afleidingen. De vijf kinderen van Yuko en Ahmaad konden het goed vinden met de kinderen van de Zeitouns en waren dol op hun tante Kathy, vooral de jongens. Het kostte haar geen enkele moeite om met hen mee te doen en ze beschouwden haar als een van hen. Ze deden computerspelletjes en keken tv, en Kathy probeerde er niet aan te denken hoe hun huis eraan toe was en waar Zeitoun op dat moment misschien wel was.

Zeitoun durfde nog steeds niet zo goed naar zijn kantoor aan Dublin, waar de gewapende mannen waarschijnlijk nog in de buurt waren, en dus hadden Nasser en hij die dag geen duidelijk routeplan. Ze besloten Uptown grondig te controleren om te zien of er nog buurtbewoners achtergebleven waren en of iemand hulp nodig had.

Nu ze met z'n tweeën peddelden en het niet meer zo woei en regende, gingen ze een stuk sneller, merkte Zeitoun. Ze gleden in hoog tempo langs huizen, over auto's en om puin heen. Zeitoun had bij een stuk of tien huizen in de straat wel eens een klus gedaan en hij wist dat hij hier zeker zou terugkomen als het water weer gezakt was. Hoe meer dagen er verstreken, hoe dieper het stilstaande water in de huizen trok en hoe onwaarschijnlijker het werd dat er binnen nog iets te redden viel.

Nasser zag de helikopter als eerste.

Overal vlogen helikopters, maar meestal hingen ze niet zo laag en niet zo lang op dezelfde plaats, en al helemaal niet in een dichtbebouwde wijk als deze. Zeitoun zag hem al door de bomen en boven de daken lang voor hij het water eronder kon zien. Zeitoun en Nasser peddelden erheen om te kijken wat er aan de hand was. Toen ze dichterbij kwamen, zagen ze een donkere plek in het water, een stuk hout of puin. Ze bleven stug doorpeddelen, al hadden ze last van de wind van de wieken, die flinke deining veroorzaakte op het water.

Het ding in het water zag er glimmend en opgeblazen uit, een beetje als een autoband...

Het was een lichaam. Nu zagen ze het pas. Toen het draaide werd het hoofd ook zichtbaar. Het was een man van gemiddeld postuur in spijkerbroek en t-shirt, die in het water lag, met zijn gezicht naar beneden.

Zeitoun keek omhoog naar de helikopter. Was dit een reddingsactie? Hij keek nog wat beter. Nee. Een man richtte een camera op het lichaam. Dat duurde een paar minuten, waarna de helikopter weer opsteeg, overhelde en wegvloog.

Zeitoun en Nasser bleven op afstand. Zeitoun kende te veel

mensen in deze buurt. Als het een buurtbewoner of vriend was wilde hij hem niet in deze toestand zien.

Geschokt peddelden ze zwijgend door naar het huis aan Claiborne. Zeitoun had nooit gedacht dat er nog eens een dag zou aanbreken dat hij zoiets te zien zou krijgen: een lijk dat op minder dan anderhalve kilometer van zijn huis in smerig water ronddreef. Hij kon de aanblik ervan gewoonweg niet plaatsen. Het beeld was afkomstig uit een andere tijd en een radicaal andere wereld. Het deed hem denken aan oorlogsfoto's, lijken die lagen te vergaan op vergeten slagvelden. Wie was die man? Hadden ze hem kunnen redden? Het enige wat Zeitoun kon bedenken was dat het lichaam misschien van verderop kwam, dat de man vanaf een wijk bij het meer helemaal naar Uptown was gedreven. Dat leek de enige verklaring. Hij wilde niet stilstaan bij de mogelijkheid dat de man misschien hulp nodig had gehad en die niet had gekregen.

Net toen Zeitoun de kano aan de veranda van het huis aan Claiborne aan het vastbinden was, ging de telefoon over. Hij nam op. Het was zijn broer Ahmad.

'Ik wou dat je daar wegging,' zei Ahmad.

'Met mij gaat alles goed. Het wordt hier nu elke dag veiliger,' zei Zeitoun. Hij was niet van plan Ahmad over de dode man te vertellen.

'Mijn kinderen maken zich zorgen om je.' Ahmads zoon Lutfi en zijn dochter Laila zaten al sinds het begin van de storm aan CNN gekluisterd. Ze hadden de beelden van de verwoestingen en de wanhoop gezien en snapten niet dat hun oom daartussen leefde.

'Zeg maar dat ze zich niet ongerust hoeven te maken,' zei Zeitoun. 'En doe ze de groeten.'

Zeitoun was zijn broer dankbaar voor zijn voortdurende bezorgdheid. Alle broers en zussen Zeitoun waren erg met elkaar begaan, maar niemand was zorgzamer en besteedde meer tijd aan het verzamelen en up-to-date houden van adressen en telefoonnummers en het uitwisselen van foto's dan Ahmad. Misschien kwam het doordat hij zich van hen afgesneden voelde doordat hij in Spanje woonde, maar hij wilde in ieder geval altijd graag weten waar zijn broers en zussen waren en wat ze deden. En dat gold vooral voor Abdulrahman, zozeer zelfs dat Ahmad een paar jaar geleden midden op de dag naar New Orleans had gebeld en een merkwaardig voorstel had gedaan.

'Wat zijn je plannen voor vandaag?' had hij gevraagd.

Het was zaterdag en Zeitoun stond op het punt om met Kathy en de kinderen naar het meer te gaan.

'Ken je de plek waar Bourbon en St. Peter elkaar kruisen?'

Zeitoun zei dat hij wel wist waar dat was.

'Ik heb een idee,' begon Ahmad en hij legde vervolgens uit dat hij een website had gevonden met beelden van een livewebcam daar op de hoek. Als Zeitoun daarheen zou gaan, zou Ahmad hem op datzelfde moment vanachter zijn computer in Spanje kunnen zien.

'Doe je mee?' vroeg Ahmad.

'Tuurlijk,' zei Zeitoun. 'Waarom niet?'

Hij laadde de kinderen in de auto, reed de paar kilometer naar het French Quarter en ging op zoek naar de hoek van St. Peter en Bourbon. Toen hij er was, zocht hij de camera. Hij vond hem niet, maar besloot daar dan maar gewoon een tijdje te blijven staan. Hij ging zelfs voor de zekerheid met de kinderen op alle hoeken staan. Toen hij thuiskwam, belde hij Ahmad, die bijna in de telefoon kroop van enthousiasme.

'Ik heb jullie gezien!' riep hij. 'Ik heb jullie allemaal gezien! Naast het hotdogkarretje!'

Hij had vijf minuten lang met een brede grijns op zijn gezicht naar hen zitten kijken. Hij had een schermafbeelding gemaakt, die hij naar hen toe mailde.

Toen hij die zag, lachte Zeitoun verbaasd. Daar stond hij inderdaad, met alle vier zijn kinderen. Nademah stond recht onder de straatlantaarn, Zachary had Safiya vast en Zeitoun droeg Aisha. Ahmad, zijn technisch handige en beschermende grote broer, hield Zeitoun echt altijd en overal in de gaten.

Die avond barbecueden Zeitoun, Todd en Nasser de rest van het vlees. Ze constateerden dat dit hun eerste etentje sinds de storm was. Het gesprek verliep moeizaam en de humor had een zwart randje. Ze hadden het over de FEMA, de Superdome en het Convention Center. Ze hadden er hier en daar wat over opgevangen op de radio en van anderen die in de stad waren gebleven, en waren opgelucht dat ze daar hun toevlucht niet hadden gezocht. Ze hadden al voorzien dat het daar behelpen zou worden. Geen van hen zou ertegen kunnen om zo opgesloten te zitten.

Ze praatten over de stad en hoe die eruit zou zien als het water zakte. Overal zouden omgevallen bomen en rotzooi liggen. Het zou eruitzien als de bodem van een meer. De wegen zouden onbegaanbaar zijn voor auto's en fietsen, voor zowat elk vervoermiddel.

'Een paard zou handig zijn,' zei Zeitoun. 'We moeten maar wat paarden regelen. Makkelijk zat.'

Ze lachten alle drie.

Toen het begon te schemeren, zag Zeitoun op ongeveer een kilometer afstand een oranje licht door de bomen. De drie mannen zagen het licht al snel groter worden en de vlammen de lucht in schieten. Zeitoun wist zeker dat het vuur al twee of drie gebouwen had opgeslokt. Hij keek wat beter en realiseerde zich ineens iets. Het vuur was vlak bij...

'Mijn kantoor,' zei hij.

Er stond daar verf, honderden liters. En thinner en hout. Bergen giftige en licht ontvlambare spullen.

'We moeten erheen,' zei hij.

Zeitoun en Todd klommen naar beneden en stapten in Todds motorboot. Haastig gingen ze op weg naar de brand, tot ze de vlammen wit en oranje tussen de gebouwen en boven de boomtoppen zagen flakkeren. Toen ze er waren zagen ze dat de brand al een heel huizenblok breed was. Vijf huizen stonden in lichterlaaie en de vlammen likten al aan een zesde. Ze hadden geen gereedschap om het vuur tegen te gaan en hadden geen idee wat ze zouden kunnen doen om een chemisch inferno te blussen.

Zeitouns kantoor was nog ongeschonden, maar lag maar een paar meter van de brand vandaan. Ze probeerden te voelen welke kant de wind op stond. Het was een rustige nacht met veel vocht in de lucht. Het viel niet te voorspellen welke kant de brand op zou gaan, maar het was duidelijk dat hij door niets zou kunnen worden tegengehouden. Vier straten verder was een brandweerkazerne, maar die stond leeg en was overstroomd. Nergens was een brandweerman te bekennen. Het telefoonverkeer lag plat, het alarmnummer kon niet worden gebeld, dus het was zo goed als onmogelijk om alarm te slaan. Het enige wat ze konden doen was toekijken.

Zeitoun en Todd voelden in de boot de hitte van de vlammen in golven over hen heen slaan. Er hing een scherpe, muskusachtige geur. De vlammen slokten de huizen in een razend tempo op. Een ervan was een oud, victoriaans gebouw dat Zeitoun altijd erg mooi had gevonden, en een paar huizen verderop stond een pand waarvan hij nog even had overwogen het te kopen toen het een paar jaar geleden op de markt kwam. Allebei de huizen werden binnen een paar minuten verzwolgen. De resten verdwenen in het zwarte water. Er bleef niets van over.

De wind begon aan te wakkeren en woei weg van Zeitouns kantoor. Als de wind de andere kant op had gewaaid, zou zijn gebouw ook vlam hebben gevat. Hij dankte God voor deze kleine gunst.

Terwijl ze zaten te kijken, zagen ze een paar anderen met oranje verlichte gezichten zwijgend toekijken. Afgezien van het knetteren van het vuur en af en toe een muur of verdieping die bezweek, was het een doodstille nacht. Er klonken geen sirenes, er meldden zich geen instanties. Enkel een rij huizen die afbrandde en in de gitzwarte zee verdween die de stad had opgeslokt.

Zonder veel te zeggen keerden Zeitoun en Todd terug naar het huis aan Dart Street. De lucht was bezaaid met sterren. Todd bestuurde de boot alsof hij de kapitein van een groot jacht was. Hij zette Zeitoun af bij zijn woning en ze wensten elkaar welterusten. Nasser lag al te slapen in de tent op het dak.

Zeitoun bleef nog even naar het telkens weer opflakkerende vuur staan kijken. Eerst de overstroming en nu die brand: je moest bijna wel denken aan de passages uit de Koran over de zondvloed van Noah waarmee God blijk gaf van zijn toorn. Maar ondanks de verwoestingen die New Orleans te verwerken had gekregen, kende de nacht toch een zekere orde. Zeitoun zat veilig op zijn dak, de stad was stil en roerloos, de sterren stonden op hun plaats.

Ooit had hij, misschien wel twintig jaar geleden, op een tanker bij de Filipijnen gevaren. Het was al laat, na middernacht, en Zeitoun hield de kapitein gezelschap op de brug.

Die kapitein, een Griek van middelbare leeftijd, hield er wel van om een beetje te provoceren om wakker en alert te blijven. Hij wist dat Zeitoun moslim was en graag over de dingen nadacht, en begon een discussie over het bestaan van God. De kapitein opende het gesprek met de mededeling dat hij ervan overtuigd was dat God niet bestond en dat er geen godheid was die de mensen vanuit de hemel in de gaten hield.

Zeitoun was al een uur bij de kapitein op de brug geweest en had gezien hoe hij het schip tussen de vele eilandjes door manoeuvreerde, waarbij hij hoge platen, zandbanken, andere schepen en talloze onzichtbare gevaren ontweek. De Filipijnen stonden met hun meer dan zevenduizend eilanden, maar slechts vijfhonderd vuurtorens, bekend om de grote hoeveelheid ongelukken op zee.

'Wat zou er gebeuren,' had Zeitoun de kapitein gevraagd, 'als jij en ik naar onze kooi zouden gaan om een dutje te doen?'

De kapitein keek hem vragend aan en antwoordde dat het schip vrijwel zeker ergens tegenaan zou varen, vast zou lopen of op een rif zou botsen. Hoe dan ook, iets rampzaligs.

'Dus er is een kapitein nodig om te navigeren?'

'Natuurlijk,' zei de kapitein. 'Wat wil je daarmee zeggen?'

Zeitoun glimlachte. 'Kijk eens omhoog naar de maan en de sterren. Hoe blijven die sterren op hun plaats aan de hemel, hoe draait de maan rond de aarde, de aarde rond de zon? Wie navigeert er?'

De kapitein keek Zeitoun lachend aan. Hij was in de val gelopen.

'Zouden de sterren en de maan niet op de aarde vallen,' rondde Zeitoun zijn betoog af, 'en zouden de zeeën het land niet overspoelen als er niemand was die ons stuurde? Elke boot, elk vervoermiddel van mensen, heeft immers een bestuurder nodig?'

De kapitein was onder de indruk van de schoonheid van de vergelijking en gaf zich zwijgend gewonnen.

Zeitoun kroop op het dak in de tent en probeerde Nasser daarbij niet wakker te maken. Hij keerde het vuur de rug toe en sliep onrustig, met een hoofd vol branden, overstromingen en de macht van God.

Zondag 4 september

De volgende ochtend stond Zeitoun vroeg op. Hij klom naar beneden, stapte in zijn kano en peddelde naar de overkant om de honden te voeren. Hij klom in de boom, kroop door het raam en voerde ze de laatste resten vlees.

'Houden jullie wel van geroosterd vlees?' vroeg hij.

Jawel.

'Tot morgen dan maar.' Hij moest eraan denken om bij Todd hondenvoer te halen.

Hij haalde Nasser op, zette hem af bij het huis aan Claiborne en ging in zijn eentje verder. Hij wist niet waar hij vandaag nu eens heen zou gaan en koos daarom een nieuwe route, terug naar Dart en dan via Earhart naar het oosten, naar Jefferson Davis Parkway.

Het was vandaag stiller dan de dagen ervoor. Er waren geen helikopters en geen legerboten. Hij zag een stuk minder mensen door het nu grijsgroene water waden, waarop overal olievlekken dreven. Het rook elke dag smeriger: een gore mengeling van vis, modder en chemicaliën.

Bij de kruising van Earhart, Jefferson Davis en Washington Avenue liep de weg iets omhoog en zag hij een stuk droog land, een breed kruispunt met een groot bruingroen stuk gras in het midden. Dat bood een wonderlijke aanblik, vooral na het gesprek van gisteren met zijn gasten, want midden op het gras stonden drie paarden tevreden te grazen. Ze waren vrij, zonder berijders of zadels. Het tafereel was idyllisch en leek tegelijk wel een hallucinatie. Hij peddelde dichterbij. Een van de paarden keek op en zag Zeitoun. Het was een prachtig dier, wit en uitstekend verzorgd. Toen het dier zag dat Zeitoun geen bedreiging vormde, at het weer door. De andere twee, de een zwart, de ander grijs, graasden gewoon verder. Hoe ze daar waren terechtgekomen was Zeitoun een raadsel, maar ze leken onwezenlijk tevreden te genieten van hun vrijheid.

Zeitoun bleef een paar minuten naar ze kijken en ging toen weer verder.

Hij peddelde over Jefferson Davis, droeg zijn kano het viaduct over de I-10 over en kanode verder tot hij bij huizen kwam. Bij de hoek met Banks Street hoorde hij een vrouw roepen.

'Hé, jij daar.'

Toen hij opkeek, zag hij een vrouw op het balkon van de eerste verdieping van een huis. Hij vertraagde zijn tempo en peddelde naar haar toe.

'Kun je me een lift geven?' vroeg ze.

De vrouw had een glimmende blauwe blouse aan. Zeitoun zei dat hij haar met alle plezier wilde helpen en stuurde de kano naar haar voordeur. Toen ze van het balkon naar beneden kwam, zag Zeitoun haar korte rok en hoge hakken, haar zwaar opgemaakte gezicht en glinsterende handtasje. Toen pas snapte hij wat anderen misschien al veel eerder zouden hebben begrepen: dat ze een prostituee was. Hij wist niet of hij wel zo graag rond wilde peddelen met een prostituee aan boord, maar het was nu te laat om haar nog achter te laten.

Ze stond op het punt aan boord te gaan, toen Zeitoun haar tegenhield.

'Kunt u die schoenen uittrekken?' vroeg hij.

Hij was bang dat de naaldhakken het dunne aluminium van de boot zouden doorboren. Ze deed wat hij vroeg. Ze wilde naar Canal, zei ze. Zou hij haar daar kunnen afzetten? Dat zou hij doen, zei Zeitoun.

Ze zat voor hem en hield met haar handen de zijkanten van de kano vast. Zeitoun, die zich nu net een gondelier voelde, peddelde gestaag en zonder iets te zeggen voort. Hij vroeg zich af of er zo kort na de orkaan alweer vraag naar haar diensten zou zijn. Zou ze in het huis waar hij haar had opgepikt aan het werk zijn geweest?

'Waar gaat u heen?' vroeg hij toen zijn nieuwsgierigheid hem te machtig werd.

'Werken,' zei ze.

Bij de hoek van Jefferson Davis en Canal wees ze naar de methodistische kerk.

'Zet me daar maar af.'

Hij peddelde naar het gebouw van roze baksteen. Op de plaats waar het water tegen de trap van de kerk klotste, hees ze zich uit de boot.

'Bedankt, schat,' zei ze.

Met een knikje voer hij weg.

Toen Zeitoun weer bij het I-10-viaduct over Claiborne kwam, zag hij al van een afstand dat de mensen die hij daar een paar dagen geleden had zien staan wachten op redding weg waren. Hun auto's stonden er nog en er lagen bergen afval en uitwerpselen.

Toen hij dichterbij kwam, zag hij nog iets: een stukje vacht. Even later zag hij dat het een hond was die op zijn zij lag. Hij herinnerde zich dat er de vorige keer een stuk of zes kleine honden hadden rondgelopen, de meeste nog puppy's, die beschutting zochten in de schaduw van de auto's. Toen zijn kano met een tikje tegen het viaduct tot stilstand was gekomen, zag hij dat er tien of meer dieren lagen, dezelfde die hij eerder had gezien plus nog wat andere. Ze lagen in verschillende houdingen verspreid over de weg. Hij bond zijn kano vast aan het viaduct en klom erop. Hij moest kokhalzen van wat hij zag. De honden waren dood. Ze waren allemaal met een schot door hun kop gedood. Sommige hadden verschillende kogelwonden, in hun kop, lijf en poten.

Geschokt peddelde hij snel naar het huis aan Claiborne en belde van daaruit Kathy. Hij wilde even haar stem horen.

'Ik heb net zoiets afschuwelijks gezien,' zei hij. Hij vertelde haar over de honden. Hij kon het niet begrijpen.

'Wat erg,' zei ze.

'Wie doet er nou zoiets?'

'Ik weet het ook niet, liever.'

'Waar was het voor nodig om ze te doden?'

Ze probeerden het te begrijpen. Zelfs als het bedoeld was om de dieren uit hun lijden te verlossen, deugde het niet. Er waren zoveel boten in de stad. Het was maar een kleine moeite geweest om ze aan boord te nemen en ergens anders vrij te laten. Maar misschien was er iets onherroepelijk veranderd. Dat dit als een verstandige of zelfs humane oplossing werd gezien, gaf aan dat alle redelijkheid deze plek had verlaten.

'Hoe is het met de kinderen?' vroeg hij.

'Prima,' zei ze. 'Ze missen je.'

'Breng je ze morgen naar school?' vroeg hij.

'Ik zal mijn best doen,' zei ze.

Hij probeerde daar begrip voor op te brengen, maar het viel hem moeilijk. De kinderen hoorden op school. Maar hij was niet in de stemming om daar ruzie over te maken.

Ze bespraken zijn plannen voor die middag. Er was iedere dag meer, maar ook minder te zien. Er waren minder mensen in de stad, zelfs in het centrum, maar met de paarden, de prostituee en de honden werd het wel steeds apocalyptischer en surrealistischer. Misschien moest hij het vandaag maar eens rustig aan doen. Alles een beetje laten bezinken.

'Dat lijkt me een goed plan,' zei ze. Als hij thuisbleef, voelde zij zich ook meteen een stuk geruster over zijn veiligheid. 'Blijf vandaag maar thuis.'

Dat besloot hij te doen.

Tenminste, dat probeerde hij. Hij lag op Nademahs bed en probeerde tot rust te komen, maar de honden bleven door zijn hoofd spoken. Wie kon er nou een hond doodschieten? Al die dieren die verzorging nodig hadden en vol vertrouwen waren. Zoals altijd probeerde hij degenen die het hadden gedaan het voordeel van de twijfel te gunnen. Maar als ze de honden met hun geweren en kogels hadden kunnen vinden, hadden ze ze dan niet net zo gemakkelijk kunnen voeren?

Hij stond op en zocht zijn Koran op. Hij moest aan een bepaalde passage denken, *al-Haqqah*, 'De verwerkelijking'. Hij haalde het boek van Nademahs boekenplank en vond de pagina die hij zocht. Hij had hem goed onthouden:

> *In de naam van God,*
> *de erbarmer, de barmhartige.*
> *En hoe zul jij te weten komen wat de verwerkelijking is?*
> *De Thamoed en de 'Aad loochenden de catastrofe.*
> *De Thamoed nu, zij werden door het grote geweld vernietigd.*

Maar de 'Aad, zij werden door een gierende
en razende wind vernietigd
die Hij hen zeven nachten en acht dagen ononderbroken
liet ondergaan
En je zou de mensen er hebben kunnen zien liggen
alsof zij ontwortelde, holle palmstronken waren.
Zie jij nog overblijfselen van hen?
Ook Fir'aun en wie er voor zijn tijd waren
en de ondersteboven gekeerde steden begingen misstappen.
Zij waren ongehoorzaam aan de gezant van hun Heer,
Toen greep Hij hen met een overweldigende greep.
Maar toen het water overstroomde
droegen Wij jullie op het vaartuig
om het voor jullie tot een vermanende herinnering te maken
en opdat een opmerkzaam oor het zou opmerken.

Zeitoun kroop door het raam het dak op. De hemel was grauw, de wind koel. Hij ging zitten en keek naar de stad in de verte.

Hij bedacht dat degenen die de honden hadden vermoord misschien wel helemaal geen politieagenten waren geweest. Misschien had Kathy gelijk en zwierven er gewapende bendes door de stad die er maar op los schoten.

Hij dacht na over hoe hij zichzelf zou kunnen verdedigen. Wat zou hij doen als er hier mensen kwamen? Hij had tot nu toe geen tekenen van plundering in de buurt gezien, maar stel dat ze hierheen kwamen?

Toen het begon te schemeren, verlangde Zeitoun naar gezelschap. Hij dacht erover terug te varen naar het andere huis, om met Todd en Nasser te kunnen praten over wat hij had gezien.

Maar hij bleef op het dak zitten en probeerde zijn gedachten aan de honden op het viaduct te verdringen. Misschien was hij wat dat betreft te weekhartig. Hij had altijd al een zwak voor dieren gehad. Als kind had hij er veel gehad. Hij had hagedissen en krabben gevangen en zelfs een paar dagen een zwerfezel in het steegje achter hun huis gehad, die hij wilde houden om te kunnen verzorgen. Zijn vader had daar geen goed woord voor overgehad, en ook niet voor de duivenmelkerij die hij samen met zijn broer Ahmad was begonnen. Dat was een idee van Ahmad geweest, weer zo'n plan waar hij zijn kleine broertje toe had overgehaald.

'Zal ik je eens wat laten zien?' had Ahmad op een dag gezegd. Ahmad was toen zestien en hij was Abdulrahmans grote voorbeeld.

Nadat hij Abdulrahman had laten zweren dat hij zijn mond zou houden, nam Ahmad hem mee naar het dak, waar hij hem een kooi liet zien die hij van afvalhout en kippengaas had gemaakt. Daarin lag een nest van stro en krantenpapier, en daarop zat een vogel, een soort duif, dacht Abdulrahman. Ahmad wilde er tientallen zoals deze op het dak gaan houden. Hij wilde ze eten geven en verzorgen en wilde proberen ze te trainen om briefjes te bezorgen. Ahmad vroeg Abdulrahman of hij hem daarbij wilde helpen. Dat wilde hij wel en ze spraken af dat ze samen voor de vogels zouden zorgen. Abdulrahman zou als jongste de kooien schoonmaken en Ahmad, die ouder was en meer ervaring met dit soort dingen had, zou op zoek gaan naar nieuwe vogels, de dieren die er al waren voeren en ze trainen zodra ze daaraan toe waren.

Vanaf dat moment brachten ze uren op het dak bij de vogels door. Ze keken hoe ze af- en aanvlogen, voerden ze uit de hand en zagen tot hun grote vreugde hoe de dieren zo vertrouwd met hen raakten dat ze op hun armen en schouders durfden te gaan zitten.

Algauw leefden er ruim dertig vogels op hun dak. Ahmad en Abdulrahman maakten nog meer kooien voor ze, tot ze een heel bouwsel hadden gemaakt dat wel wat weg had van de stenen en lemen constructies bij hen in de wijk: op elkaar gestapelde huisjes die oprezen vanuit de zee en als een primitief mozaïek in elkaar grepen en zich naar het binnenland uitbreidden.

Alles ging goed, tot vader Mahmoud hun hobby ontdekte. Hij beschouwde het houden van vogels als een vreselijke en onhygiënische tijdverspilling. Sinds het overlijden van Mohammed was Mahmoud ongeduldig en prikkelbaar, waardoor de kinderen hun verzetjes buiten de muren van het huis in rouw zochten. Deze hobby hield hen volgens Mahmoud van hun schoolwerk en als ze hun opleiding verzaakten voor een stel duiven, zat hij straks niet alleen met een dak vol vogels, maar ook met twee ongeletterde zoons.

Hij droeg hun op de vogels vrij te laten en de kooien op te ruimen. Wanhopig liepen de jongens naar hun moeder om hun zaak te bepleiten. Zij respecteerde de mening van haar man en hij was niet te vermurwen. Abdulrahman en Ahmad weigerden het zelf te doen, en dus zei Mahmoud op een ochtend toen de jongens op het punt stonden naar school te gaan dat hij het die dag dan wel zou doen.

Toen de jongens die middag uit school kwamen renden ze meteen door naar het dak om te zien wat er was gebeurd. Ze troffen de vogels nog gewoon in hun onaangeroerde kooien aan. Verbaasd holden ze naar beneden, naar de keuken, waar ze hun moeder lachend aantroffen. Toen Mahmoud naar het dak was gegaan, waren de vogels op hem af komen vliegen en neergestreken op zijn schouders en armen. Dat had hem zo vertederd dat hij ze niet weg had kunnen sturen. Ze mochten blijven.

Mahmoud was een paar jaar later gestorven. De doodsoorzaak was een hartkwaal, maar in Jableh werd gefluisterd dat het hartenpijn was. Hij was nooit over de dood van zijn succesvolle zoon Mohammed, de trots van de familie en heel Syrië, heen gekomen.

Zeitoun nam aan dat Nasser in het andere huis sliep. Als hij hier had willen zijn, was hij wel gekomen, want Todd had een boot. Zeitoun kroop dus maar in de tent om te gaan slapen.

Maandag 5 september

De volgende ochtend stond Zeitoun vroeg op, bad en peddelde naar de overkant om de honden te voeren. Hij had een zak hondenvoer van Todd gekregen.

'Geen vlees meer, jongens,' zei hij. 'Dat is op.'

Ze leken er niet mee te zitten. Ze slokten alles op wat hij voor hen uitstrooide. Het ging zo te zien beter met ze. Ze leken niet meer zo van streek als een paar dagen geleden.

'Zien jullie wel dat ik elke dag terugkom?' zei hij. 'Ik kom altijd.'

Hij klom van het dak naar beneden en peddelde weer weg.

Hij ging bij het huis aan Claiborne langs en trof Todd en Nasser daar op de veranda aan het ontbijt. Hij ging naar binnen om Kathy te bellen.

'De politie maakt zichzelf van kant,' zei ze.

Twee verschillende agenten hadden de storm en de nasleep ervan niet kunnen verwerken en zelfmoord gepleegd. Brigadier Paul Accardo, een belangrijke woordvoerder voor de politie, was in het nabijgelegen Luling in zijn patrouillewagen gevonden. Hij had zichzelf doodgeschoten. Agent Lawrence Celestine had zich vrijdag van het leven beroofd, in bijzijn van een collega.

Dat kwam hard aan bij Zeitoun. Hij had altijd goed contact met de politie in de stad gehad. Hij kende brigadier Accardo van gezicht; de man was regelmatig op tv en straalde redelijkheid en kalmte uit.

Kathy vertelde over de rondtrekkende bendes, de giftige chemicaliën, de ziektes die de kop opstaken en zich verspreidden. Ze probeerde haar man nogmaals over te halen om te vertrekken.

'Ik bel je nog,' zei hij.

Rob, Walts man, belde Kathy om te horen hoe het met de Zeitouns ging, waar ze waren en of ze hulp nodig hadden. Toen Kathy hem vertelde dat Zeitoun nog steeds in New Orleans was, kon Rob zijn oren niet geloven.

'Wat doet hij daar?' vroeg hij.

'Ach, hij heeft dat kanootje van hem,' zei Kathy. 'Daar peddelt hij mee door de stad.' Ze probeerde nonchalant te klinken.

'Hij moet daar weg,' zei Rob.

'Vind ik ook,' zei Kathy. 'En dat zeg ik ook elke dag tegen hem.'

Tijdens het gesprek vertelde Rob dat Walt en hij hun kat hadden moeten achterlaten toen ze voor de storm waren gevlucht. Ze hadden haar nog geprobeerd te vinden voor ze weggingen, maar het was een buitenkat die altijd door de buurt zwierf en ze was spoorloos geweest. Nu hoopte hij dat Zeitoun, als hij toevallig in de buurt van hun huis kwam, zou willen kijken of hij haar ergens zag. En als het Zeitoun lukte om bij hun huis te komen, mocht hij de generator die in de garage stond gerust meenemen als hij die kon gebruiken.

Ze belde het huis aan Claiborne. Zeitoun was er nog. Hij stond op het punt om weg te gaan. Kathy vertelde hem dat Rob hoopte dat hij bij hun huis zou kunnen gaan kijken. Het was een kilometer of vijf varen en hij zou de kano over de snelweg moeten dragen, maar Zeitoun was allang blij dat hij een duidelijke taak had. Kathy vertelde hem over de generator, maar daar wilde Zeitoun niets van weten. Hij reisde het liefst zonder bagage. Nog afgezien van zijn twijfel of hij de generator wel in de kano zou krijgen, nam hij liever niets van waarde mee. Hij wist dat de politie op de uitkijk was naar plunderaars.

Hij vertrok met Nasser naar het huis van Walt en Rob. Het was een warme, heldere dag. Ze besloten onderweg ook even langs

Nassers huis te varen en namen daarom de route via Fontaine-bleau naar Napoleon. Nassers huis lag op de hoek Napoleon-Galvez en hij wilde kijken of er nog spullen konden worden gered. Toen ze er aankwamen, bleek het water tot aan de dakgoot te staan. Je kon onmogelijk naar binnen en niets in huis zou nog te redden zijn. Nasser had al rekening gehouden met deze situatie en het was precies wat hij had verwacht.

'Kom, we gaan,' zei hij.

Ze namen de Jefferson Davis Parkway naar het huis van Walt en Rob. Het water stond daar een stuk lager, nog geen halve meter hoog. Zeitoun stapte uit de kano en liep naar de voordeur. Het huis zag er prima uit, maar hij zag geen spoor van de kat. Hij vroeg zich af of hij over de schutting naar de achtertuin zou klimmen, maar dat was precies het soort gedrag waar de politie en buren verdacht op zouden zijn.

Ze draaiden de kano om en vertrokken weer. Op de terugweg kwamen ze langs het postkantoor bij Jefferson Davis en Lafitte, de verzamelplaats voor de helikopterevacuaties. Ze zagen geen helikopters, maar wel reddingswerkers die op de parkeerplaats rondliepen.

'Wil je al weg?' vroeg Zeitoun aan Nasser.

'Vandaag nog niet.'

Die avond baden Zeitoun en Nasser samen op het dak van het huis in Dart Street en aten ze hamburgers van de barbecue. Het was vochtig en stil. Af en toe hoorde je ergens glas breken of het gebrom van een laagvliegende helikopter, maar over het algemeen leek de stad een nieuw evenwicht te hebben gevonden. Zeitoun viel in slaap met zijn gedachten bij Kathy en de kinderen. Hij miste ze en vroeg zich af of het tijd was om weg te gaan.

Dinsdag 6 september

Na het ochtendgebed ging Zeitoun naar de honden aan de overkant en voerde ze weer van het hondenvoer dat Todd voor zijn eigen geredde hond had weten te bemachtigen. Toen hij terug naar huis peddelde om Nasser op te halen, zag hij dat die al klaarstond met zijn zwarte reistas.

'Wil je weg?' zei Zeitoun met een knikje naar de tas.

Dat was inderdaad het geval, zei Nasser. Hij was zover dat hij geëvacueerd wilde worden. Zeitoun zag hem met gemengde gevoelens gaan, maar het was goed om te weten dat zijn vriend veilig zou zijn en – beter nog – dat Zeitoun zijn tent niet langer hoefde te delen. Nasser stapte in de kano en ze voeren weg.

Ze zetten koers naar de parkeerplaats bij het postkantoor. Ze waren er samen al vele malen langs gevaren en elke keer had Zeitoun aan Nasser gevraagd of hij weg wilde, maar dat was telkens niet het geval geweest, tot vandaag.

'Daar is je vervoermiddel.' Zeitoun wees naar een oranje helikopter die in de verte op de grond stond.

Ze peddelden erheen en beseften toen dat er iets vreemds met de helikopter aan de hand was. Hij lag op zijn kant.

'O, nee,' zei Nasser.

De rotor was kapot en het gras eromheen was zwartgeblakerd.

'Hij is neergestort,' zei Zeitoun vol ontzag.

'Hij is neergestort,' herhaalde Nasser fluisterend.

Ze lieten zich erheen drijven. Er was niemand in de buurt en aan niets was te zien of er gewonden waren geweest. Er was geen rook, er waren geen reddingswerkers. Het ongeluk moest de vorige dag zijn gebeurd. Het enige wat er nu nog lag was een berg oranje staal. Nasser zou vandaag niet vertrekken.

Ze keerden als verdoofd terug naar het huis aan Claiborne. Zeitoun belde Kathy. Hij wist niet of hij haar moest vertellen van de helikopter. Hij wist dat het haar van streek zou maken en deed het dus maar niet.

'Heb je de school voor de kinderen al geregeld?'

Kathy zei dat ze bezig was, maar dat het niet meeviel.

Zeitoun zuchtte luid.

'Je bent net die man die zijn kameel kwijt was en zich te pletter zocht naar het touw,' zei ze. Het was een van zijn favoriete uitspraken, die ze tot haar grote genoegen nu eens tegen hemzelf kon gebruiken. Hij zei het vaak als Kathy zich naar zijn idee met irrelevante details bezighield en de kern van een probleem negeerde.

Hij kon er niet om lachen.

'Toe, schat,' zei ze.

School stond niet boven aan Kathy's prioriteitenlijstje. Ze had zich de vorige avond en de hele ochtend al voorgenomen om haar man ertoe over te halen de stad te verlaten. Burgemeester Nagin had de gedwongen evacuatie bevolen aan iedereen die er nu nog was.

'Een gedwongen evacuatie,' herhaalde ze.

De overheden maakten zich zorgen om de verspreiding van de colibacterie, het risico van tyfus, cholera en dysenterie. De onhygiënische leefomstandigheden zouden de gezondheid van iedereen die er nu nog was bedreigen.

'Ik drink niet van het water,' zei hij.

'En het chemisch afval?' vroeg ze. 'Je weet wel, de troep die onder de grond ligt.' Ze herinnerde hem aan de stortterreinen vol arsenicum, lood, kwik, barium en andere kankerverwekkende stoffen waarop de stad was gebouwd. 'Stel dat dat spul weg begint te lekken.'

Daar had Zeitoun geen antwoord op.

'Ik ben heus wel voorzichtig,' zei hij.

Hij zei niet dat hij erover dacht om te vertrekken. Alles werd steeds lastiger en er was steeds minder te doen. Er waren niet meer zoveel mensen in de stad en nog minder mensen die hulp nodig hadden. Maar dan zat hij nog altijd met de zorg voor zijn huizen en natuurlijk de honden. Wie zou de honden moeten voeren als hij er niet was? Voorlopig ging alles nog goed, zei hij tegen haar, en zou hij voorzichtig zijn. Hij hield van haar en zou haar over een paar uur weer bellen.

Hij ging er in zijn eentje op uit en kwam al snel op de hoek van Canal en Scott een bootje tegen. Het was een militair vaartuig met drie mannen aan boord: een soldaat, een man met een videocamera en een man met een microfoon en een blocnote. Ze gebaarden Zeitoun dichterbij te komen en een van de mannen stelde zich voor als verslaggever.

'Waar bent u mee bezig?' vroeg de verslaggever.

'Ik hou voor vrienden hun huizen in de gaten. Ik probeer gewoon een beetje te helpen,' zei Zeitoun.

'Met wie werkt u samen?' vroeg de verslaggever.

'Met iedereen,' zei Zeitoun. 'Ik werk met iedereen samen.'

Terwijl hij terugpeddelde naar Claiborne, bedacht Zeitoun ineens hoopvol dat zijn broers en zussen hem nu misschien op tv zouden zien. Misschien zouden ze zien wat hij aan het doen was, dat het een goed idee van hem was geweest om in de stad die nu zijn thuis was te blijven. De Zeitouns waren trots en de rivaliteit tussen de broers en zussen had ervoor gezorgd dat ze allemaal op hun eigen gebied de beste wilden zijn; allemaal zetten ze hun daden af tegen de prestaties van Mohammed. Geen van hen had ooit zoiets gedaan, niemand had op zijn niveau gepresteerd, maar Zeitoun had opnieuw het gevoel dat dit misschien zijn roeping was, dat God hem met opzet hier had neergezet en hem nu op deze manier testte. Daarom hoopte hij, hoe kinderachtig dat misschien ook klonk, dat zijn broers en zussen hem zo op het water in de weer zagen, als behulpzame zeeman in dienst van God.

Toen Zeitoun bij het huis aan Claiborne aankwam, zag hij dat er een blauw-met-witte motorboot bij de veranda had aangelegd. Toen hij binnenkwam, zag hij daar een man, een man die hij nog nooit eerder had gezien.

'Wie bent u?' vroeg Zeitoun.

'Wie bent ú?' vroeg de man.

'De eigenaar van dit huis,' zei Zeitoun.

De man verontschuldigde zich. Hij stelde zich voor. Hij heette Ronnie en was op een dag langs het huis gekomen toen hij op zoek was naar een plaats waar hij zou kunnen bellen. Hij had gezien dat het kastje met de telefoonaansluiting aan de buitenmuur boven het water lag en was het huis binnengegaan. Vanaf dat moment was hij hier regelmatig heen gekomen om zijn broer, een helikopterpiloot, te bellen. Ronnie was blank, een jaar of vijfendertig, ongeveer een meter tachtig lang en negentig kilo zwaar. Hij vertelde Zeitoun dat hij op een boomkwekerij werkte.

Zeitoun kon geen goede reden bedenken om Ronnie weg te sturen. Hij was allang blij dat hij weer eens iemand tegenkwam die leefde en in goede gezondheid verkeerde, liet Ronnie daarom blijven en ging zelf naar boven om te zien of er nog stromend water was. Hij trof Nasser op de eerste verdieping aan.

'Heb jij die Ronnie al ontmoet?' vroeg Zeitoun.

Dat had Nasser, en het leek hem wel een aardige kerel. Ze hadden allebei het gevoel dat het wel gunstig was om met wat meer mensen te zijn. En ach, als die man nou af en toe de telefoon wilde gebruiken, wie waren zij dan om hem ervan te weerhouden te communiceren met de buitenwereld?

Ongelooflijk genoeg bleek er in de badkamer nog gewoon stromend water te zijn. Zeitoun had er eerder niet eens aan gedacht om dat te proberen. Het was een wonder. Hij zei tegen Nasser dat hij ging douchen.

'Niet te lang, hè?' zei Nasser. 'Ik wil ook nog.'

Het was de lekkerste douche van zijn leven. Hij waste al het zweet en vuil van zich af en alle olie en het rioolwater dat er vast ook aan hem kleefde. Toen hij klaar was, ging hij naar beneden.

'De badkamer is vrij,' zei hij tegen Nasser.

Hij liep naar de telefoon en belde zijn broer in Spanje. Hij wilde hem nog snel even spreken voor hij Kathy belde.

Ahmad probeerde hem opnieuw zover te krijgen dat hij vertrok.

'Weet je wel wat we hier op tv allemaal zien?' vroeg hij.

Zeitoun verzekerde hem dat dat soort chaotische toestanden ver bij hem vandaan plaatsvonden. Afgezien van de gewapende man bij het Shell-station had Zeitoun bijna niets gevaarlijks gezien in al de tijd die hij al door de stad kanode.

'Hé,' zei hij opgewonden, 'ik kom misschien wel op tv. Ik ben net door iemand geïnterviewd. Kijk maar of je het ergens ziet. En geef het aan Kathy door.'

Ahmad zuchtte. 'Dus je gaat niet weg?'

'Nog niet.'

Ahmad wist dat het geen zin had om er een punt van te maken, maar wilde zijn broer er nog wel even op wijzen dat het gevaar elk moment kon opduiken, ook al voelde hij zich nu misschien veilig. Er zwierven bendes gewapende mannen rond, zei hij. De media hadden het bijna nergens anders over, ze zeiden dat het daar net het Wilde Westen was. Ahmad voelde zich machteloos en kon dat slecht hebben. Hij wist dat zijn jongere broer hem overbezorgd vond. 'Wil je er alsjeblieft over denken om weg te gaan? Je hebt zo'n prachtig gezin. Je wilt toch niet dat je iets overkomt?'

Zeitoun had het papiertje met Kathy's nummer in Phoenix in zijn hand. Hij wilde haar bellen voordat ze zich zorgen zou gaan maken. Hij was al tien minuten te laat. Hij stond op het punt om het gesprek met Ahmad af te ronden, toen hij Nassers stem op de veranda hoorde. Hij praatte tegen iemand buiten.

'Zeitoun!' riep Nasser.

'Wat is er?' riep Zeitoun terug.

'Kom eens even,' zei Nasser. 'Deze mannen willen weten of we water nodig hebben.'

Zeitoun nam aan dat het om net zulke mannen ging als Nasser en hijzelf: mensen die in bootjes rondvoeren om te proberen anderen te helpen.

Toen hij de verbinding verbrak en naar de veranda keek, zag hij een groep gewapende mannen het huis binnenvallen. Zeitoun legde de telefoon neer en liep naar de deur.

III

Woensdag 7 september

Kathy werd met een gespannen gevoel wakker. Ze maakte ontbijt voor de kinderen, zorgde dat ze zich aankleedden en probeerde er niet aan te denken dat Zeitoun de vorige dag niet had gebeld. Hij had beloofd te bellen. Yuko zei dat ze zich geen zorgen moest maken. Het was onzin om je zorgen te maken. Het ging om nog niet eens een dag, en eigenlijk was het vooral opmerkelijk dat het Zeitoun tot nu toe wel was gelukt om haar regelmatig te bellen. Kathy gaf haar gelijk, maar wist ook dat ze pas weer rust zou hebben als hij had gebeld.

Nadat Yuko haar eigen kinderen naar school had gebracht, hield ze Kathy's kinderen bezig. Kathy bleef maar door de kamer ijsberen met de telefoon in haar hand.

Om negen uur belde Ahmad vanuit Spanje.
'Heb jij Abdulrahman vandaag gesproken?' vroeg hij.
'Nee. Jij?'
'Nee, gisteren voor het laatst.'
'Heb je hem dan gisteren wel gesproken?' vroeg ze.
'Ja.'
'Dus hij heeft jou wel gebeld, maar mij niet.'
'Dat wilde hij net gaan doen. Maar hij verbrak het gesprek heel plotseling. Er was iemand bij de deur.'
'Wie dan?' vroeg Kathy. De moed zonk haar in de schoenen.
'Ik heb geen idee.'

Ze belde naar het huis aan Claiborne en liet de telefoon wel tien keer overgaan voordat ze weer ophing.

Nu kreeg ze het echt te kwaad. Hij moet me vandaag bellen, dacht ze. Ik vermoord hem als hij niet om twaalf uur belt.

Toen het in Phoenix tien uur was, was het in New Orleans twaalf uur. Kathy wachtte. De telefoon ging niet over, om tien uur niet, om half elf niet en om elf uur nog steeds niet. Toen was het in New Orleans één uur. Om twaalf uur Phoenix-tijd was ze gek van ongerustheid.

Ze belde weer naar het huis aan Claiborne. Geen gehoor.

Yuko probeerde een logische verklaring te bedenken. Het was nog een wonder dat de telefoon in dat huis aan Claiborne het al die tijd nog had gedaan. Dikke kans dat ook die aansluiting het nu had begeven. 'Hij vindt vast een manier om je te bereiken,' zei ze. 'Hij zit in een overstroomde stad. Daar moet je wel rekening mee houden.'

Kathy was inmiddels weer rustiger, maar liep nog wel door de woonkamer te ijsberen.

Yuko nam de kinderen mee naar het winkelcentrum. Ze wilde Kathy niet alleen achterlaten, maar dat geijsbeer maakte de kinderen ongerust. Yuko was ervan overtuigd dat Zeitoun zou bellen terwijl zij weg waren. En dan konden de kinderen het in de tussentijd toch maar beter naar hun zin hebben? In het winkelcentrum waren allerlei eetkraampjes en een speelhal voor Zach. Ze zouden om een uur of drie weer thuis zijn.

Kathy belde weer naar het huis aan Claiborne. Geen gehoor.

Walt belde. 'Heb je al iets van Zeitoun gehoord?'

Kathy zei van niet.

Ze belde Adnan, Zeitouns neef.

'Ik schaam me nog steeds,' zei ze. De vorige keer dat ze elkaar hadden gesproken, had Kathy tegen hem moeten zeggen dat haar zus niet wilde dat Adnan en Abeer bij hen zouden overnachten. Het was pijnlijk geweest.

'Maak je niet druk. Het gaat goed met ons,' zei hij.

Hij was nog steeds met Abeer en zijn ouders in Baton Rouge. Ze hadden eerst twee nachten in de auto geslapen en waren toen teruggekeerd naar de moskee. Daar hadden ze de afgelopen week op de grond geslapen.

'Hoe gaat het met Abdulrahman?' vroeg hij.

'Ik heb hem niet meer gesproken. Jij wel?'

Maar ook Adnan had niets meer van hem gehoord.

Kathy zat alleen in het huis, zocht afleiding en zette de tv aan. Nieuws wilde ze niet zien en ze belandde bij een uitzending met Oprah Winfrey. Ze dacht dat ze naar haar talkshow keek, maar kreeg al snel in de gaten dat het een nieuwsuitzending was met fragmenten uit de talkshow van de vorige dag, waarin het hoofd van de politie van New Orleans, Eddie Compass, en burgemeester Nagin bij Oprah te gast waren geweest.

Compass klaagde dat de misdaad in de Superdome hoogtij vierde. 'Er zaten daar kleine kinderen. Die werden verkracht,' jammerde hij. En burgemeester Nagin: 'Zo'n drie dagen waren we in feite alleen aan het rantsoeneren, werd er gevochten, mensen waren... Daarom zijn deze mensen, volgens mij, daarom zijn ze vervallen tot een soort dierlijke status, ze hadden niets. Ze zaten in de val. Je bereidt je erop voor om iets te zien waarop je volgens mij niet voorbereid kunt zijn. Er zijn daar mensen die al vijf dagen in die verdomde Superdome naar lijken zitten te kijken, moeten toezien hoe relschoppers mensen omleggen, mensen verkrachten. Dat is de tragedie. Mensen proberen ons stervende kinderen in handen te drukken.'

Kathy zette de tv uit, dit keer definitief. Ze belde naar het huis aan Claiborne. De telefoon ging eindeloos over. Ze liep op en neer. Ze ging naar buiten, werd overvallen door de hitte van Phoenix en liep weer naar binnen. Ze belde nog eens. Het geluid van de overgaande telefoon klonk steeds holler en hopelozer.

Het werd vier uur en Zeitoun had nog niet gebeld.

Ze belde Ahmad in Spanje. Hij had evenmin iets gehoord. Ook

hij had de hele dag naar het huis aan Claiborne gebeld, maar zonder succes.

Laat in de middag kwamen de kinderen terug.
'Heeft pap gebeld?' vroeg Nademah.
'Nog niet,' zei Kathy. 'Ik wacht nog steeds.'
Ze wist zich nog een paar tellen te beheersen, maar hield het toen niet meer. Ze mompelde wat en holde naar de logeerkamer. Ze wilde niet dat de meisjes haar zo zouden zien.

Yuko kwam binnen en ging naast Kathy op bed zitten. Het was pas één dag, zei ze. Eén dag in het leven van een man die zich in een stad zonder voorzieningen bevindt. Hij zou morgen vast bellen. Kathy vermande zich en samen baden ze. Yuko had gelijk. Wat was nou één dag? Natuurlijk zou hij morgen bellen.

Donderdag 8 september

Kathy werd optimistischer wakker. Misschien besefte Zeitoun niet eens dat hij vergeten had haar te bellen. Waarschijnlijk was hij weer allerlei mensen en dieren en huizen aan het redden en had hij het gewoon te druk gehad. Hoe het ook zij, Kathy was vast van plan om sterk te zijn voor de kinderen. Ze maakte hun ontbijt klaar en deed alsof ze verstandig en rustig was. Ze speelde met Zachary op de GameCube en kwam de ochtend door met allerlei afleidende activiteiten.

Regelmatig drukte ze op de herhaaltoets van Yuko's telefoon. De telefoon aan Claiborne ging eindeloos over.
Het werd twaalf uur en de klok tikte door.
Kathy raakte de grip op zichzelf weer kwijt.
'Ik moet naar New Orleans,' zei ze tegen Yuko.

'Echt niet,' zei Yuko. Ze vuurde allerlei logistieke vragen op Kathy af. Hoe zou ze in de stad moeten komen? Wilde ze een boot kopen, de politie omzeilen en haar man op eigen houtje gaan zoeken? Yuko verwierp het hele idee.

'We willen niet ook nog over jou inzitten.'

Ahmad belde Kathy. De vorige dag was hij nog kalm geweest, maar nu klonk hij ongerust. Kathy vond dit beangstigend. Als Ahmad, die uit hetzelfde hout gesneden was als haar man — en de twee broers waren weer uit hetzelfde hout gesneden als hun vader Mahmoud, die twee dagen op zee had overleefd door zich vast te klampen aan een ton — meende dat de situatie hachelijk was, dan reageerde Kathy op z'n zachtst gezegd onderkoeld.

Ahmad zei dat hij zou proberen in contact te komen met de tv-zender die Zeitoun had geïnterviewd. Hij zou ook contact opnemen met alle organisaties die op zoek waren naar vermiste personen in New Orleans. Verder zou hij contact opnemen met de kustwacht. Ze spraken af dat ze elkaar zouden bellen zodra een van hen iets had gehoord.

Datum: donderdag 8 september 2005 19:08:04 +0200
Aan: SATERNKatrinaReliefUpdates@csc.com
Onderwerp: Ref. AMER-6G2TNL

Geachte heren,
Hartelijk dank voor uw reactie.
Vriendelijk vraag ik u om uw best te doen om ons goed nieuws over hem te geven. Hij is mijn broer, hij is vele jaren geleden naar New Orleans gegaan:
Dart St. 4649, New Orleans
New Orleans, LA
70125-2716
Ik zit zelf in Spanje, maar zijn vrouw en kinderen zijn een

dag voordat Katrina kwam naar Arizona gegaan. Zijn vrouw: Mrs. Kathy Zeitoun, te bereiken op: 408-[nummer weggelaten]

Meer informatie:

Hij bleef thuis, waar de telefoon het niet deed, maar hij had een bootje en ging iedere dag naar: Mr. Todd aan: S. Claiborne Ave 5010, 70125-4941 New Orleans

De laatste keer dat hij belde was op 6 september 14.30 uur plaatselijke tijd. Daarna tot op heden geen telefoontjes, geen nieuws. De telefoon die hij gebruikte gaat over, maar er wordt niet opgenomen. Ik stuur hierbij foto's van hem mee, misschien hebt u daar wat aan.

Heel veel dank.

Hoogachtend,

Ahmad Zeton

's Middags kwamen de telefoontjes van Zeitouns familie in Syrië. Fahzia was de eerste die belde. Ze gaf les aan de middelbare school in Jableh en sprak vloeiend Engels.

'Heb je nog iets van Abdulrahman gehoord?'

Kathy zei dat ze al twee dagen niets meer had gehoord.

Aan de andere kant van de lijn was het een hele tijd stil.

'Je hebt niets van Abdulrahman gehoord?'

Kathy legde uit dat veel telefoons het niet meer deden en dat Zeitoun vermoedelijk hard op zoek was naar een werkende telefoon. Dat viel niet goed bij Fahzia.

'Nog eens, alsjeblieft... Heb je echt niets van Abdulrahman gehoord?'

Kathy hield oprecht van de Zeitouns in Syrië, maar deze extra belasting kon ze nu niet gebruiken. Ze verontschuldigde zich en hing op.

Kathy schoof niet aan voor het eten. Ze bleef op en neer lopen met de telefoon als vast attribuut in haar hand. Ze liep in gedachten alle mogelijkheden af: wie ze kende en wat deze personen voor haar zouden kunnen doen. Ze besefte dat ze niemand kende die nog steeds in de stad was. Ze kon geen kant op. Het was haast niet te bevatten dat er in 2005 in de vs een stad was die volledig afgesloten was van alle communicatiemiddelen, van iedere vorm van contact.

Later, toen ze dacht dat de kinderen al sliepen, liep ze langs een van de slaapkamers en hoorde ze Aisha met een van de kinderen van Yuko praten.

'Ons huis staat drie meter onder water,' zei Aisha.

Kathy bleef met ingehouden adem bij de deur staan.

'En we weten niet waar mijn vader is.'

Toen ze in de badkamer was, begroef Kathy haar gezicht in een handdoek en huilde. Haar lichaam schokte, maar ze probeerde geen geluid te maken.

Vrijdag 9 september

Kathy moest wel liegen. Ze had nog nooit ronduit gelogen tegen haar kinderen, maar nu leek ze geen keus te hebben. Ze zouden anders allemaal hun kalmte verliezen. Ze wilde hen de maandag erop naar school sturen, en ze zouden daar alleen goed tegen opgewassen zijn als ze meenden dat hun vader gezond was en van zich liet horen. Toen Aisha bij het ontbijt vroeg of ze iets van papa had gehoord, aarzelde Kathy daarom geen moment.

'Ja hoor, gisteravond nog,' zei ze.

'Op welke telefoon?' wilde Nademah weten. Ze hadden er geen horen overgaan.

'Die van Yuko,' zei Kathy. 'Ik heb na één keer overgaan al opgenomen.'

'Hij is dus gewoon thuis?' vroeg Nademah.

Kathy knikte. Hoe slim en sceptisch haar kinderen ook waren, ze geloofden haar. Met name Nademah en Zachary. Of ze nu wel of niet in de gaten hadden dat ze leugens vertelde, ze wílden het gewoon geloven. Safiya en Aisha waren minder een open boek, maar vooralsnog waren de angsten van de kinderen afgenomen en hoefde Kathy zich alleen om haar eigen angsten te bekommeren.

Vlak na het ontbijt ging de telefoon echt. Kathy sprong eropaf.

Het was Aisha, een andere zus van Zeitoun. Zij was hoofd van een lagere school in Jableh en sprak eveneens Engels.

'Waar is Abdulrahman?' vroeg ze.

'Hij zit in New Orleans,' antwoordde Kathy rustig.

Aisha legde uit dat ze allemaal al dagen niets meer van hem hadden gehoord. Hij had na de storm een aantal keren gebeld, maar toen was het ineens stil geworden. Ze belde namens de hele familie en maakte zich zorgen.

'Hij is oké,' zei Kathy.

'Hoe weet je dat?' vroeg Aisha.

Kathy zweeg.

Kathy ging internet op en werd onmiddellijk overspoeld met afschuwelijk nieuws over de stad. Volgens officiële berichten waren er in en rondom New Orleans honderdachttien dodelijke slachtoffers. Burgemeester Nagin schatte echter dat het totale aantal dodelijke slachtoffers zou kunnen oplopen tot wel tienduizend. Ze bekeek haar e-mail. Zeitoun had van zijn leven nog nooit een e-mailbericht verzonden, maar niets was onmogelijk. Ze had een e-mail ontvangen van Zeitouns broer Ahmad. Hij had haar een cc gestuurd van een mail naar een andere hulpverleningsinstantie.

Van: CapZeton
Datum: vrijdag 9 september 2005 22:12:05 +0200
Aan: [naam weggelaten]@arcno.org
Onderwerp: Op zoek naar mijn broer/Abdulrahman Zeitoun

Geachte heren,
Vriendelijk vraag ik u of u informatie hebt over de mensen die afgelopen dinsdag 6 september gedwongen hun huis moesten verlaten. Waar zijn zij nu?

Ik ben op zoek naar nieuws over mijn broer. Wij hebben geen contact meer met hem gehad sinds dinsdag 6 september half drie 's middags. Hij bevond zich toen op (S. Claiborne Ave. 5010, 70125-4941 New Orleans) en maakte gebruik van een bootje. Zo verplaatste hij zich naar Dart Street 4649, waar hij woont.

Mijn broers gegevens:

Naam: Abdulrahman Zeitoun
Leeftijd: 47 jaar
Adres: Dart Street 4649, New Orleans, LA 70125-2716

Sinds dat tijdstip hebben we niets meer van hem vernomen. Wilt u ons alstublieft helpen?

Met oprechte dank,
Ahmad Zeton

Málaga, Spanje

Om twaalf uur plaatselijke tijd in New Orleans belde Kathy naar het huis aan Claiborne. Ze liet de telefoon overgaan en wenste vurig dat het geluid zou ophouden, dat het zou worden onderbroken door de stem van haar man. Ze belde die dag telkens weer, maar de telefoon bleef overgaan.

Walt en Rob belden. Kathy vertelde dat ze niets van Zeitoun had gehoord en vroeg Walt of hij iemand kende die zou kunnen helpen. Walt leek iedereen wel te kennen en had altijd een oplossing paraat. Hij beloofde dat hij een vriend zou bellen, een US marshal, van wie hij wist dat hij in de buurt van de stad was. Misschien kon hij de stad in komen en bij het huis aan Claiborne gaan kijken.

Toen Kathy die avond de kinderen naar bed bracht, dwong ze zichzelf om vertrouwen uit te stralen. Ze vroegen of hun huis onder water stond en Kathy gaf toe dat er inderdaad sprake was van enige schade, maar dat hun vader gelukkig aannemer was en dat die schade eenvoudig verholpen zou kunnen worden.

'En weet je wat?' ging ze verder. 'Nu krijgen jullie allemaal een nieuwe slaapkamer!'

Zaterdag 10 september

Walt belde. Hij had met zijn vriend de US marshal gesproken. Die was op weg gegaan naar het huis aan Dart Street, maar was niet echt ver gekomen. Het water stond nog te hoog.

Walt zei dat hij een andere kennis zou bellen, een vriend met een helikopter. Verder dan dat had hij er nog niet zo over nagedacht, bijvoorbeeld waar de helikopter heen moest vliegen of hoe ze op zoek moesten gaan naar Zeitoun, maar hij beloofde dat hij meer mensen zou bellen en Kathy zo snel mogelijk terug zou bellen.

Net als de vorige dag belde ze om twaalf uur New Orleans-tijd naar het huis aan Claiborne. Ook dit keer bleef de telefoon overgaan.

Zeitouns familieleden belden.

'Kathy, waar is Abdulrahman?' vroegen ze. Dit keer had ze Lucy aan de lijn, een van zijn nichten. Alle nichten en neven van Zeitoun spraken vloeiend Engels en tolkten voor de rest van de familie.

'Ik weet het niet,' zei Kathy.

Een andere nicht nam de telefoon over.

'Je moet erheen gaan en hem zoeken!' zei ze beslist.

De hele ochtend belden er allerlei zussen en broers van Zeitoun vanuit Latakia en Saudi-Arabië. Had Kathy al iets van hem gehoord? Waarom was ze niet in New Orleans naar hem aan het zoeken? Had ze het nieuws op tv niet gevolgd?

Ze antwoordde dat ze het niet had gezien, dat ze er niet tegen kon.

Ze vertelden haar alles. Dat er geplunderd werd en verkracht en gemoord. Dat er chaos heerste, anarchie. Ze herhaalden de woorden van burgemeester Nagin dat de stad vervallen was tot 'een soort dierlijke status'. Zo kreeg ze via haar mans familie vanaf de andere kant van de wereld alsnog het vertekende beeld dat de media uitzonden van de toestand in de stad. God mag weten welke draai de media in Syrië nog eens aan de gebeurtenissen gaven, dacht ze.

Er zijn vijfentwintigduizend lijkzakken heen gebracht, vertelden ze. Hoe kun je in dat land wonen, wilden ze weten. Je moet hierheen verhuizen, in Syrië is het veel veiliger, zeiden ze.

Kathy kon de vragen en de druk niet aan. Ze voelde zich onmachtig, weerloos, zwak. Ze beëindigde de gesprekken zo beleefd als ze kon.

Ze ging naar de badkamer en keek voor het eerst in dagen in de spiegel. Ze had donkere kringen onder haar ogen. Ze nam haar hijaab af en hapte even naar lucht. Haar haar. Hiervoor had ze hooguit tien grijze haren gehad. Nu zag ze voor in haar haardos een pluk haar, zo breed als haar hand, die wit afstak bij de rest.

Yuko verbood Kathy om de telefoon aan te nemen als er iemand uit Syrië belde. Yuko handelde die telefoontjes af en gaf door dat Kathy deed wat ze kon, alles wat menselijkerwijs gesproken mogelijk was.

Yuko en haar echtgenoot Ahmaad gingen met Kathy en de kinderen naar het Veterans Memorial Coliseum, waar het Rode Kruis een opvangcentrum en triageafdeling had opgezet voor mensen uit New Orleans. Verschillende organisaties voor vermiste personen verzamelden informatie en zetten zich ervoor in om gezinsleden weer bij elkaar te brengen. Kathy had een foto van Zeitoun meegenomen en alle informatie die ze maar had kunnen vinden.

In het Coliseum was het bar en boos. Er zaten tientallen inwoners uit New Orleans die eruitzagen alsof ze diezelfde dag nog de stad waren ontvlucht. Gewonden werden er verzorgd, gezinnen lagen er te slapen op veldbedden en overal lagen stapels kleren. Kathy's dochters klampten zich aan hun moeder vast.

Het Rode Kruis noteerde alle informatie over Zeitoun en scande de foto in die Kathy bij zich had. Ze waren efficiënt en vriendelijk, en vertelden Kathy dat duizenden mensen al terecht waren, dat ze over het hele land verspreid zaten en dat ieder nieuw verhaal nog vreemder was dan het vorige. Ze zeiden ook dat Kathy zich geen zorgen moest maken en dat de situatie met de dag overzichtelijker werd.

Kathy vertrok met hernieuwde hoop. Misschien was hij gewond. Misschien lag hij ergens in een ziekenhuis, zwaar onder de kalmerende middelen. Wie weet was hij ergens bewusteloos en zonder identiteitsbewijs aangetroffen. Nu was het nog slechts een kwestie van tijd voordat de artsen en verpleegkundigen de database met vermiste personen zouden raadplegen om hem te traceren.

Maar de kinderen begrepen er niets meer van. Was hun vader nu veilig of niet? Ze kregen tegenstrijdige signalen. Kathy zei dat alles prima met hem was, dat hij veilig was en in zijn kano rondvoer. Maar waarom moesten ze hem dan bij het Rode Kruis melden? Waarom dat gedoe met die vermiste personen en hoezo politie en kustwacht? Kathy probeerde hen af te schermen voor de waarheid, maar dat was onmogelijk. Ze was niet sterk genoeg. Ze voelde zich zwak en kwetsbaar.

Weer thuis belde Kathy opnieuw het huis aan Claiborne. De telefoon ging eindeloos over. Tot dan toe had ze tegen zichzelf gezegd dat het toestel misschien buiten gebruik was; vandaag belde ze het telecombedrijf om te vragen hoe het zat. Daar vertelden ze haar dat als de telefoon het niet deed, ze een ingesprektoon zou moeten horen, een bepaalde toon die aangaf dat de lijnen eruit lagen. Maar de telefoon ging gewoon over en dat betekende dat hij het deed, maar dat er niemand was om op te nemen.

Aisha zat er het meest over in. Het leek alsof ze schommelde tussen bezorgdheid en fatalistische berusting. Ze was lichtgeraakt. Ze kon zich niet concentreren. Ze trok zich terug en huilde stilletjes.

Die avond zat Kathy, nadat de andere kinderen al in slaap waren gevallen, achter Aisha op haar bed. Ze pakte het dikke, donkere haar van haar dochter met beide handen vast, kneedde het met de ene hand en borstelde het met de andere. Dat had ze ook gedaan bij Nademah om haar rustig te krijgen voordat ze naar bed ging, en Yuko's moeder had dat net zo bij Kathy gedaan als ze haar in bad had gestopt. Het was kalmerend en meditatief voor zowel moeder als dochter. Deze avond neuriede Kathy een melodie waarvan ze niet meer wist hoe die heette. Aisha zat rechtop; ze was gespannen, maar liet het borstelen wel toe. Kathy was ervan overtuigd dat dit ritueel haar bezorgdheid zou verlichten en dat Aisha zich uiteindelijk vredig en slaperig achterover zou vlijen op Kathy's schoot.

'Heb je al iets van hem gehoord?' vroeg Aisha.

'Nee, schatje, nog niet.'

'Is hij dood?'

'Nee, schatje, hij is niet dood.'

'Is hij verdronken?'

'Nee.'

'Hebben ze zijn lichaam gevonden?'

'Lieverd, hou op.'

Maar na een stuk of wat halen met de borstel stopte Kathy verschrikt. Aisha's haar viel met grote plukken uit. De borstel zat helemaal vol.

Tranen welden op in Aisha's ogen. Kathy jammerde.

Erger dan dit bestaat er niet, dacht Kathy. Erger dan dit kan gewoon niet.

Zondag 11 september

Er waren zes dagen verstreken sinds Kathy Zeitoun voor het laatst had gesproken. Ze kon zijn afwezigheid niet langer verklaren. Het was niet logisch. Overal in de stad wemelde het van de hulptroepen. De Nationale Garde zat overal en ambtelijke woordvoerders hielden vol dat vrijwel alle inwoners de stad hadden verlaten.

In gedachten liet ze alle mogelijkheden nog eens de revue passeren. Als hij daar nog steeds was en door New Orleans kanode, zou hij hebben gebeld vanuit het huis aan Claiborne. Als de Claiborne-telefoon het niet meer deed, zou hij inmiddels een andere functionerende telefoon hebben gevonden. Of hij zou een van de soldaten hebben aangesproken en hulp hebben gevraagd om haar te kunnen bellen. Het leek simpelweg niet reëel dat hij nog in de stad was en haar niet zou kunnen bellen.

Dat betekende dat hij de stad had verlaten. Misschien had hij onvoldoende water of eten gehad. Misschien had hij een lift gekregen de stad uit met een van de helikopters of reddingsboten. Maar als hij was vertrokken en naar een opvangplek was gebracht, zou hij haar onmiddellijk hebben gebeld.

Ze wist dat er drijvende lichamen in het water waren aangetroffen, naamloos en naakt. Hij zou dood kunnen zijn, zei ze tegen zichzelf. Het kan zijn dat hij overleden is. Er hadden moorden plaatsgevonden, wist ze. De verhalen over ongebreidelde ordeloosheid geloofde ze niet echt, maar ze wist dat er waarschijnlijk wel wat doden gevallen zouden zijn bij gewelddadigheden. Het zou een overval geweest kunnen zijn, dacht ze. Misschien wilde iemand bij een van onze huizen spullen stelen, was hij daar ook geweest en had hij teruggevochten...

Hij kon niet zijn verdronken. Hij kon niet het slachtoffer zijn geworden van de een of andere ramp. Daar kende ze haar man te goed voor. Ze kon zich geen ongeluk voorstellen dat hem zou vellen. Hij was te slim, te behoedzaam. En zelfs als er iets was voorgevallen, was hij onverwoestbaar. Hij zou het hebben overleefd, hij zou hulp hebben gevonden.

Om twaalf uur New Orleans-tijd belde Kathy het huis aan Claiborne. Ze liet de telefoon overgaan, móest de stem van haar man horen, maar de telefoon bleef maar overgaan.

Ze moest zich in de levensverzekering gaan verdiepen. Ze moest gaan nadenken hoe ze haar vier kinderen zou onderhouden. Zou ze het bedrijf alleen kunnen voeren? Natuurlijk niet. Maar iets wat erop leek dan? Ze zou de huurhuizen moeten verkopen. Of misschien zou ze die juist zelf kunnen beheren. Te veel vragen. Nee, ze zou het bedrijf verkopen en de huurhuizen aanhouden. Ze kon natuurlijk ook een paar van die huizen verkopen, zodat het er niet te veel waren om alleen te beheren. Kon ze het best in New Orleans blijven of beter naar haar familie in Baton Rouge verhuizen? Of naar Phoenix? Dan liever naar Phoenix.

En hoe lang moest je wachten voordat je moest uitgaan van het ergste? Eén week? Twee weken? Drie?

Ze ging achter de computer zitten en zag dat ze weer een e-mail had van Ahmad. Deze was gericht aan de tv-zender die het korte interview met Zeitoun had uitgezonden. Ahmad had vanachter zijn computer in Spanje ontdekt welke zender dat was geweest en had de naam van een van de producers achterhaald.

Van: CapZeton
Datum: zondag 11 september 2005 02:01:34 +0200
Aan: [naam weggelaten]@wafb.com
Onderwerp: orkaan in New Orleans: getroffen gebieden

Geachte heren,
Via vrienden in Baton Rouge vernam ik dat u op 5 september mijn broer hebt gesproken:

Naam: Abdulrahman Zeitoun, 47 jaar oud, in New Orleans, getroffen gebied Dart Street 4649, LA 70125-2716. Hij woont daar. Een vriend heeft hem op 6 september gezien op uw zender TV WAFB CH9.

Vanaf die dag hebben wij tot op heden niets meer van hem vernomen. Vriendelijk vraag ik u of u mij alstublieft kunt laten weten op welke dag en hoe laat u hem hebt gesproken. Hebt u misschien nog meer informatie?

Met oprechte dank,
Ahmad Zeton
Málaga, Spanje

Kathy vond een site met recente luchtfoto's van New Orleans. Ze zocht Uptown op en vergrootte de foto tot ze kon zien hoe haar huis en hun wijk eruitzagen. Het water was vuiler dan ze zich had voorgesteld. Het was alsof de hele stad in een olie-en-teerbad lag.

Ze belde elk nummer van iedereen die nog in New Orleans zou kunnen zijn. Niets.

Yuko en Ahmaad troostten haar.

'Hij is van de oude stempel,' zei Ahmaad. Het was normaal dat een robuuste en onafhankelijke man als Zeitoun een paar dagen onbereikbaar was. 'Zulke kerels maken ze vandaag de dag niet meer.'

Yuko hield Kathy uit de buurt van de telefoons en het nieuws. Maar in de auto ving Kathy toch het een en ander op. In de Odyssey hoorde ze de wekelijkse radiotoespraak van president Bush. De president vergeleek de storm met 11 september en de Strijd tegen het Terrorisme. 'Amerika biedt het hoofd aan weer een nieuwe ramp die vernielingen en verliezen heeft veroorzaakt,' zei hij. 'Amerika zal deze beproeving overwinnen en er alleen maar sterker uit komen.'

Maandag 12 september

De meisjes moesten nodig weer naar school. Ze hadden inmiddels al bijna twee weken school gemist en hoe lastig het ook was om halverwege september op een nieuwe school te beginnen, ze hadden een zekere routine in hun leven nodig.

Kathy regelde alles telefonisch. De Dr. Howard K. Conley Elementary School was de dichtstbijzijnde openbare school. 'U kunt ze meteen komen brengen,' kreeg Kathy te horen. Voor een middelbare scholier als Zach zou het moeilijker worden een geschikte school te vinden.

De meisjes waren nerveus. Ze vonden het niet fijn om naar een nieuwe school te moeten waar ze niemand kenden en waar ze vooral als vluchtelingen zouden worden beschouwd. Waarom konden ze niet gewoon wachten tot ze weer in New Orleans waren? Wat moesten ze leren? De boeken en leerplannen zouden anders zijn. Waarom moest het zo nodig? Het moest zo nodig, zei Kathy, omdat hun vader wilde dat ze naar school gingen, en daarmee basta.

Yuko en Ahmaad kochten nieuwe schoolspullen voor de meisjes: mappen, blocnotes en pennen en potloden, maar ook Pokémon- en Hello Kitty-rugzakken om het allemaal in te doen. Dit verzoende de meisjes enigszins met de situatie, maar toen Kathy hen naar school had gebracht en moest achterlaten in het kantoortje van het schoolhoofd van Conley, voelde ze zich verschrikkelijk. Ze kon Aisha niet in de ogen kijken. Alles werd weerspiegeld in de donkere, vochtige ogen van dat meisje, iedere ongerustheid die Kathy ook voelde; dat dit de eerste dagen waren van hun nieuwe gezamenlijke leven in Phoenix zonder hun vader.

Later op de terugweg in de auto hoorde Kathy het radionieuws. Het officiële dodencijfer in New Orleans was opgelopen naar 279. Het leek erop dat er per dag honderd bij kwamen en ze waren nog maar net begonnen naar lichamen te zoeken.

Moest ze een begrafenis voorbereiden? Het duurde nu zeven dagen. Hoe lang kon ze nog quasilogische verklaringen voor zijn afwezigheid verzinnen? President Bush was inmiddels zo'n twee, drie keer in New Orleans geweest. Als de president naar Jackson Square kon gaan om een persconferentie te geven, kon haar man, als hij leefde, heus wel een telefoon vinden en opbellen.

Dinsdag 13 september

Nu de kinderen overdag op school zaten, raakte Kathy steeds meer verstrikt in angstige gedachtes. Ze was meer op zichzelf en had meer tijd om ongerust te zijn, meer tijd om een ellendig nieuw leven voor te bereiden.

Ieder uur belde ze naar het huis aan Claiborne. Ze belde Zeitouns mobieltje voor het geval hij dat ergens had kunnen opladen.

Het dodencijfer sprong omhoog naar 423.

Ze vond het nummer van Todd Gambino's vriendin en belde haar. De vriendin zat in Mississippi en had al een week niets van Todd gehoord. Dat betekende iets. Misschien was beide mannen iets overkomen? Het was goed nieuws. Het moest gewoon goed nieuws zijn. De twee vrouwen spraken af contact te houden.

Iedere dag belde Ahmad Kathy vanuit Spanje. Hij belde de kustwacht en de marine. Hij schreef naar de Syrische ambassade in Washington. Niemand kon hem verder helpen. Hij keek welke vluchten er naar New Orleans waren. Het kon toch geen kwaad als hij zijn broer daar ter plekke zou zoeken? Hij was bang dat zijn broers en zussen erop rekenden dat hij ging, aangezien alleen hij misschien nog enige kans maakte om de vs binnen te komen. Een visum krijgen vanuit Syrië was hopeloos. Zijn vrouw stak een stokje voor het hele idee, maar niettemin bleef het door zijn hoofd spoken.

Woensdag 14 september

Het dodencijfer stond op 648, en steeg nog steeds.

Kathy had iedere dag contact met het Rode Kruis. Ze had er al snel voor gezorgd dat Zeitoun ingeschreven stond bij zo'n vijf verschillende organisaties die vermisten opspoorden. Overal hadden ze zijn foto.

De meisjes gingen naar school, kwamen thuis, keken tv. Ze werden even afgeleid als ze met de kinderen van Yuko en Ahmaad speelden, maar hun ogen stonden dof. Ook zij bereidden zich voor op een leven zonder hun vader. Wilden ze naar Phoenix verhuizen? Zou er een begrafenis zijn? Wanneer zouden ze weten wat er was gebeurd?

In de talloze uren van steeds somber wordende gedachten probeerde Kathy zich weer voor te stellen waar ze zou moeten wonen. In Arizona? Ze zou een huis in de buurt van Yuko moeten vinden. Ahmaad zou een vaderfiguur moeten zijn. Kathy had al zo zwaar op Yuko en Ahmaad geleund, ze kon zich niet voorstellen dat ze haar gezin permanent aan hen zou opdringen.

Ze dacht aan Zeitouns familie in Syrië. Ze hadden daar zo'n uitgebreid hulpnetwerk; de familie vormde één groot, hecht geheel. Ze was er in 2003 twee weken lang met Zeitoun en de kinderen geweest en het was er heel anders geweest dan ze had verwacht. Om te beginnen had het gesneeuwd. Sneeuw in Damascus! Ze waren met de bus naar het noorden, naar Jableh, gereisd. Onderweg was ze van de ene verbazing in de andere gevallen. Zoals ze later toegaf, had ze een achterhaald beeld van Syrië gehad. Ze had zich voorgesteld dat ze woestijnen, ezels en karren zou zien, en verbaasde zich over de bedrijvige, kosmopolitische steden, de vele Mercedes- en BMW-dealers langs de snelweg naar het noorden, al die vrouwen in strakke kleding en met het haar onbedekt. Maar er waren ook sporen van een minder modern leven: kooplui die langs de weg sardines en kool verkochten, primitieve huizen van baksteen en leem. Op de route naar Jableh in het noorden volgde de weg al snel de kust en ze reden door een prachtige kuststrook waar heuvels afliepen naar de zee en hoog boven de weg moskeeën stonden, gebroederlijk naast kerken, tientallen kerken. Ze had altijd gedacht dat Syrië volledig islamitisch was, maar had zich daarin vergist, en niet alleen daarin. Ze genoot van

de verrassingen en kwam tot de ontdekking dat Syrië in veel opzichten een typisch mediterraan land was dat verbonden was met
de zee en een liefdesverhouding onderhield met eten en nieuwe
ideeën waaruit de invloed van Griekenland, Italië en vele andere
culturen sprak. Kathy verslond het allemaal: de verse groente en
vis, de yoghurt en vooral het lamsvlees! Dat smaakte beter dan
ze ooit had geproefd en ze nam iedere gelegenheid te baat om
het te eten. In de prachtige kustplaats Jableh zag ze huizen die
Zeitouns grootvader had gebouwd en het monument dat voor
Mohammed was neergezet. Ze logeerden bij Kousay, Abdulrahmans heerlijk positieve en gastvrije broer, die nog steeds in het
huis van hun gezamenlijke jeugd woonde. Het was een grandioos
oud gebouw aan het water, met hoge plafonds en ramen die altijd open waren en de wind van zee doorlieten. Overal woonden
familieleden op loopafstand, zoveel neven en nichten en zoveel
geschiedenis. Op een middag, toen Zeitoun zich van adres naar
adres spoedde om oude vrienden te begroeten, had Kathy met
Zeitouns zus Fahzia gekookt en had ze iets verkeerds gedaan met
het propaangas, waardoor de keuken bijna in vlammen was op-
gegaan. Op het moment zelf was het doodeng geweest, maar de
dagen daarna zorgde het incident voor veel hilariteit. Het waren
zulke goede mensen, die familieleden van haar man; iedereen
was zo welopgevoed, zo eerlijk en gastvrij, en in al hun huizen
galmde altijd een lach. Was het een onmogelijke gedachte dat Kathy daarheen zou gaan met de kinderen en dat ze daar zouden
wonen, in Jableh? Het was een ingrijpend plan, maar wel een dat
haar naar een zeer troostrijke plek zou brengen waar ze warm
ontvangen zou worden door familie. De meisjes zouden zoveel
familieleden om zich heen hebben dat ze misschien iets minder
bedroefd zouden zijn om het verlies van hun vader.

In Syrië werden Zeitouns familieleden steeds somberder en leek
men erin te berusten dat Abdulrahman er niet meer was. Er

werden veel lichamen gevonden. Bijna zevenhonderd in New Orleans. Hun broer zat daar vast tussen, iets anders geloven was dwaasheid. Nu wilden ze alleen voor hun zielenrust weten hoe hij was overleden. Ze wilden zijn lichaam, zodat ze het konden wassen en begraven.

Zaterdag 17 september

Yuko had haar verboden om tv te kijken of internet op te gaan, maar Kathy kon het niet laten. Op internet zocht ze zijn naam op. Ze gaf hun adres en de naam van hun bedrijf als zoekwoorden op. Ze zocht naar een of andere aanwijzing dat haar man was gevonden.

Ze vond niets over hem, maar wel andere, verschrikkelijke informatie. Op verschillende sites stonden berichten over het geweld, maar elders vond ze weer tegenberichten dat het allemaal wel meeviel. Op de ene pagina werd gerept over honderden moorden, krokodillen in het water en plunderende bendes. Op de volgende pagina stond dat er geen kleine kinderen verkracht waren, dat er geen moorden waren gepleegd in de Superdome en dat er geen doden waren gevallen in het Convention Center. Het ging maar door en door met al die angst en verwarring, de racistische veronderstellingen en de geruchtenmachine.

Niemand betwistte dat de stad in chaos verkeerde, maar nu werd erover gediscussieerd waar die chaos was begonnen. Was die door de bewoners veroorzaakt of juist door degenen die erheen waren gestuurd om orde te brengen? Kathy las met toenemende verbijstering welke ongekende aantallen gewapende mannen en vrouwen zich in de stad ophielden.

Ze las berichten over ingehuurde beveiligers. Direct na de storm hadden rijke bedrijven en privépersonen particuliere beveiligingsbureaus van over de hele wereld in de arm genomen.

Ten minste vijf verschillende organisaties hadden soldaten die ze verhuurden naar de stad gestuurd, waaronder Israëlische huursoldaten van een bedrijf dat Instinctive Shooting International heette. Kathy hapte naar adem. Israëlische commando's in New Orleans? Zo zat het, begreep ze nu. Haar man was een Arabier en in de stad wemelde het van de Israëlische paramilitairen. Ze trok overhaaste conclusies.

En dan de Blackwater-soldaten. Blackwater USA, een particulier beveiligingsbedrijf dat met voormalige soldaten uit de VS en andere landen werkte, had honderden van zijn mensen naar het gebied gestuurd. Ze waren daar in een officiële hoedanigheid, het ministerie van Binnenlandse Veiligheid had hen ingehuurd om te helpen bij de ordehandhaving. Ze waren in compleet gevechtstenue aangetreden, sommigen met de insignes van agenten van de Louisiana State Police.

Kathy was geobsedeerd door al die geweren. Haar broer was lid geweest van de Nationale Garde en ze wist welke wapens die droegen. Ze begon te rekenen. Als alle huurlingen van Blackwater ten minste twee geweren de man droegen, kwam ze uit op honderden Heckler & Koch 9mm-pistolen en honderden M16-geweren en M4-machinegeweren.

Ze had het idee dat ze op het antwoord op de verdwijning van haar man was gestuit. Een andere verklaring was er niet. Dit was het meest logische verhaal. Een van deze huurlingen, die aan niemand verantwoording verschuldigd waren, had Zeitoun doodgeschoten. En nu moffelden ze dat weg. Daarom had ze niets meer gehoord. Het hele verhaal was in de doofpot gestopt.

Maar er waren ook veel Amerikaanse soldaten. Die hadden de boel toch zeker wel in de hand? Zover zij kon achterhalen, waren er ten minste twintigduizend Nationale Gardisten in New Orleans en kwamen er iedere dag meer bij. Maar dan dacht ze weer aan die geweren. Als iedere soldaat van de Nationale Garde ten minste één M16-aanvalsgeweer had, waren er zo'n twintigduizend automatische geweren in de stad. Te veel. En als gouverneur Blanco gelijk had en dit inderdaad veteranen waren die rechtstreeks uit Afghanistan en Irak kwamen, dan kon dat voor haar man alleen maar slecht uitpakken.

Ze bekeek meer websites en zocht gedetailleerdere informatie. Er waren 5750 legersoldaten in en om New Orleans. Bijna duizend staatspolitiemannen, van wie er vele met SWAT-eenheden samenwerkten, gewapend voor gevechten op de korte afstand. Vierhonderd agenten en functionarissen van het Bureau of Customs and Border Protection die belast waren met de ordehandhaving ter plekke. Daartoe behoorden meer dan honderd mannen van tactische eenheden van de grenspolitie. Deze mannen waren doorgaans gewapend met granaten, geweren, stormrammen en aanvalsgeweren. Er waren vier MSST's (Maritime Security and Safety Teams), nieuwe tactische eenheden van de kustwacht die als onderdeel van de Strijd tegen het Terrorisme waren ingesteld door het ministerie van Binnenlandse Veiligheid. Ieder MSST was gewapend met M16's, geweren en .45 kaliber pistolen. Er waren vijfhonderd speciale FBI-agenten en een speciale eenheid van staatsveiligheidsbeambten. En sluipschutters. Er werden sluipschutters naar de stad gestuurd om op plunderaars en gewapende bendeleden te schieten. Kathy telde alles bij elkaar op. Er waren ten minste achtentwintigduizend geweren in New Orleans. En dat was nog een voorzichtige schatting van het aantal aanwezige automatische geweren, aanvalsgeweren en pistolen.

Ze kon er niet langer naar kijken. Ze zette de computer uit en begon te ijsberen. Ze ging op bed liggen en staarde naar de muur. Ze stond op, liep naar de badkamer en bekeek de nieuwe pluk wit haar op haar hoofd.

Ze ging toch weer achter de computer zitten en zocht haar man. Ze was woest op hem, op zijn koppigheid. Was hij nou maar samen met hen in de Odyssey gestapt! Waarom kon hij niet gewoon toegeven aan dezelfde logica die duizenden anderen had overtuigd? Hij moest zich daar weer tegen afzetten. Hij moest zo nodig meer doen. Hij moest alles zo nodig anders doen.

Ze vond een e-mail die Ahmad naar een van de instanties voor vermiste personen had gestuurd. De foto's die hij had meegestuurd waren de enige foto's die ze van haar man had – dat wil zeggen, de enige in Phoenix. Ze waren een jaar geleden in Málaga gemaakt. Ze waren daar met het hele gezin heen gegaan en de foto was genomen op het strand dicht bij Ahmads huis. Toen Kathy dat strand zag, kon ze alleen maar denken aan die wandeling, die krankzinnige wandeling die Zeitoun per se had willen maken. Als er één herinnering was die alles waar haar man voor stond symboliseerde, dan was het wel de herinnering aan die dag.

Ze waren al een paar dagen in Málaga en de oudere kinderen voelden zich inmiddels voldoende op hun gemak in het huis van Ahmad en Antonia om hen een ochtend alleen te kunnen laten. Zeitoun wilde met Kathy en Safiya een stuk langs het strand lopen, zodat ze even op zichzelf konden zijn. Zachary, Nademah en Aisha hadden genoeg afleiding met Lutfi en Laila en met het zwembad achter het huis, en merkten amper dat ze weggingen.

Kathy en Zeitoun liepen naar het strand. Zeitoun droeg Safiya. Ze liepen ruim een kilometer langs de kust. Het water was koel en kalm. Kathy had zich in geen jaren zo tevreden gevoeld. Het was bijna een echte vakantie en het leek alsof haar echtgenoot zich echt ontspande, net als ieder ander die met vakantie is. Deze kant van hem zag ze zelden, zoals ze hem nu meemaakte, terwijl hij zonder enig echt doel over het strand liep, alleen om het water tussen zijn tenen te voelen.

Maar het gevoel hield niet lang aan. Vrijwel op hetzelfde moment dat ze zich bewust werd van zijn rust en ontspanning, bleef zijn oog hangen op iets in de verte.

'Zie je dat?' vroeg hij.

Ze schudde haar hoofd. Ze wilde niet zien wat hij zag.

'Die rots. Zie je die?'

Hij had in de verte een kleine groep rotsen opgemerkt die een paar kilometer verderop in zee staken. Kathy hield haar adem in en wachtte gespannen af welk idee er in zijn brein opborrelde.

'Laten we daarheen lopen,' zei hij met een opgewekt gezicht en stralende ogen.

Kathy had geen zin om naar een vaste bestemming te lopen. Ze wilde slenteren. Slenteren, daarna op het strand zitten en met hun dochtertje spelen en dan teruggaan naar Ahmads huis. Ze wilde vakantie, nietsdoen, misschien zelfs wat lichtzinnigheid.

'Kom op,' zei hij. 'Het is zo'n mooie dag. En het is echt niet ver.'

Ze liepen richting de rots, het water was aangenaam en de zon scheen mild. Maar na een halfuur waren ze zo op het oog niet dichterbij gekomen. Ze stonden voor een lage klip die een grens vormde tussen het ene deel van het strand en het volgende. Het leek de aangewezen plek om om te keren. Kathy stelde dat voor, maar Zcitoun had er geen oren naar.

'We zijn zo dichtbij!' zei hij.

Ze waren niet dichtbij, maar ze klauterde de klip op achter haar man aan, die op één arm Safiya droeg en over de scherpe richel weer naar beneden naar het volgende stuk strand klom.

'Zie je wel?' zei hij toen ze op het natte zand stonden. 'Heel dichtbij.'

Ze liepen verder. Zeitoun zette Safiya op zijn schouders. Na nog eens anderhalve kilometer werd het strand weer onderbroken door een lage klip. Ze klommen ook hieroverheen. Toen ze weer op het strand stonden, leek de rots in de verte nog geen stap dichterbij dan aan het begin van de wandeling. Zeitoun liet zich echter niet uit het veld slaan.

Toen ze twee uur onderweg waren, werd hun weg weer onderbroken door een klipachtige uitloper, dit keer een veel bredere, zo breed dat er huizen en winkels op waren gebouwd. Ze moesten een trap beklimmen en door de straatjes van het dorpje lopen. Kathy stond erop dat ze even pauzeerden om water en ijs te kopen. Ze leste haar ergste dorst, maar ze bleven niet lang zitten. Hij ging al snel weer op weg en zij had geen andere keus dan hem te volgen. Ze trippelden de treden aan de andere kant af en liepen verder over het strand. Zeitoun liep steeds in hetzelfde tempo. Hij zweette amper.

'Heel dichtbij, Kathy!' zei hij en hij wees naar de rots in de verte, die nog steeds geen stap dichterbij leek te zijn gekomen.

'We kunnen beter teruggaan,' zei ze. 'Wat heeft dit voor zin?'

'Nee, nee, Kathy!' zei hij. 'We kunnen pas teruggaan nadat we hem hebben aangeraakt.' En ze wist dat hij erop zou staan dat zij dat dan ook deed. Als hij op expeditie ging, wilde hij altijd dat zijn gezin aan alles meedeed.

Zeitoun gaf geen blijk van vermoeidheid. Hij droeg Safiya, die inmiddels sliep, nu eens op de ene, dan weer op de andere arm en liep maar door.

Ze liepen alles bij elkaar vier uur, door drie van dat soort hoger gelegen dorpjes en ruim vierentwintig kilometer over het strand, tot ze eindelijk dichtbij genoeg waren om de rots te kunnen aanraken.

Die rots stelde niet zoveel voor: gewoon een groot rotsblok dat uitstak in zee. Toen ze er eindelijk waren, moest Kathy lachen en Zeitoun ook. Ze sloeg haar ogen ten hemel en hij lachte kwajongensachtig naar haar. Hij wist dat het belachelijk was.

'Kom op, Kathy, we gaan de rots aanraken,' zei hij.

Ze liepen erheen en klommen snel naar boven. Daar rustten ze een paar minuten uit en keken naar de golven die stuksloegen tegen de lager gelegen rotsen. En hoewel het onderweg allemaal alleen maar belachelijk had geleken, gaf het Kathy nu toch een goed gevoel. Ze was getrouwd met een halsstarrige vent, een bij vlagen belachelijk koppige kerel. Hij kon onuitstaanbaar emmeren over zijn gevoel van lotsbestemming. Wat hij zich ook voornam, al was het maar een geschift idee om een of andere rots die kilometers verderop lag aan te raken, ze wist dat hij niet zou rusten voordat hij het had uitgevoerd. Het was om gek van te worden. Het was ook eigenaardig. Maar anderzijds, dacht ze, verleende het hun huwelijk een zekere grootse dimensie. Het was dwaas om zo te denken, wist ze, maar ze ondernamen samen een reis die soms werkelijk groots leek. Ze was opgegroeid in een klein huis in Baton Rouge met negen broers en zussen, en nu hadden zij en haar man vier gezonde kinderen, waren ze naar Spanje en Syrië geweest en leek het alsof ze ieder doel dat ze zich stelden daadwerkelijk konden bereiken.

'Kom op, raak hem aan,' zei hij weer.

Ze zaten boven op de rots, maar ze had hem nog niet officieel aangeraakt.

Dat deed ze nu. Hij glimlachte en hield haar hand vast.

'Fijn, hè?' zei hij.

Nadien werd het een privégrapje. Iedere keer als iets moeilijk leek en Kathy op het punt stond om op te geven, zei Zeitoun: 'Raak de rots aan, Kathy! Raak de rots aan!'

Dan moesten ze lachen en vond ze vervolgens de kracht om door te gaan, deels volgens een bepaalde eigenaardige logica: was het niet absurder om op te geven? Was het niet absurder om te falen en om te keren dan om door te gaan?

Maandag 19 september

Kathy werd wakker met een nieuw soort kalmte. Ze voelde zich sterk en klaar om plannen te maken. Ze had inmiddels bijna twee weken als verlamd stilgezeten in afwachting van nieuws over haar echtgenoot, maar dat was dwaasheid. Ze moest naar huis, naar hun huis aan Dart Street. Ze wist ineens zeker dat ze Zeitoun daar zou aantreffen. Zijn familie in Syrië had gelijk. Die rondtrekkende bendes vormden het grootste gevaar. Dat was de meest logische verklaring. Naarmate de stad leegliep, waren de plunderaars overmoediger geworden en hadden ze zich ook in wijken als Uptown gewaagd. De dieven waren het huis aan Dart binnengegaan, hadden niet verwacht daar iemand aan te treffen en vervolgens haar man vermoord.

Ze moest terug naar New Orleans, een of andere boot zien te huren en naar hun huis aan Dart gaan. Ze moest hem zien, waar hij ook was. Ze moest hem vinden en begraven. Ze moest ervoor zorgen dat hier een punt achter kon worden gezet.

De hele ochtend hield ze dat nieuwe serene gevoel vast. Het was tijd om de dingen nuchter te bekijken, niet langer te hopen. Het was tijd om voorbereidingen te treffen voor wat hierna kwam.

's Middags hoorde Kathy dat een nieuwe orkaan, dit keer Rita, op New Orleans afstormde. Burgemeester Nagin had de stad weer open willen stellen, maar zag daar vooralsnog van af. De storm raasde met windsnelheden van meer dan 240 kilometer per uur over de Golf van Mexico en zou de stad naar verwachting op 21 september bereiken. Zelfs als ze in de buurt van New Orleans wist te komen, zou de storm haar weer terugduwen.

Nademah kwam de woonkamer binnen.

'Moeten we bidden?' vroeg ze.

Kathy zei haast nee, ze deed al bijna niets anders dan bidden, maar ze wilde haar dochter niet teleurstellen.

'Natuurlijk. Dat is goed.'

Ze baden op de vloer van de woonkamer. Na het gebed kuste ze Nademah op haar voorhoofd en hield ze haar stevig tegen zich aan. Ik zal op jou steunen, dacht ze. Arme Demah, dacht ze, je hebt er geen flauw idee van.

En toen ging Kathy's mobiele telefoon. Ze nam op. 'Hallo?'

'Spreek ik met mevrouw Zeitoun?' vroeg iemand. De beller leek nerveus. Hij sprak 'Zeitoun' verkeerd uit. De moed zonk Kathy in de schoenen. Ze wist een 'ja' uit te brengen.

'Ik heb uw echtgenoot gezien,' zei de man.

Kathy ging zitten. Een beeld van zijn lichaam dat ronddreef in het smerige...

'Hij leeft,' zei de beller. 'Hij zit in de gevangenis. Ik ben missionaris. Ik was in Hunt, de gevangenis in St. Gabriel. Daar zit hij. Hij heeft me uw nummer gegeven.'

Kathy stelde hem in één adem tientallen vragen.

'Het spijt me, meer weet ik niet. Ik kan u verder niets vertellen.'

Ze vroeg hem hoe ze in contact kon komen met Zeitoun, of er goed voor hem werd gezorgd...

'Luister, ik kan niet langer met u praten. Anders kom ik in de problemen. Hij leeft, hij zit daar. Dat is het hele verhaal. Ik moet nu ophangen.'

En hij hing op.

IV

Dinsdag 6 september

Zeitoun genoot van het frisse water van zijn eerste douche in meer dan een week. Hij vermoedde dat dit wel eens de laatste keer zou kunnen zijn dat er nog water was en bleef er daarom wat langer onder staan dan strikt noodzakelijk.

Hij wilde nu ook wel weg. De straten waren zo goed als uitgestorven en binnenkort zou er niemand meer zijn die hij nog kon helpen en dan had hij het hier wel gezien. Hij vroeg zich af wanneer en hoe hij zou vertrekken. Misschien over een paar dagen. Hij zou naar het kruispunt Napoleon en St. Charles kunnen gaan om de agenten en hulpverleners daar te vragen hoe hij de stad uit kon. Hij hoefde maar tot het vliegveld van New Orleans of Baton Rouge. Van daaruit zou hij naar Phoenix vliegen. Hier was verder weinig meer te doen, het voedsel begon op te raken en hij miste Kathy en de kinderen. Het was tijd.

Hij liep naar beneden.

'De badkamer is vrij,' zei hij tegen Nasser.

Zeitoun belde naar zijn broer Ahmad in Spanje.

'Weet je wel wat we hier op tv allemaal zien?' vroeg Ahmad.

Terwijl ze aan het praten waren, hoorde hij Nassers stem op de veranda. Hij praatte tegen iemand buiten.

'Zeitoun!' riep Nasser.

'Wat is er?' riep Zeitoun terug.

'Kom eens even,' zei Nasser. 'Deze mannen willen weten of we water nodig hebben.'

Zeitoun hing op en liep naar de deur.

De mannen stonden Zeitoun in de gang op te wachten. Ze hadden een mengelmoesje van politie- en legeruniformen aan. Camouflagebroeken. Kogelvrije vesten. De meesten hadden een zonnebril op. Allemaal hadden ze M16's en pistolen. De gang stond al snel vol mensen. Er waren minstens tien wapens zichtbaar.

'Wie ben jij?' vroeg een van hen.

'Ik ben de huisbaas. De eigenaar van dit huis,' zei Zeitoun.

Nu zag hij dat ze met z'n zessen waren, vijf mannen en één Afro-Amerikaanse vrouw. Door de vesten kon je niet goed zien wat voor uniform ze droegen. Waren het politieagenten uit de stad? De vrouw, die heel lang was, had een camouflagebroek aan. Zij hoorde waarschijnlijk bij de Nationale Garde. Ze keken allemaal om zich heen alsof ze eindelijk de binnenkant van een gebouw zagen dat ze al een hele tijd vanuit de verte in de gaten hadden gehouden. Ze waren gespannen en hielden allemaal hun vinger aan de trekker. Een van de agenten was Ronnie aan het fouilleren en een ander duwde Nasser tegen de muur bij de trap.

'Identiteitsbewijs,' zei een van de mannen tegen Zeitoun.

Zeitoun gaf het hem. De man nam het aan en gaf het zonder ernaar te kijken meteen weer terug.

'De boot in,' zei hij.

'U keek er niet eens naar,' protesteerde Zeitoun.

'Lopen!' blafte een ander.

Zeitoun werd naar de voordeur geduwd. De andere agenten hadden Ronnie en Nasser al naar een gigantische propellerboot overgebracht. Het was een militair vaartuig dat veel groter was dan de andere boten die Zeitoun na de storm had gezien. Hij werd door minstens twee agenten onder schot gehouden.

Op dat moment arriveerde er een andere boot. Het was Todd die thuiskwam van zijn reddingsronde.

'Wat is hier aan de hand?' vroeg hij.

'Wie ben jij?' wilde een van de agenten weten.

'Ik woon hier,' zei Todd. 'Dat kan ik bewijzen. Mijn papieren liggen binnen.'

'Instappen,' zei de agent.

Zeitoun raakte niet in paniek. Hij wist dat er een verplichte evacuatie van kracht was en nam aan dat dit daar iets mee te maken had. Hij wist dat het allemaal wel zou worden rechtgezet zodra ze op de plek van bestemming waren. Hij zou dan alleen Kathy even moeten bellen, zodat ze een advocaat kon regelen.

Maar Yuko's nummer lag nog binnen bij de telefoon op het gangtafeltje. Als hij het nu niet ging halen, kon hij Kathy niet bereiken. Hij kende het nummer niet uit zijn hoofd.

'Momentje,' zei hij tegen een van de soldaten. 'Er ligt binnen een briefje op tafel met het telefoonnummer van mijn vrouw. Zij zit in Arizona. Het is de enige manier...' Beleefd glimlachend deed hij een stap in de richting van het huis. Dat nummer betekende alles voor hem. Het papiertje lag nog geen vijf meter van hem vandaan.

'Nee!' brulde de soldaat. Hij greep Zeitoun bij zijn shirt, draaide hem de andere kant op en duwde hem de boot op.

De boot voer weg met de vier arrestanten staand aan boord, omringd door zes militairen. Zeitoun probeerde erachter te komen wie ze waren, maar kon dat nergens uit afleiden. Twee of drie van de mannen waren in het zwart, zonder zichtbare insignes of onderscheidingstekens.

Niemand zei wat. Zeitoun wist dat hij de situatie niet op de spits moest drijven en ging ervan uit dat alles wel duidelijk zou worden als ze door een hogergeplaatste werden verhoord. Ze zouden op hun kop krijgen omdat ze in de stad waren gebleven, ondanks de verplichte evacuatie, en vervolgens per bus of helikopter naar het noorden worden gestuurd. Kathy zou opgelucht zijn als ze hoorde dat hij eindelijk wegging, bedacht hij.

Ze voeren met grote snelheid over Claiborne en Napoleon tot aan het kruispunt met St. Charles, waar het water ondieper werd.

De motor werd uitgezet en de boot dreef het laatste stukje naar de kruising. Daar stonden een stuk of tien mannen in uniformen van de Nationale Garde, die afwachtend toekeken. Een groepje mannen in kogelvrije vesten en met zonnebrillen en petten keek op. Ze stonden op hen te wachten.

Zodra Zeitoun en de drie anderen van de boot stapten, stortten zo'n tien soldaten zich op hen. Twee mannen in kogelvrije vesten wierpen zich op Zeitoun en dwongen hem op de grond. Zijn gezicht werd in het natte gras geduwd. Hij kreeg modder in zijn mond en voelde een knie in zijn rug en handen die zijn benen vasthielden. Het leek alsof minstens drie man hem met al hun kracht tegen de grond hielden, ook al had hij zich niet verroerd of tegengesparteld. Zijn armen werden op zijn rug getrokken en geboeid. Ook zijn benen werden aan elkaar gebonden. Intussen brulden de mannen aan één stuk door bevelen: 'Stilliggen!' 'Blijf liggen, klootzak.' 'Geen beweging, teringlijder.' Vanuit zijn ooghoek zag hij de andere drie – Nasser, Todd en Ronnie – ook met hun gezicht naar beneden op de grond liggen, met knieën in hun rug en hun handen in de nek. Er waren fotografen die foto's maakten. Soldaten stonden toe te kijken met de vinger aan de trekker van hun geweer.

Wankelend op hun vastgebonden benen werden de mannen overeind getrokken en een grote, witte bestelwagen in geduwd. Ze moesten op twee tegenover elkaar gelegen banken gaan zitten. Niemand zei wat. Een jonge soldaat ging achter het stuur zitten. Hij had een open gezicht. Zeitoun waagde het erop.

'Wat is dit toch allemaal?' vroeg Zeitoun hem.

'Geen idee,' zei de soldaat. 'Ik kom uit Indiana.'

Ze zaten een halfuur in het busje te wachten. Zeitoun kon naar buiten kijken en zag soldaten die gejaagd met elkaar en via de radio spraken. Dit was een drukke kruising, waar hij iedere dag langs kwam. Vlakbij, op de hoek, zag hij restaurant Copeland, waar hij vaak met zijn gezin had gegeten. Nu was het een legerpost en was hij een arrestant. Todd en hij keken elkaar aan. Todd was een grappenmaker en was al een keer of twee eerder met de politie in aanraking geweest, en zelfs deze situatie, op de achterbank van een legervoertuig, leek hij wel grappig te vinden. Hij schudde zijn hoofd en sloeg zijn ogen ten hemel.

Zeitoun moest aan de honden denken die hij had gevoerd. Hij trok de aandacht van een van de soldaten die langs het openstaande busje kwamen.

'Ik heb een stuk of wat honden die ik te eten moet geven,' zei Zeitoun. 'Kan ik jullie het adres geven, zodat jullie ze ergens anders heen kunnen brengen?'

'Tuurlijk,' zei de soldaat. 'Doen we.'

'Zal ik het adres geven?' vroeg Zeitoun.

'Nee, ik weet ze wel te vinden,' zei de soldaat en hij liep weg.

Ze reden richting centrum.

'Zouden ze ons naar de Superdome brengen?' vroeg Todd zich hardop af.

Een paar straten voor het stadion stopten ze bij de halfronde oprit van de Union Passenger Terminal, het station van de Amtrak-treinen en Greyhound-bussen. Dit leek Zeitouns eerdere vermoeden, dat ze gedwongen werden geëvacueerd, te bevestigen. Opgelucht zakte hij terug in de bank. Ze hadden hem niet moeten verbieden nog even iets te halen en de agenten en soldaten hadden hem nogal ruw behandeld, maar het was duidelijk wat de bedoeling was en daar kon hij mee leven: ze zouden op een bus of trein worden gezet en de stad uit worden gestuurd.

Zeitoun had in de afgelopen jaren wel eens vrienden en familieleden bij het station opgehaald of daar afgezet. De Union Passenger Terminal met zijn weelderig groene grasveld en palmbomen aan de voorkant was in 1954 geopend. Het was een gebouw in art-decostijl dat ooit een zekere grandeur had moeten uitstralen, maar inmiddels bevangen was door een soort stedelijke grauwheidsmalaise. Er stond een grillig gevormd, felgekleurd standbeeld voor dat op een verzameling willekeurig aan elkaar geplakte kinderspeeltjes leek. Een paar straten verder doemden de contouren van de Superdome op.

Toen ze naast het gebouw stilhielden, zag Zeitoun politiewagens en militaire voertuigen staan. Overal patrouilleerden soldaten van de Nationale Garde. Het station was veranderd in een soort legerbasis. Sommige mannen stonden ontspannen rokend tegen een Humvee geleund met elkaar te kletsen. Anderen waren waakzaam en alert, alsof ze elk moment een aanval verwachtten.

Het busje stopte bij een zijingang van het station en de arrestanten moesten uitstappen en werden naar binnen gebracht. Toen Zeitoun en de anderen de hal van het station binnenkwamen, voelden ze meteen vijftig paar ogen, van soldaten, politiemensen en militair personeel, op zich gericht. Er waren geen andere burgers daar binnen. Het leek alsof de hele operatie, dit busstation dat in een legerbasis was omgetoverd, alleen voor hen was opgezet.

Zeitouns hart bonsde. Hij zag geen burgers, geen ziekenhuispersoneel of humanitaire hulpverleners, zoals wel het geval was geweest op plaatsen zoals de verzamelplek bij Napoleon en St. Charles. Dit was anders. Dit was puur een militaire operatie en de sfeer was gespannen.

'Wat maken jullie me nou?' zei Todd. 'Wat moet dit voorstellen?'

De vier mannen moesten op opklapstoeltjes bij het Greyhoundloket gaan zitten. Hoe langer ze daar zaten, des te interessanter Zeitoun, Nasser, Todd en Ronnie voor de aanwezigen leken te worden.

Overal om hen heen stonden mannen in uniform – politiemannen uit New Orleans, soldaten van de Nationale Garde en gevangenisbewakers met uniformen met het logo van het gevangeniswezen van Louisiana. Zeitoun telde een stuk of tachtig man en minstens twaalf geweren binnen een straal van een meter of tien. Twee agenten met honden hielden de wacht, de riem strak om hun vuist gedraaid.

Todd werd uit zijn stoel gelicht en naar het Amtrak-loket gebracht. Terwijl hij aan weerszijden door een agent werd bewaakt, werd hij door een agent aan de andere kant van het loket ondervraagd. De andere drie mannen moesten blijven zitten. Zeitoun kon niet verstaan wat Todd werd gevraagd.

De soldaten en bewakers in de buurt waren uiterst waakzaam. Toen Nasser ging verzitten, werd hij meteen afgesnauwd.

'Stilzitten. Terug zoals je zat.'

Nasser reageerde eerst niet.

'Stilzitten!' zeiden ze. 'Handen op een zichtbare plaats.'

Zeitoun nam zijn omgeving in zich op. Het station zag er eigenlijk nog hetzelfde uit als vroeger. Er was een broodjeswinkel, er waren verschillende loketten en er was een informatiekiosk. Het enige wat ontbrak waren de reizigers. In plaats daarvan waren er alleen mannen en vrouwen met geweren, honderden dozen met flessen water en andere voorraden in de gangen, en Zeitoun en zijn medegevangenen.

Todd was heftig aan het discussiëren met zijn ondervragers. Zeitoun hoorde af en toe een uitbarsting tijdens het verhoor bij het loket. Todd was normaal al heetgebakerd, dus het verbaasde Zeitoun niets dat hij zich nu ook stond op te winden.

'Krijgen we nog gelegenheid om te bellen?' vroeg Todd.

'Nee,' zei de agent.

'We hebben recht op een telefoongesprek.'

Geen antwoord.

Todds stem klonk harder en zijn ogen spuwden vuur. De soldaten naast hem kwamen wat dichterbij staan en beten hem waarschuwingen en dreigementen toe.

'Waarom zijn we hierheen gebracht?' vroeg hij aan een passerende soldaat.

'Jullie zijn Al-Qaeda,' zei de soldaat.

Todd lachte spottend, maar Zeitoun was geschokt. Dat moest hij verkeerd verstaan hebben.

Het was iets waar Zeitoun al heel lang bang voor was. De paar keer dat hij was aangehouden wegens een verkeersovertreding had de mogelijkheid in zijn achterhoofd meegespeeld dat hij zou worden getreiterd, verkeerd begrepen of verdacht van vage activiteiten die in de fantasie van een willekeurige politieman wanstaltige vormen zouden kunnen aannemen. Kathy en hij wisten heel goed dat sinds 9/11 de fantasie van velen op hol was geslagen, dat de invoering van het idee van 'slapende cellen' – groepen potentiële terroristen die in de vs woonden en jaren, soms zelfs tientallen jaren, wachtten voor ze toesloegen – betekende dat iedereen van hun moskee, of de hele moskee zelf, misschien wel in afwachting was van instructies van hun veronderstelde leiders in de bergen van Afghanistan of Pakistan.

Kathy en hij hadden met ongerustheid gezien hoe het ministerie van Binnenlandse Veiligheid bij iedereen die geboren was in of banden had met landen in het Midden-Oosten aan de bel trok. Veel van hun moslimvrienden waren ondervraagd en gedwongen om documenten op te sturen en advocaten in de arm te nemen. Tot nu toe was Zeitoun de dans ontsprongen. Hij was niet aan verhoren onderworpen en was nog nooit ergens van verdacht door enige gezagsdrager. Natuurlijk waren er wel steelse blikken geweest en vervelende opmerkingen van mensen als ze zijn accent hoorden. Misschien, bedacht hij, was dit gewoon één onwetende of vervelende soldaat die een beetje wilde stoken. Zeitoun besloot het verder te negeren.

Toch was Zeitoun nu extra op zijn hoede. Hij keek om zich heen en zocht naar meer signalen. Ze werden nog steeds in de gaten gehouden door tientallen soldaten en agenten. Hij voelde zich een exotisch dier, een jagerstrofee.

Even later keek een langslopende soldaat Zeitoun aan en mompelde: 'Taliban.'

En hoe graag hij beide opmerkingen ook wilde negeren, hij kon het niet. Hij wist nu zeker dat er een ernstig misverstand in het spel was en dat het dagen zou duren om dat te ontwarren en te weerleggen. Todd ging nog steeds tekeer, maar Zeitoun besefte dat dat geen zin had. De vraag omtrent hun schuld of onschuld zou niet hier en niet op korte termijn worden beantwoord.

Hij leunde achterover en wachtte.

Ze keken uit op een nis met daarin een rijtje automaten en spelcomputers. Boven de apparaten was een enorme muurschildering aangebracht die in vier lange stukken de bovenste helft van de belangrijkste wanden van het station besloeg.

In totaal was de schildering ongeveer zesendertig meter lang en verbeeldde de volledige geschiedenis van Louisiana in het bijzonder en de Verenigde Staten in het algemeen. Zeitoun keek ernaar en hoewel hij al eerder in het station was geweest, had hij de muurschildering nooit echt bekeken. Nu hij dat wel deed, vond hij het een angstaanjagend ding, een duistere verzameling afbeeldingen van onderwerping en strijd. De kleuren waren spookachtig, de lijnen hoekig, de beelden verontrustend. Hij zag Ku-Klux-Klan-puntmutsen, skeletten, harlekijns in felgekleurde kostuums, geschminkte gezichten. Recht boven hem werd een leeuw aangevallen door een reusachtige arend van goud. Naast massagraven waren soldaten in blauwe uniformen te zien die ten strijde trokken. Er waren vele afbeeldingen van de onderdrukking of uitroeiing van volken – indianen, slaven, immigranten – en telkens waren daarbij de aanstichters van dat alles te zien zoals de kunstenaar hen zag: rijke aristocraten met gepoederde pruiken, generaals in blinkende uniforms, zakenmannen met zakken geld. Op één wand stonden boortorens met daarboven een overstroomd landschap, water dat een stad overspoelde.

Nasser was als volgende aan de beurt. Hij werd naar het loket gebracht en Zeitoun zag dat ze vingerafdrukken afnamen en hem fotografeerden.

Kort na het begin van Nassers verhoor ontstond er ophef over zijn reistas. Een agente haalde stapels Amerikaans geld uit de tas.

'Dat komt niet hiervandaan,' zei ze.

Nasser bestreed dat, maar de ontdekking joeg alleen maar meer opwinding door het gebouw.

'Dat is absoluut niet van hier,' zei ze, nu stelliger.

Het geld werd op een tafel in de buurt gelegd en algauw stond er een hele menigte omheen. Iemand telde het. Tienduizend dollar.

Het was voor het eerst dat Zeitoun zag wat er in de tas zat. Toen Nasser hem mee de kano in had genomen, was Zeitoun ervan uitgegaan dat er kleren en wat kostbaarheden in zaten. Hij zou nooit hebben geraden dat hij tienduizend dollar in contanten bevatte.

Er volgden meer verrassingen. Todd bleek 2400 dollar bij zich te hebben. De agenten legden de stapel biljetten naast die van Nasser. In Todds zakken vonden ze uitgeprinte routeplannerkaarten.

'Ik bezorg zoekgeraakte bagage,' probeerde Todd uit te leggen.

Dat stelde de agenten niet tevreden.

In een van Todds zakken vonden ze een kleine geheugenkaart, het soort dat je in digitale camera's gebruikt. Todd schoot in de lach en legde uit dat er alleen maar foto's op stonden die hij van de overstromingsschade had gemaakt. De agenten zagen er echter iets heel anders in.

Toen Zeitoun het bewijsmateriaal zich op tafel zag ophopen, liet hij zijn schouders hangen. De meeste gemeentelijke instellingen functioneerden niet meer. Er waren geen advocaten in het station en geen rechters. Ze zouden zich hier niet uit kunnen praten. De aanwezige politieagenten en soldaten waren te opgefokt en het bewijsmateriaal was te curieus. Zeitoun bereidde zich voor op een lange zit.

Todd werd steeds kwader. Af en toe kalmeerde hij, om even later weer te ontploffen. Op het laatst hief een van de soldaten zijn arm, alsof hij hem een klap wilde geven met de rug van zijn hand. Toen viel Todd stil.

Vervolgens was het Zeitouns beurt om ondervraagd te worden. Hij werd naar het loket gebracht en er werden vingerafdrukken afgenomen. Hij werd tegen een nabijgelegen muur geduwd waarop met de hand een meetlat was getekend, van een meter vijftig tot twee meter tien. Op precies diezelfde plaats had Zeitoun eerder in de rij gestaan voor kaartjes voor vrienden of werknemers. Nu werd hij met handboeien en bewaakt door twee soldaten met M16's op de foto gezet.

Bij het loket moest hij zijn portefeuille afgeven en werd hij gefouilleerd op andere bezittingen. Er werd naar zijn persoonlijke gegevens gevraagd, zoals naam, adres, beroep en land van herkomst. Hij kreeg niet te horen wat hem ten laste werd gelegd.

Ten slotte werd hij teruggebracht naar de rij stoelen en kon hij weer gaan zitten. Nu was Ronnie aan de beurt.

Een paar tellen later werd Zeitoun ruw onder de arm gepakt. 'Opstaan,' zei een soldaat.

Zeitoun ging staan en werd door drie soldaten naar een klein kamertje gebracht, een soort berghok. Het had kale muren en er stond een klaptafeltje.

De deur ging achter hem dicht. Nu was hij alleen met twee soldaten.

'Uitkleden,' zei de een.

'Hier?' vroeg hij.

De soldaat knikte.

Tot op dit moment was Zeitoun nog steeds nergens van beschuldigd. Hij had niet te horen gekregen wat zijn rechten waren. Hij wist niet waarom hij werd vastgehouden. Nu stond hij in een klein, wit kamertje, waar hem door twee soldaten, die allebei in volledige camouflage-uitrusting waren en automatische wapens vasthadden, bevolen werd zijn kleren uit te trekken.

'Opschieten!' blafte een van de soldaten.

Zeitoun trok zijn T-shirt en korte broek uit en na een kleine aarzeling ook zijn sandalen.

'Onderbroek ook,' zei dezelfde soldaat.

Zeitoun aarzelde even. Als hij dat deed, zou hij er altijd mee moeten leven. De schaamte zou nooit meer weggaan. Maar hij had geen keus. Hij kon weigeren, maar als hij dat deed, zou dat tot problemen leiden. Er zouden meer soldaten bij gehaald worden en hij zou op enigerlei wijze worden gestraft.

'Schiet op!' beval de soldaat.

Zeitoun trok zijn ondergoed uit.

Een van de soldaten liep om hem heen en tilde in het voorbijgaan Zeitouns armen op. De soldaat had een gummistok in zijn hand en toen hij bij Zeitouns rug was, tikte hij daarmee op de binnenkant van Zeitouns dij.

'Benen spreiden,' zei hij.

Dat deed Zeitoun.

'Ellebogen op tafel.'

Zeitoun snapte niet wat hij bedoelde.

De soldaat herhaalde het bevel, nu geïrriteerder. 'Zet je ellebogen op tafel.'

Hij had geen keus. Zeitoun wist dat de soldaten hoe dan ook hun zin zouden krijgen. Waarschijnlijk waren ze op zoek naar smokkelwaar, maar hij wist dat alles mogelijk was. Vandaag was alles anders dan normaal.

Zeitoun boog zich voorover. Hij hoorde aan de geluiden dat de soldaat plastic handschoenen aantrok. Zeitoun voelde vingers die gehaast zijn rectum doorzochten. De pijn was kort maar hevig.

'Kom maar weer overeind,' zei de soldaat, die met een knal de handschoen uittrok. 'Kleed je aan.'

Zeitoun trok zijn broek en shirt weer aan. Hij werd de kamer uit geleid en zag Todd staan. Die stond woedend te protesteren en met processen en het ontslag van alle aanwezigen te dreigen. Kort daarna werd hij het kamertje in geduwd, de deur ging dicht en daarna werden zijn protesten gedempt door het staal.

Toen ook Todd was gevisiteerd werden ze samen teruggebracht via het busstation. Zeitoun wist zeker dat hij een stuk of wat veelbetekenende blikken zag van soldaten en politieagenten die wisten wat er in het kamertje was voorgevallen.

Zeitoun en Todd werden naar de achterkant van het station gebracht, naar de toegangsdeuren tot de bus- en treinperrons. Zeitouns gedachten buitelden over elkaar. Zouden ze dan misschien toch alsnog worden geëvacueerd? Misschien waren ze alleen maar gevisiteerd bij wijze van garantie dat ze echt niets hadden gestolen en werden ze, nu ze onschuldig bevonden waren, op de bus gezet? Het leek bizar, maar was niet onmogelijk.

Toen de bewakers de deuren opendeden, stokte echter Zeitouns adem. De parkeerplaats, waar normaal gesproken een stuk of tien bussen geparkeerd stonden, was veranderd in een gigantische buitengevangenis.

Hekken van harmonicagaas met prikkeldraad erbovenop vormden een lange, vijf meter hoge kooi die zich over een kleine honderd meter van de parkeerplaats uitstrekte. Boven de kooi was een dak, een vrijstaande overkapping zoals je die wel bij benzinestations ziet. Het prikkeldraad liep tot het dak.

Zeitoun en Todd werden naar de kooi toe gebracht, die enkele meters van de achterkant van het busstation af lag. Een andere bewaker maakte hem open. Ze werden naar binnen geduwd. De kooi ging dicht en werd vergrendeld met een kettingslot. Een eindje verderop zaten twee andere gevangenen, elk in hun eigen hokje.

'Tering,' zei Todd.

Zeitoun begreep er helemaal niets van. Het was een verbijsterende opeenvolging van gebeurtenissen geweest: gearresteerd in zijn eigen huis onder bedreiging van vuurwapens, overgebracht naar een geïmproviseerde militaire basis in een busstation, beschuldigd van terrorisme en opgesloten in een kooi in de buitenlucht. Het overtrof de meest surrealistische berichten die hij had gehoord over wetshandhaving in derdewereldlanden.

Todd vloekte en tierde in de kooi. Ook hij kon het niet geloven. Van de andere kant, merkte hij op, was het ook weer niet voor het eerst dat zoiets gebeurde. Tijdens Mardi Gras, als de gevangenissen van New Orleans overvol zaten, bracht de politie dronkaards en dieven vaak onder in tijdelijke gevangenissen in tenten.

Maar dit onderkomen was veel minder geïmproviseerd en direct na de storm gebouwd. Nu hij er wat beter naar keek, zag Zeitoun dat het niet één grote kooi was, maar een verzameling kleinere, van elkaar gescheiden kooien. Hij had dit soort bouwsels wel vaker gezien, op het terrein van klanten die honden hielden. Deze gevangenis was net als die hondenkooien een omheind stuk grond dat was opgedeeld in kleinere compartimenten. Hij telde er zestien. Het leek op een reuzenkennel, maar meer nog op een ander vertrouwd beeld.

Het zag er precies zo uit als de foto's die hij had gezien van Guantánamo Bay. Net als dat complex was dit een enorm traliewerk van hekken van gaas zonder muren, zodat de gevangenen goed zichtbaar waren voor de bewakers en voor elkaar. Net als Guantánamo was het in de buitenlucht en leek er nergens plaats te zijn om te zitten of te slapen. Het waren gewoon kooien op het wegdek.

De kooi van Zeitoun en Todd was ongeveer vierenhalf bij vierenhalf en er stond alleen een verplaatsbaar toilet in, zonder deur. Het enige andere object in de kooi was een stalen balk in de vorm van een U op zijn kop, die in het wegdek vastzat als een soort fietsenrek. Normaal deed het dienst als halte voor de bussen en was het de plek waar passagiers een rij vormden. Het was ongeveer 75 centimeter hoog en één meter breed.

Tegenover Zeitouns kooi stond een gebouw van twee verdiepingen, een of ander kantorenblok van Amtrak. Nu zaten er soldaten in. Er stonden twee soldaten op het dak met een M16 in hun hand, die Zeitoun en Todd in de gaten hielden.

Todd ging tegen hen tekeer en wierp hun woedende blikken toe, maar de bewakers hoorden hem nauwelijks. Zelfs Zeitoun, die vlak bij hem stond, hoorde alleen maar gedempte flarden. Pas toen besefte hij dat ze omgeven werden door een muur van geluid, een zware, mechanische dreun, die zo constant en onveranderlijk was dat hij hem eerst niet eens had opgemerkt.

Zeitoun draaide zich om om te zien waar het geluid vandaan kwam. De achterkant van hun kooi lag zowat tegen de treinrails aan en op die rails, vlak achter hen, stond een locomotief. Die dieselloc draaide op volle kracht en Zeitoun begreep meteen dat daar de elektriciteit werd opgewekt voor het station en de geïmproviseerde gevangenis. Hij keek naar het grijze monster dat makkelijk honderd ton woog en versierd was met een klein rood-wit-blauw logo, en besefte dat het hard en zonder ophouden zou blijven staan draaien zo lang ze daar werden vastgehouden.

Ze kregen een bewaker toegewezen. Die ging op een klapstoeltje zo'n drie meter voor de kooi zitten en keek met een nieuwsgierige en minachtende blik naar Zeitoun en Todd.

Zeitoun moest en zou toestemming krijgen om te bellen. Hij stak zijn hand uit naar het gaas om de aandacht te trekken van een agent die hij bij de achterdeur van het station zag staan. Todd deed dat ook en werd onmiddellijk teruggefloten door de soldaat die hen moest bewaken.

'Niet aan het hek zitten,' snauwde hij.

'Niet aan het hek zitten? Wat is dat nou weer voor onzin?' vroeg Todd.

Maar de soldaat meende het serieus. 'Als je er nog één keer aanzit, krijg je met mij te maken.'

Todd vroeg waar ze dan moesten staan en kreeg te horen dat ze maar in het midden moesten gaan staan. Of op de stalen beugel moesten gaan zitten. Of op de grond. Maar als ze dat hek nog één keer aanraakten, zou dat niet zonder gevolgen blijven.

Er liepen een stuk of tien andere bewakers rond achter het busstation. Een van hen kwam met een aangelijnde Duitse herder langs. Hij bleef expres bij hun kooi staan om Zeitoun en Todd een waarschuwende blik toe te werpen voor hij weer doorliep.

Zeitoun kon nauwelijks meer op zijn benen staan. Hij voelde een stekende pijn in zijn voet, die hij tot dan toe had genegeerd. Hij trok zijn schoen uit en zag dat zijn wreef verkleurd was. Er zat iets onder zijn huid, een soort metalen splinter, leek het, al wist hij niet hoe en wanneer die daar terechtgekomen was. De huid was op die plek dieppaars in het midden met een witte ring eromheen.

Die splinter moest eruit, en snel ook, anders zou het alleen maar erger worden met die voet.

Zeitoun en Todd zaten om beurten op de stalen beugel. Er kon maar één iemand tegelijk op zitten en dus wisselden ze om de tien minuten om.

Na een uur vlogen de deuren van het station weer open. Nasser en Ronnie verschenen, begeleid door drie agenten. De kooi van Zeitoun en Todd werd opengemaakt en Nasser en Ronnie werden naar binnen geduwd. Daarna ging de kooi weer op slot. De vier mannen waren herenigd.

Boven het dreunen van de locomotief uit wisselden ze hun ervaringen tot dan toe uit. Alle vier waren ze gevisiteerd. Alleen Todd had te horen gekregen waarom ze werden vastgehouden – bezit van gestolen goederen was het enige ten laste gelegde feit dat was genoemd – en geen van allen waren ze op hun rechten gewezen. Niemand had mogen bellen.

Nasser had een poging gedaan om uit te leggen waarom hij al dat geld in zijn tas had. De politie en het leger waren in de stad om het wijdverbreide plunderen tegen te gaan waarover iedereen had gehoord. Nasser, die zich ook zorgen had gemaakt over die plunderingen, had besloten zijn spaargeld bij zich te houden.

Zijn ondervragers geloofden hem niet. Nasser had hen niet weten te overtuigen dat hordes immigranten hun geld contant in huis hadden, omdat ze weinig vertrouwen in banken hadden. Een van de redenen voor iemand in zijn positie om zijn geld contant te bewaren, zo legde hij uit, was de mogelijkheid, hoe klein misschien ook, dat hij zou worden aangehouden, ondervraagd en in hechtenis gehouden – of het land uit gezet. Contant geld kon hij verstoppen en bewaren, en later regelen dat hij het weer in handen kreeg als hij werd weggestuurd.

De vier mannen wisten niet wat hun te wachten stond, maar

wel dat ze de nacht in de kooi zouden moeten doorbrengen.

De Syrische namen Zeitoun en Dayoob, hun Arabische accent, de tienduizend dollar, Todds geld en de uitgeprinte routekaarten: alles bij elkaar opgeteld was het genoeg om te weten dat de situatie niet op korte termijn opgelost zou zijn.

'We zijn de sigaar, vrienden,' zei Todd.

De mannen hadden weinig opties in de kooi: ze konden in het midden blijven staan, op de betonnen vloer gaan zitten of tegen de stalen beugel leunen. Niemand wilde op de grond zitten. Het beton onder hun voeten was vettig en vies. Als ze ook maar één stap in de richting van het hek deden, begonnen de bewakers meteen te schelden en met straf te dreigen.

De eerste uren in de kooi had Zeitoun maar één doel: toestemming krijgen om te bellen. Allemaal hadden ze daar de afgelopen uren al vele malen om verzocht en telkens weer hadden ze te horen gekregen dat er geen telefoonverkeer mogelijk was.

Dat leek te kloppen. Ze zagen niemand bellen, met mobiele noch vaste telefoons. Het gerucht ging dat er wel werkende satelliettelefoons waren en dat er in het kantoor boven het busstation één telefoon was die op een faxlijn was aangesloten.

Elke keer als er een bewaker langskwam smeekten ze om toegang tot dat toestel of welke telefoon dan ook. In het beste geval werd er met schouderophalen of ontwijkende antwoorden gereageerd.

'De telefoons werken niet,' vertelde een bewaker hun. 'Jullie zijn terroristen, taliban.'

Het begon te schemeren. Het verhoor en alles daaromheen had drie uur geduurd en daarna hadden de mannen nog drie uur in de kooi gezeten. Ze kregen alle vier een kartonnen doosje waarin volgens de opdruk gegrilde varkensribbetjes zaten. Het waren Amerikaanse gevechtsrantsoenen en ze bevatten plastic bestek, een kuipje smeerkaas, twee crackers, een pakje limonadepoeder met sinaasappelsmaak en een zakje varkensribbetjes.

Zeitoun zei tegen de bewaker dat Nasser en hij moslims waren en dat ze geen varkensvlees aten.

De bewaker haalde zijn schouders op. 'Dan eet je het niet.'

Zeitoun en Nasser aten de crackers met kaas en gaven de rest aan Todd en Ronnie.

Nu het donkerder werd, leek het geluid achter hen steeds harder te klinken. Zeitoun was al moe, maar wist dat geen van hen in die herrie zou kunnen slapen. Hij had in de machinekamers van schepen gewerkt, maar dit geluid was veel harder, harder dan alles wat hij ooit had ervaren. In het felle licht van de schijnwerpers had de locomotief wel wat weg van een gigantische brullende, uitgehongerde oven.

'Zullen we bidden?' vroeg Zeitoun aan Nasser.

Hij keek Nasser aan en wist wat hij dacht. Ze moesten bidden, eigenlijk vijf keer per dag, maar Nasser was zenuwachtig. Zou dat niet nog meer achterdocht wekken? Zouden ze belachelijk worden gemaakt of misschien zelfs gestraft als ze zouden bidden?

Zeitoun zag geen reden om ervan af te zien, zelfs niet nu hij in een kooi in de openlucht werd vastgehouden. 'Het moet,' zei hij. Eigenlijk zouden ze nu zelfs vaker moeten bidden, vond hij, en vuriger.

'En de wudu dan?' vroeg Nasser.

Moslims moesten zich volgens de Koran eigenlijk wassen voor het gebed, maar dat was hier onmogelijk. Zeitoun wist echter dat als er geen water voorhanden was, ze zich van de Koran ook met stof mochten reinigen, al was dat alleen voor de vorm. Dat deden ze dus maar. Ze raapten zand van de grond en wreven dat over hun handen en armen, hun hoofd en hun voeten, en ze knielden en baden de salat. Zeitoun wist dat ze met hun gebed de aandacht trokken van de bewakers, maar Nasser en hij lieten zich daardoor niet weerhouden.

Toen het donker werd, gingen de lampen aan. Schijnwerpers van bovenaf en vanaf het gebouw aan de overkant. Terwijl het buiten het busstation steeds donkerder en kouder werd, bleven de lampen aan, waardoor het nog lichter was dan overdag. De mannen kregen geen lakens, dekens of kussens. Toen een nieuwe bewaker de oude kwam aflossen en op het stoeltje tegenover hen plaatsnam, vroegen ze hem waar ze moesten slapen. Hij zei dat het hem niets uitmaakte, zolang het maar op de grond was, waar hij hen kon zien.

Zeitoun deed geen moeite om te slapen. Hij wilde wakker blijven voor het geval er een of andere hogergeplaatste, een advocaat of een burger, wie dan ook, langs zou komen. De andere mannen probeerden met hun hoofd in hun elleboogholte op de harde grond te liggen. Niemand deed een oog dicht. Zelfs als iemand erin slaagde een houding te vinden waarin hij zou kunnen rusten, was er nog altijd de herrie van de locomotief en de trillingen ervan in de grond. Op deze plek was slapen onmogelijk.

Ergens in de kleine uurtjes van de nacht probeerde Zeitoun zich over de stalen beugel te vouwen, met zijn buik naar beneden. Een minuut of wat kon hij zich zo ontspannen, maar het was een houding die niet lang vol te houden was. Hij probeerde er met zijn rug tegenaan te leunen, met zijn armen over elkaar, maar ook dat werkte niet.

Af en toe liepen er bewakers voorbij met Duitse herders, maar verder gebeurde er die nacht niets. Er was niets anders te zien dan het gezicht van hun bewaker, de M16 aan zijn zij en de schijnwerpers vanuit alle hoeken, die de vertrokken, uitgeputte gezichten van Zeitouns medegevangenen verlichtten, die half gek waren van vermoeidheid en verwarrende onwetendheid.

Woensdag 7 september

Toen bij zonsopgang de hemel begon op te lichten, besefte Zeitoun dat hij die nacht helemaal niet had geslapen. Hij had af en toe zijn ogen een paar minuten dicht gehad, maar in slaap vallen was niet gelukt. Hij had niet op de grond willen liggen, maar al had hij dat wel gedaan, al had hij de paniek over zijn situatie, zijn gezin en zijn huis weg kunnen drukken, dan nog had het niet-aflatende gebrul van de locomotief hem wel wakker gehouden.

Hij zag dat de nachtwaker werd afgelost door een nieuwe soldaat die precies dezelfde gezichtsuitdrukking had als de vorige. Blijkbaar twijfelde ook hij er niet aan dat de mannen in de kooi schuldig waren.

Zeitoun en Nasser verrichtten hun wudu en salat en toen ze daarmee klaar waren staarden ze terug naar de bewaker, die hen aanstaarde.

Toen het lichter werd, voelde Zeitoun zich alerter en zelfs een tikje optimistisch worden. Hij ging ervan uit dat de situatie in de stad zich met elke dag die verstreek na de orkaan verder zou stabiliseren en dat de regering nu snel hulp zou sturen. Met die hulp zou de chaos waardoor hij in deze kooi terechtgekomen was beteugeld kunnen worden en het misverstand waarvan hier sprake was ontzenuwd worden.

Zeitoun overtuigde zichzelf ervan dat de vorige dag een vergissing was geweest en dat vandaag de redelijkheid en de regels het weer zouden overnemen. Hij zou mogen bellen, zou horen wat hem ten laste werd gelegd, zou misschien zelfs een pro-Deoadvocaat of een rechter te zien krijgen. Hij zou Kathy bellen en zij zou de beste advocaat in de arm nemen die ze zou kunnen vinden en dan zou het binnen een paar uur bekeken zijn.

De andere mannen in de kooi, die allemaal uiteindelijk wel enigszins hadden kunnen slapen die nacht, werden een voor een wakker en gingen staan om hun spieren te strekken. Er werd een ontbijt gebracht. Ook dit keer waren het weer gevechtsrantsoenen, nu met ham. Zeitoun en Nasser aten wat ze mochten eten en gaven de rest aan Todd en Ronnie.

Nu de gevangenis ontwaakte, bekeek Zeitoun de hekken wat nauwkeuriger. De totale lengte was ongeveer vijfenveertig meter. Het prikkeldraad was nieuw, de verplaatsbare toiletten ook. Het hek was nieuw en van uitstekende kwaliteit. Hij wist dat dit er voor de storm allemaal niet had gestaan. De Union Passenger Terminal in New Orleans was nooit eerder als gevangenis gebruikt. Hij maakte uit zijn hoofd een ruwe schatting.

Er zouden ongeveer zes diepladers nodig zijn geweest om alle hekken naar het station te brengen. Hij zag geen vorkheftrucks of zwaar materieel. De kooien moesten haast wel met de hand zijn opgebouwd. Het was een indrukwekkende prestatie om zo'n bouwproject zo snel na de storm te voltooien. Maar wanneer was dat dan gebeurd?

Zeitoun was op 6 september naar het station gebracht, zevenenhalve dag nadat de orkaan over de stad was geraasd. Zelfs onder de gunstigste omstandigheden zou het bouwen van een dergelijke gevangenis vier of vijf dagen hebben gekost. Dat betekende dat er al binnen een dag na het overtrekken van het oog van de storm plannen waren gemaakt om een tijdelijke openluchtgevangenis te bouwen. Er moesten hekken en prikkeldraad zijn gevonden of besteld. De toiletten en schijnwerpers en alle andere benodigdheden moesten zijn geleend of aangevraagd.

Het vereiste allemaal gigantisch veel planning en uitvoering. Een gewone aannemer zou weken nodig hebben gehad om die klus te klaren en zou er zwaar materieel voor hebben gebruikt. Zonder machines zouden er tientallen mannen voor nodig zijn geweest. Om zoiets in zo korte tijd voor elkaar te krijgen waren wel vijftig man nodig. Misschien meer. En wie waren dat geweest? Wie deed dat soort werk? Zouden er aannemers en bouwvakkers zijn die dagen na de orkaan non-stop hadden gewerkt aan een gevangenis? Het was niet te bevatten. En het was nog frappanter gezien het feit dat tijdens het bouwen ervan, op 2, 3 en 4 september, duizenden bewoners van daken waren geplukt, en levend en dood waren aangetroffen op zolders van huizen.

Rond het middaguur hoorde Zeitoun iets vreemds: het geluid van bussen bij het busstation. Toen hij opkeek, zag hij een schoolbus die het parkeerterrein op draaide. Daaruit kwamen dertig of meer gevangenen, onder wie één vrouw, in oranje overalls.

Het waren de gedetineerden uit de gevangenissen van Jefferson Parish en Kenner, degenen die al voor de storm hadden vastgezeten. In het uur daarop liep de lange rij kooien langzaam vol. En net als in Guantánamo konden alle gevangenen van alle kanten door iedereen worden gezien. Nu de oranje overalls het plaatje compleet maakten, waren de overeenkomsten te groot om ze nog over het hoofd te kunnen zien.

Meteen nadat elk groepje in een kooi was opgesloten, werd iedereen gewaarschuwd dat ze het hek niet mochten aanraken. Zodra iemand dat deed, zou dat ernstige gevolgen hebben. Dat was hun eerste kennismaking met de vreemde regels van hun gevangenschap. De grond vormde hun bed, het deurloze toilet hun badkamer en de stalen beugel de zitplaats die ze moesten delen. In dat eerste uur dat de gevangenen kennismaakten met hun nieuwe cel, werd er veel door de bewakers geschreeuwd over waar en hoe er gestaan en gezeten mocht worden en wat er niet mocht worden aangeraakt.

Eén kooi verderop zaten een man en vrouw, en al snel ging het gerucht dat de man een scherpschutter was en dat hij degene was geweest die de helikopters had beschoten die op het dak van een ziekenhuis hadden geprobeerd te landen.

Het middageten was anders dan de eerdere maaltijden. Dit keer brachten de bewakers broodjes ham naar de kooien en propten die door de gaten in het gaas.

Zeitoun en Nasser aten weer niets.

En steeds waren er de honden. Er waren er altijd wel twee zichtbaar, die door hun begeleiders zo dicht mogelijk langs de kooien werden geleid. Af en toe barstte er een in geblaf uit tegen een gevangene. Iemand in Zeitouns kooi liet de naam Abu Ghraib vallen en vroeg zich af wanneer ze naakt in een verticale piramide zouden moeten poseren, terwijl een bewaker zich grijnzend voor de lens zou buigen.

Rond twee uur waren er ongeveer vijftig gevangenen in het busstation, maar Zeitouns kooi was nog steeds de enige met een eigen bewaker.

'Denk je echt dat ze geloven dat we terroristen zijn?' vroeg Nasser.

Todd sloeg zijn ogen ten hemel. 'Waarom zouden we anders alleen in een cel zitten, terwijl de rest met z'n allen bij elkaar gepropt zit? Wij zijn de grote vissen. Wij zijn de vette buit.'

Later die dag kwamen er nog een stuk of wat gevangenen via het station naar de kooien. Zij hadden gewone burgerkleding aan; waarschijnlijk waren ze net als Zeitoun en zijn metgezellen na de storm opgepikt. Het patroon was nu duidelijk: de gevangenen die overgebracht werden vanuit andere gevangenissen kwamen met de bus en kregen geen verhoor, terwijl degenen die na de storm waren opgepakt binnen werden verhoord en via de achterdeur naar buiten kwamen.

Uit gesprekken van bewakers en gevangenen die Zeitoun opving, begreep hij dat de gevangenis al minstens twee bijnamen had gekregen van de bewakers en soldaten. Sommigen hadden het over Angola-Zuid, maar de meesten spraken van Kamp Greyhound, naar de busmaatschappij.

's Middags kwam een van de bewakers naar een man in de kooi naast die van Zeitoun toe. Hij sprak even met de in oranje gehulde gevangene, gaf hem een sigaret en liep toen terug naar het busstation.

Even later kwam de bewaker weer naar buiten met een kleine televisieploeg. De bewaker leidde hen direct naar de man die hij een sigaret had gegeven. De verslaggever – Zeitoun zag dat de ploeg uit Spanje kwam – interviewde de gevangene en liep even later met de microfoon in de richting van Zeitoun en begon al een vraag te stellen.

'Nee!' riep de bewaker. 'Die niet.'

De ploeg werd snel weer het busstation in gebracht.

'Tering,' zei Todd. 'Die vent was gewoon omgekocht.'

Bij het weglopen liet de cameraman zijn camera langs de hele gevangenis glijden, ook over Zeitoun. Er zat een felle lamp aan de camera vast. Om zo te worden bekeken, in het felle licht van de schijnwerper, en aan de wereld getoond te worden als misdadiger, maakte Zeitoun razend. Het was een verdraaiing van de werkelijkheid.

Wel kreeg Zeitoun, vanwege het feit dat de ploeg Spaans was, opeens de hoop dat zijn broer in Málaga de beelden zou zien. Ahmad zou ze zien – hij zag alles – en hij zou Kathy bellen. Dan zou Kathy weten waar hij was.

Tegelijkertijd kon Zeitoun de gedachte niet verdragen dat zijn familie in Syrië zou weten dat hij zo gevangenzat. Wat er ook gebeurde, als hij ooit vrijkwam, zou hij hun nooit kunnen laten weten dat dit hem was overkomen. Hij hoorde hier niet. Dit was hij niet. Hij zat in een kooi, werd bekeken, aangestaard, gezien zoals bezoekers van een dierentuin de exotische dieren zien – kangoeroes en bavianen. Deze schande was groter dan alles wat zijn familie ooit had meegemaakt.

Laat in de middag werd er nog een gevangene binnengebracht via de uitgang van het busstation. Hij was blank, een jaar of vijftig, mager, van gemiddelde lengte en had zwart haar en een gebruinde huid. Zeitoun had weinig aandacht voor hem, tot zijn kooi werd opengemaakt en de man naar binnen werd geduwd. Nu zaten er vijf gevangenen in hun kooi. Niemand wist waarom.

De man had een spijkerbroek en een overhemd met korte mouwen aan en leek tijdens en na de storm smetteloos schoon te zijn gebleven. Zijn handen, gezicht en kleren vertoonden geen enkele vlek of smet. Ook aan zijn houding was niets af te lezen van het leed van de rest van de stad.

Hij stelde zich aan Zeitoun en de anderen voor en schudde hun allemaal de hand als een congresganger. Hij zei dat hij Jerry heette. Hij was erg tuk op contact, bruiste van energie en maakte grapjes over zijn situatie. De vier mannen hadden een slapeloze nacht in een kooi in de buitenlucht doorgebracht en hadden weinig fut voor een babbeltje, maar deze nieuwe gevangene kon in zijn eentje de stilte wel vullen.

Hij lachte om zijn eigen grappen en om de bizarre situatie

waarin ze zich bevonden. Zonder dat ze ernaar vroegen, vertelde Jerry hoe hij hier was terechtgekomen. Hij was in de stad gebleven tijdens de orkaan, zoals hij altijd deed als het stormde. Hij wilde zijn huis beschermen, en toen Katrina voorbij was getrokken, besefte hij dat hij meer voedsel nodig had en niet te voet naar de winkels in de buurt kon. Zijn auto stond op het droge en had de storm goed doorstaan, maar hij had geen benzine meer. Hij was dus in zijn garage op zoek gegaan naar een stuk slang en was druk bezig benzine af te tappen uit de auto van een buurman – dat ging hij zijn buurman ook zeker vertellen en die zou er alle begrip voor hebben, volgens hem – toen hij werd betrapt door een platbodem van de Nationale Garde. Hij werd gearresteerd wegens diefstal. Het was gewoon een misverstand, zei hij, dat snel rechtgezet zou worden.

Zeitoun overdacht de vele raadselachtige aspecten van Jerry's aanwezigheid. Ten eerste leek hij de enige gevangene in het hele complex die de toestand – vastgehouden worden in Kamp Greyhound – amusant vond. Ten tweede: waarom was hij bij hen in de kooi gezet? Er waren vijftien andere kooien, waarvan er nog verschillende leegstonden. Wat voor logica school erin om een man die was opgepakt vanwege het aftappen van benzine te plaatsen bij vier verdachten van samenwerking aan verschillende misdrijven, van plundering tot terrorisme?

Jerry vroeg hoe zij in Kamp Greyhound terecht waren gekomen. Todd deed het woord voor hen alle vier. Jerry maakte een opmerking over hoe verschrikkelijk ze genaaid waren. Het was allemaal oppervlakkig gebabbel en Zeitoun luisterde nauwelijks, tot Jerry van toon en aanpak veranderde.

Hij richtte zich nu alleen tot Zeitoun en Nasser. Hij stelde vragen die niet direct voortkwamen uit het eerdere verloop van het gesprek. Hij maakte schampere opmerkingen over de Verenigde Staten. Hij grapte over George W. Bush en de tot nu toe erg knullige reactie op de ramp van de regering. Hij zette vraagtekens bij de deskundigheid van het Amerikaanse leger en de wijsheid van het buitenlandbeleid van de vs over de hele wereld en in het bijzonder in het Midden-Oosten.

Todd ging met hem in discussie, maar Zeitoun en Nasser kozen ervoor om niets te zeggen. Zeitoun vertrouwde hem voor geen cent en bleef zich afvragen hoe die kerel bij hen in de kooi was terechtgekomen en wat zijn bedoelingen konden zijn.

'Je moet lief zijn voor je moeder!'

Jerry was nog steeds aan het praten, maar Zeitoun draaide zich om om naar een gevangene een paar kooien verderop te kijken. Hij was blank, ergens halverwege de twintig, slank, en had lang bruin haar. Hij zat op de grond met zijn knieën opgetrokken tegen zijn borst en herhaalde die mededeling als een mantra, maar dan heel hard.

'Je moet lief zijn voor je moeder! Wees goed voor haar!'

De andere drie gedetineerden die bij hem in de kooi zaten, waren zichtbaar geïrriteerd. Hij was die merkwaardige geboden blijkbaar al een tijdje aan het herhalen, maar Zeitoun hoorde ze nu pas.

'Niet met lucifers spelen! Vuur is gevaarlijk!' zei hij, terwijl hij heen en weer wiegde.

Er was iets niet in orde met de man. Zeitoun bestudeerde hem aandachtig. Hij was verstandelijk gehandicapt. Hij leek de geestelijke vermogens van een vijf-, zesjarige te hebben. Hij bleef maar basisregels en waarschuwingen herhalen, zoals kleine kinderen op de kleuterschool die ingeprent krijgen.

'Je mag je moeder geen pijn doen! Je moet lief zijn voor je moeder!'

Zo ging hij maar door. Zijn kooigenoten maanden hem tot stilte en porden hem zelfs af en toe met hun voet, maar daar leek hij niets van te merken. Hij was in een soort trance.

Omdat de locomotief zoveel herrie maakte, had verder vrijwel niemand last van zijn geroep. Zijn kinderbrein leek niet te begrijpen waar hij was en waarom.

Een bewaker die enkele meters van de kooi van de man vandaan zat, bleef hem aanmanen om in het midden van de omheining te blijven, waar hij goed in het zicht zat. Elke beweging naar links of naar rechts was taboe, maar dat begreep de man in de kooi niet. Hij stond telkens gewoon op om naar de andere kant te lopen. Waarom hij besloot om van de ene kant naar de andere kant te verhuizen, was onduidelijk, maar de ongeoorloofde en nergens door uitgelokte verplaatsingen maakten de bewaker razend.

'Terug! Zo zie ik je niet!' riep hij.

De man had geen idee dat hij het tegen hem had. 'Tanden poetsen voor het naar bed gaan,' zei hij. 'Was je armen en je benen. Ga nog even naar de wc, anders plas je vannacht in bed.'

De bewaker ging staan. 'Terug naar de andere kant of je krijgt ervan langs, klootzak!'

De man bleef waar hij was, in een verboden deel van de kooi. Daar bleef hij gehurkt heen en weer wiegen, zijn ogen strak gericht op de ruimte tussen zijn voeten.

'Ik tel tot drie,' riep de bewaker.

De man stak zijn arm uit en raakte bijna bewust provocerend het hek aan.

Dat was de druppel. De bewaker stond op en kwam even later terug met een tweede bewaker. Die had iets bij zich wat op een brandblusser leek.

Ze deden de kooi open. Op dat moment keek de man op, opeens bang. Hij sperde zijn ogen wijd open en leek totaal overrompeld. Ze sjorden hem omhoog en sleepten hem de kooi uit.

Een paar meter verderop lieten ze hem op de grond vallen en met de hulp van nog twee bewakers bonden ze zijn handen en voeten vast met plastic boeien. Hij bood geen weerstand.

Toen deden ze een paar stappen achteruit en de eerste bewaker, degene die hem had gewaarschuwd, richtte de slang op hem en besproeide hem van boven tot onder met een of ander goedje. Zeitoun zag niet meteen wat het was.

'Pepperspray,' zei Todd.

De man verdween in een wolk van rook en schreeuwde het uit als een kind dat zich brandt. Toen de mist optrok zat hij ineengedoken in foetushouding te kermen als een dier. Hij probeerde met zijn handen bij zijn ogen te komen.

'De emmer!' zei de bewaker.

Een van de andere bewakers kwam naar voren en gooide een emmer water leeg over de gillende man. Ze zeiden geen woord meer tegen hem, maar lieten hem alleen achter op de stoep achter het busstation, doorweekt en verward door de pepperspray, terwijl zijn gegil overging in gejammer. Na enkele minuten trokken ze hem overeind en zetten hem terug in zijn kooi.

'Je moet pepperspray wegspoelen,' legde Todd uit. 'Anders verbrand je en kom je onder de blaren te zitten.'

De maaltijd van die avond bestond uit runderstoofpot. Zeitoun at. De geur van pepperspray hing in de lucht.

De vorige nacht was kalm geweest vergeleken bij de dag, maar de nacht erop bracht meer agressie en meer geweld. De hele avond door waren er gevangenen bij gekomen in de kooien en nu zaten er meer dan zeventig mensen in Kamp Greyhound – boze mensen. Er was minder ruimte en meer onrust. De bewakers werden voortdurend uitgedaagd door gevangenen en al snel volgden meer bestraffingen met pepperspray.

De handelwijze was steeds hetzelfde: de gevangene werd uit zijn kooi gehaald en naar een plek in de buurt gesleept, in het volle zicht van de andere gevangenen. Zijn handen en voeten werden geboeid en vervolgens werd hij, soms met de knie van een bewaker in zijn rug, vol in het gezicht gesproeid. Als de gevangene tegenspartelde, ging de knie dieper in zijn rug. Het sproeien ging door tot zijn verzet was gebroken. Daarna werd er een emmer water over hem heen gegooid en werd hij teruggebracht naar zijn kooi.

Als jongen had Zeitoun een keer olifanten gezien toen een Libanees circus Jableh aandeed. Hun oppassers hadden grote stalen haken waarmee ze de dieren een bepaalde kant op dwongen, aanspoorden en straften. De haken zagen eruit als breekijzers of ijspriemen, waarmee de oppassers de olifanten tussen de plooien van hun huid staken en er vervolgens aan trokken of ze ronddraaiden. Aan die oppassers moest Zeitoun nu denken en aan dat deze bewakers ook getraind waren om met een bepaald soort beesten om te gaan. Ze waren gewend aan keiharde criminelen uit extra beveiligde instellingen, maar hun methodes waren veel te streng voor deze mannen, van wie er velen schuldig waren aan de kleinst mogelijke vergrijpen: het overtreden van de avondklok, op verboden terrein komen, openbare dronkenschap.

Het werd een lange nacht, regelmatig onderbroken door uitbarstingen van geschreeuw en gejammer. Er braken gevechten uit. Bewakers sprongen op, haalden iemand uit een kooi en stopten hem in een andere, maar er braken toch telkens gevechten uit. De gevangenen waren gespannen en onrustig.

Zeitoun en Nasser veegden hun handen en armen zo goed en zo kwaad als het ging met stof af om zich te reinigen en verrichtten het gebed.

Zeitoun voelde zich intussen steeds schuldiger. Kathy had gelijk gehad. Hij had niet in de stad moeten blijven, en zeker niet meer toen ze hem elke dag na de storm had gevraagd te vertrekken. Het spijt me zo, Kathy, dacht hij. Hij durfde zich geen voorstelling te maken van hoe Kathy zich nu zou voelen. Ze had gezegd dat er elke dag iets ergs kon gebeuren, iets onverwachts, en had daarin gelijk gekregen. Ze wist niet of hij nog leefde of dood was, en alle aanwijzingen zouden in de richting van het tweede wijzen.

Die hele gevangenistoestand zou beter te verdragen zijn als hij haar even zou kunnen bellen. Hij moest er niet aan denken wat ze de kinderen zou vertellen en wat voor vragen ze haar zouden stellen.

Waarom stonden ze de gevangenen toch niet toe te bellen? Van welke kant hij het ook bekeek, hij zag de logica van het telefoneerverbod niet in. Misschien was het lastig om gedetineerden naar binnen te moeten begeleiden voor een telefoontje, maar aan de andere kant zouden ze daardoor misschien wel van een aantal gevangenen af raken. Hij nam aan dat elke stadsgevangenis erop kon rekenen dat een groot deel van de gevangenen binnen een dag of twee weer vertrok, dankzij een borg of ingetrokken aanklacht of andere mogelijke uitwegen voor degenen die zich aan kleine overtredingen schuldig hadden gemaakt.

Het verbod op telefoontjes was dus louter een strafmaatregel, net zoals het gebruik van pepperspray tegen de kinderlijke man geboren was uit een combinatie van gelegenheid, wreedheid, ambivalentie en vermaak. Het had geen enkel nut, net zomin als het nut had om gevangenen te verhinderen contact op te nemen met de buitenwereld.

O Kathy, dacht hij. Het spijt me zo. Zachary, Nademah, Aisha, Safiya, ik heb er nu zo'n spijt van dat ik niet bij jullie was en ben.

Rond een uur of twee, drie sliepen de meeste gevangenen en waren degenen die net als Zeitoun nog wakker waren rustig. Zeitoun weigerde ook nu op de grond te gaan liggen en viel maar een paar keer kort in slaap, terwijl hij over de stalen beugel hing.

Hij wist dat de omstandigheden geestelijk een zware wissel op hem begonnen te trekken. Tot nu toe was hij kwaad geweest, maar had hij wel helder kunnen denken. Nu werden zijn gedachten minder coherent. Hij maakte wilde plannen voor een ontsnapping. Hij vroeg zich af of hem hier misschien iets afschuwelijks zou overkomen. De hele nacht moest hij telkens weer aan de kinderlijke man denken en aan diens geschreeuw. Onder normale omstandigheden zou hij een man die zo wreed werd behandeld te hulp zijn geschoten. Hier hulpeloos toe te moeten kijken, terwijl hij wist hoe schandalig het was, was ook voor hem en alle andere gevangenen een straf. Het tastte hen in hun menselijkheid aan.

Donderdag 8 september

Zeitoun werd wakker van geschreeuw en gevloek. Op de een of andere manier was het hem in de kleine uurtjes van de nacht gelukt in te dommelen terwijl hij over de stalen beugel hing. Hij ging staan en zag dat in de rij kooien meer gevangenen werden besproeid met pepperspray.

De bewakers spoten het spul nu door het hek heen. Ze namen de moeite niet meer om de gevangenen uit de kooien te halen. Die tactiek maakte de individuele doses wel kleiner, maar verspreidde het gas ook over het hele complex. Nadat Zeitoun en Nasser hadden gebeden, moesten zij en de andere gevangenen de rest van de ochtend hun ogen en mond met hun kleren beschermen en werd er heel wat afgehoest door het gif.

De splinter in Zeitouns voet was ontstoken geraakt. De voet was in één nacht tijd grijsblauw gekleurd en hij kon er niet meer op staan. Hij had bij zijn werknemers, van wie de meesten onverzekerd waren en zich liever niet lieten registreren bij een ziekenhuis, herhaaldelijk gezien wat er gebeurde als je verwondingen negeerde. Gebroken vingers bleven ongezet en gruwelijke snijwonden werden niet behandeld, wat tot allerlei ziektes leidde. Zeitoun had geen idee wat er in zijn voet zat, maar hij wist wel dat hij het er zo snel mogelijk uit moest halen. Het enige wat hij nodig had was een beetje hulp, een steriele naald of misschien een mes. Gewoon iets waarmee hij in de voet zou kunnen snijden om wat erin vastzat te verwijderen.

De pijn was hevig en Zeitouns medegevangenen probeerden te helpen, een oplossing te bedenken, iets scherps te vinden om te gebruiken, maar ze hadden niets, zelfs geen sleutelbos.

Even later kwam er een man vanuit het stationsgebouw hun kant op. Hij had een groene ziekenhuisjas aan en een stethoscoop om zijn nek. Hij was gezet, had een vriendelijk gezicht en liep een beetje waggelend. In de seconden dat hij hem dichterbij zag komen voelde Zeitoun een immense opluchting.

'Dokter!' riep Zeitoun.

De man vertraagde zijn pas niet eens. 'Ik ben geen dokter,' zei hij en hij liep verder.

Het ontbijt bestond wederom uit gevechtsrantsoenen, omelet met bacon, en ook nu weer gaven Zeitoun en Nasser het varkensvlees aan Todd en Ronnie. Maar vandaag zat er iets nieuws bij, tabasco, en dat bracht Zeitoun op een idee. Hij sloeg het flesje kapot op het beton, waardoor het in scherven brak. Hij zocht het scherpste stukje uit en sneed ermee in het gezwollen deel van zijn voet. Er stroomde vocht naar buiten – eerst helder, toen wit en ten slotte rood –, veel meer dan hij voor mogelijk had gehouden. Vervolgens sneed hij verder naar het zwarte dingetje dat erin zat. Zijn voet bloedde verschrikkelijk, maar hij wist het er wel uit te peuteren. Het was een metaalsplinter ter grootte van een tandenstoker.

Hij verbond zijn voet met alle papieren servetjes die er in de kooi te vinden waren en het voelde meteen al stukken beter.

De hele dag door waren er incidenten met pepperspray, zowel tegen individuen gericht als meer in het algemeen. Aan het eind van de middag haalde een van de bewakers een geweer met een dikke loop tevoorschijn en schoot daarmee in een van de kooien. Zeitoun dacht dat er iemand doodgeschoten was, tot hij zag dat er geen kogels uit het wapen kwamen, maar korrelzakjes. Het slachtoffer lag te kronkelen van de pijn en hield zijn buik vast. Vanaf dat moment werd dat geweer het favoriete wapen om gehoorzaamheid mee af te dwingen. De bewakers wisselden de pepperspray af met korrelzakjes die ze op de mannen en vrouwen in de kooien afschoten.

Jerry bleef pogingen doen om met Zeitoun en Nasser in gesprek te raken. Hij was opvallend ongeïnteresseerd in Todd en Ronnie. Hij vroeg Zeitoun meer over zijn afkomst, over Syrië, over zijn loopbaan en zijn bezoeken aan zijn vaderland. Hij draaide diezelfde lijst vragen af tegen Nasser en verpakte ze steevast in jovialiteit en onschuldige nieuwsgierigheid. Nasser, die van nature al terughoudend was, sloot zich nu helemaal af. Zeitoun probeerde de vragen te ontwijken door vermoeidheid te veinzen. De aanwezigheid van Jerry werd met de dag verontrustender.

Wie was hij? Waarom zat hij juist in hun kooi, terwijl er bijna honderd gevangenen elders in het complex zaten? Todd zou later blijven volhouden dat hij een spion was, een mol die in hun kooi was ondergebracht om informatie los te peuteren van de Syriërs daar. Volgens Todd was hij zonder twijfel een undercoveragent. Maar als dat zo was, dacht Zeitoun, dan was hij wel een erg toegewijde agent. Hij at in de kooi in de buitenlucht en als het avond werd en buiten afkoelde, sliep hij net als Zeitouns medegevangenen zonder dekens of kussens op de smerige grond.

Toen het die nacht zijn beurt was om op de metalen beugel in de kooi te liggen, probeerde Zeitoun een comfortabele houding te vinden, maar dat lukte niet. Hij had last van een nieuwe pijn in zijn zij, ter hoogte van zijn rechternier. De pijn vlamde op als hij zich over de stalen beugel vouwde en zakte gedeeltelijk weg als hij weer ging staan, maar niet helemaal. Het was weer een extra onderwerp om over te piekeren, nog een reden om niet te kunnen slapen.

Vrijdag 9 september

Rond het middaguur kregen Zeitoun en de anderen in de kooi te horen dat ze verplaatst zouden worden uit Kamp Greyhound. Er kwam een stoet schoolbussen het terrein op rijden.

Zeitoun werd uit zijn kooi gehaald, geboeid en naar een van de bussen geduwd. Daar werd hij in de rij gezet en zijn handboeien werden vastgemaakt aan die van een andere gevangene, een man van in de zestig. Het was een gewone schoolbus, tientallen jaren oud. Zeitoun en zijn medegevangene moesten instappen. Ze schuifelden naar het trapje, langs de gewapende chauffeur en een stuk of wat gewapende bewakers, en zochten een plekje. Ook Todd, Nasser en Ronnie werden, allemaal vastgeketend aan een andere gevangene, de bus in gebracht. Geen van de vijftig gevangenen aan boord kreeg te horen waar ze heen gingen. Zeitoun keek of hij Jerry zag, maar die was nergens te bekennen. Hij was verdwenen.

Ze reden aan de noordkant de stad uit. Zeitoun en de man aan wie hij zat vastgeketend spraken niet met elkaar. Bijna niemand van de gevangenen zei wat. Sommigen leken te weten waar de bus naar op weg was. Anderen hadden geen idee wat hun te wachten stond. Weer anderen leken blij dat ze eindelijk uit dat busstation weg waren, omdat het onmogelijk erger kon worden.

Ze reden de stad uit en Zeitoun zag voor het eerst sinds de storm weer stukken droog land. Het gaf hem hetzelfde gevoel als wanneer hij na een lange reis op zee weer aan land ging en de verleiding groot was om van boord te springen en op de stevige, eindeloze bodem rond te dansen en rennen.

Vijfenzestig kilometer verder zag Zeitoun een bord langs de snelweg waarop stond dat ze de stad St. Gabriel naderden. Dat vatte hij als een goed teken op, of een zwartkomisch teken. In de islam is de aartsengel Gabriël – dezelfde Gabriël die in de Bijbel de Maagd Maria bezocht en de geboorte van Jezus aankondigde – de boodschapper die de Koran aan de profeet Mohammed openbaarde. In de Koran heeft Gabriël zeshonderd vleugels en wordt hij beschreven als de begeleider van Mohammed op zijn reis naar de hemel.

De bus minderde vaart bij wat op het eerste gezicht een countryclub leek. Er was een groot groen grasveld te zien, omheind door een wit hek zoals je vaak bij paardenranches ziet. De bus draaide de oprit op en reed door een poort van rode baksteen. Op de oprit zag Zeitoun een bord dat aangaf waar ze waren: het ELAYN HUNT CORRECTIONAL CENTER. Het was een extra beveiligde gevangenis. De meeste mannen aan boord van de bus leken niet erg verrast. Er heerste een diepe stilte.

Ze reden de lange oprit met aan weerskanten keurige bomen af. Witte vogels vlogen op toen ze bij de volgende poort aankwamen, die dit keer meer weg had van een tolhuisje langs de snelweg. De bewaker die daar stond wuifde ten teken dat de bus kon doorrijden en daarmee waren ze op het terrein van de gevangenis.

Het Hunt Correctional Center was een gelijkvloers complex van bakstenen gebouwen op een smetteloos groen terrein. Alles was in systematische vakken opgedeeld. De hekken en het prikkeldraad erop glinsterden in de zon. Het gras was frisgroen en pas gemaaid. In de verte klikten en draaiden sproeiers.

De gevangenen werden een voor een ingeschreven aan tafels die buiten neergezet waren. Zeitouns intakegesprek was kort en zijn gesprekspartners waren beleefd. Twee vrouwen vroegen hem naar zijn gezondheid, of hij medicijnen gebruikte en zich aan een dieet moest houden. Hun professionaliteit en respect troffen hem. Misschien betekende hun vakkundigheid ook dat ze zich aan de regels zouden houden en hij dus gebruik zou kunnen maken van zijn recht op een telefoontje. Dan zou hij binnen een dag of twee vrij kunnen zijn en zou Kathy tenminste weten dat hij nog leefde. Dat was het enige wat ertoe deed.

Ze werden naar een kleedkamer gebracht en kregen opdracht zich volledig uit te kleden. Dat deed Zeitoun. In het gezelschap van een stuk of twaalf andere mannen was hij niet bang voor visitaties of geweld. Hij trok zijn hemd, korte broek en ondergoed uit en die werden door gevangenispersoneel meegenomen.

De andere gevangenen en hij kregen oranje overalls met korte mouwen. Ondergoed kregen ze niet. Zeitoun stapte in de overall, ritste hem dicht en trok zijn schoenen weer aan.

Ze werden opnieuw naar een bus gebracht, waarmee ze over het gevangenisterrein reden: een rij gebouwen met blauwe daken die volgens een geometrisch patroon op het terrein stonden. De bus stopte bij wat het laatste gevangenisblok van de rij leek te zijn. Dit was duidelijk het zwaarst bewaakte deel van de gevangenis.

Zeitoun en de anderen in de bus werden naar een van de uitgestrekte cellenblokken gebracht. Hij werd door een lange betonnen gang naar een cel geleid. Die was niet groter dan 1,80 bij 2,40 meter en was bedoeld voor één gevangene. Nasser zat er al. De deur ging dicht. De tralies waren pastelblauw.

De cel bestond geheel en al uit beton. Het toilet was van beton gemaakt en stond in het midden van de cel. Het bed, tegen een van de muren, was van beton met een rubber matras erop. In de achterwand zat een raampje met dik plexiglas ervoor. Daardoorheen was een vaag wit vierkant te zien, vermoedelijk de lucht.

Zeitoun en Nasser zeiden vrijwel niets. Er was niets te zeggen. Ze wisten allebei dat hun situatie er een stuk ernstiger op was geworden. De twee Syrische Amerikanen waren apart gezet. Zolang ze samen met Todd en Ronnie in één kooi hadden gezeten, leek het nog mogelijk dat de aanklacht tegen hen – als die eindelijk tegen hen zou worden uitgebracht – tot plundering beperkt zou blijven. Maar nu waren de twee Syriërs van de Amerikanen gescheiden en was niet langer te voorspellen waar dit zou eindigen.

Zeitoun bleef ervan overtuigd dat één telefoontje genoeg zou zijn om hem vrij te krijgen. Hij was een succesvol en bekend man. Zijn naam was overal in New Orleans bekend. Hij hoefde alleen Kathy maar te bereiken en zij zou vervolgens alle barrières slechten om hem hieruit te krijgen.

De hele dag lang bleef Zeitoun bij de tralies zitten. Hij zwaaide met een servetje en smeekte de bewakers hem te laten bellen. De bewakers leken er lol in te hebben dat steeds weer op een andere manier te weigeren.

'De telefoon werkt niet,' zeiden ze.

'Vandaag niet.'

'De lijnen liggen plat.'

'Morgen misschien.'

'Wat krijg ik ervoor?'

'Dat is niet mijn probleem. Je bent geen gevangene van ons.'

Dat was voor het eerst, maar zeker niet voor het laatst, dat Zeitoun dat te horen kreeg. Hij was niet op de gebruikelijke manier binnengekomen en zou niet voor lange tijd in Hunt blijven, daarom was hij technisch gesproken geen gedetineerde van Hunt en golden de gevangenisregels dus ook niet voor hem.

'Je bent FEMA's probleem,' kreeg Zeitoun herhaaldelijk van de bewakers te horen.

De FEMA betaalde de rekening voor zijn detentie, zeiden ze, en voor die van alle gevangenen uit New Orleans. Het Elayn Hunt Correctional Center verhuurde ruimte om die mensen onder te brengen, maar was verder niet aansprakelijk voor hun welzijn of rechten.

Het werd nacht, al onderscheidde die zich in bijna niets van de dag. Om tien uur ging het licht uit, maar het bleef erg lawaaierig in de gevangenis. Er klonk gepraat, gelach en geschreeuw van gevangenen. Er klonken niet thuis te brengen geluiden uit alle hoeken. Gesmak, gekreun. De rook die er hing werd naarmate de nacht vorderde steeds dikker en er hing een vieze lucht van sigaretten, marihuana, etensresten, zweet en bederf.

De pijn in Zeitouns zij was erger geworden. Het was een kloppende pijn, alsof zijn nier ontstoken was. Hij maakt zich nooit zo druk om dat soort dingen, maar stel dat Kathy gelijk had en dat er giffen uit New Orleans in zijn lichaam terecht waren gekomen? Of misschien kwam het door de pepperspray uit Kamp Greyhound. Hij had vast genoeg van het spul binnengekregen om een inwendige reactie te veroorzaken.

Maar hij vergat de pijn weer. Hij kon alleen maar aan Kathy denken. Het was nu vier dagen geleden dat ze hem voor het laatst had gesproken. Hij moest er niet aan denken hoe wanhopig ze intussen moest zijn. Hoe zou hij zich voelen als zij vier dagen onvindbaar zou zijn? Hij hoopte dat ze het niet aan de kinderen had verteld. Hij hoopte dat ze het aan niemand had verteld. Hij hoopte dat ze troost vond bij God. God had hier een bedoeling mee, dat wist hij zeker.

In de vroege uren van de ochtend moest Zeitoun, verzwakt door slaapgebrek, honger en de grauwe leegte van zijn omgeving, denken aan de soera *at-Takwier* (Het omwinden):

In de naam van God, de erbarmer, de barmhartige.
Wanneer de zon wordt omwonden.
En wanneer de sterren neerstorten.
En wanneer de bergen in beweging gezet worden.
En wanneer de tiendemaandse kamelen in de steek gelaten worden.
En wanneer de wilde dieren verzameld worden.
En wanneer de zee aan het kolken gemaakt wordt.
En wanneer de zielen verenigd worden.
En wanneer aan het in de grond gestopte meisje gevraagd wordt
voor welke zonde zij gedood werd.
En wanneer de bladen opengeslagen worden.
En wanneer de hemel afgestroopt wordt.
En wanneer de hel opgestookt wordt.
En wanneer de tuin dichtbij gebracht wordt.
Dan weet een ziel wat zij heeft teweeggebracht.
Nee toch! Ik zweer bij de achteruitgaande planeten,
die voortsnellen en zich verschuilen!
Bij de nacht wanneer hij opdoemt!
Bij de morgen wanneer hij gloort!
Dit is het woord van een voortreffelijk gezant,
machtig bij de Heer van de troon en standvastig,
gehoorzaamd en ook betrouwbaar.
Jullie medeburger is geen bezetene.

Zaterdag 10 september

Zeitoun had weer niet geslapen. De avond ervoor waren de tl-buizen aan het plafond om tien uur uitgegaan en om drie uur 's nachts weer aangegaan. In deze gevangenis werd drie uur beschouwd als het begin van de dag.

Nadat Nasser en hij hadden gebeden, probeerde Zeitoun in de cel wat lichaamsbeweging te krijgen. Zijn voet was nog erg gevoelig, maar toch jogde hij op de plaats. Hij deed opdrukoefeningen en spreidsprongen. De pijn in zijn zij werd alleen steeds erger door al die activiteit. Hij stopte.

Het ontbijt bestond uit worstjes, die hij niet kon eten, en haast oneetbaar roerei. Hij nam een paar happen en dronk het sap dat erbij zat. Nasser en hij zaten naast elkaar op het bed zonder veel tegen elkaar te zeggen. Het enige waar Zeitoun aan kon denken was bellen. Iets anders bestond er gewoonweg niet voor hem.

Hij hoorde de bewaker die de ontbijtbladen kwam ophalen door de gang aankomen. Zodra de voetstappen dichtbij genoeg waren, sprong Zeitoun naar het hek. De bewaker schrok van Zeitouns plotselinge verschijning en sprong achteruit.

'Eén telefoontje, alstublieft?' zei hij.

De bewaker negeerde de vraag en keek in plaats daarvan langs Zeitoun heen naar Nasser, die nog op het bed zat. De bewaker wierp Zeitoun een spottende blik toe en liep door naar de volgende cel.

Een uur later hoorde Zeitoun de voetstappen van de bewaker weer naderen en weer stond hij op om hem aan te spreken toen hij langskwam. 'Mag ik alstublieft even telefoneren?' vroeg hij. 'Alleen maar naar mijn vrouw.'

Dit keer schudde de bewaker vluchtig van nee voor hij langs Zeitoun heen naar Nasser keek, die nog steeds op het bed zat. Nu was de blik die de bewaker Zeitoun toewierp veelbetekenend, schunnig zelfs. Hij trok zijn wenkbrauwen op en knikte naar Nasser. Hij suggereerde dat Zeitoun en Nasser een liefdesverhouding hadden en dat Zeitoun uit angst om ontdekt te worden van het bed was gesprongen toen hij de bewaker aan had horen komen.

Tegen de tijd dat Zeitoun doorhad wat de bewaker suggereerde, was het te laat om ertegen in te gaan. De bewaker was alweer doorgelopen en was nu verderop in de gang. Maar de suggestie dat Zeitoun biseksueel was en zijn vrouw zou bedriegen, maakte hem zo woest dat hij zich maar met moeite kon beheersen.

Rond het middaguur werd Zeitoun uit zijn cel gehaald. Hij werd naar een kantoortje gebracht waar een bewaker bij een digitale camera stond. Hij droeg Zeitoun op om op een plastic stoel te gaan zitten. Terwijl Zeitoun op het volgende bevel zat te wachten, keek de fotograaf hem opeens met samengeknepen ogen aan en hield zijn hoofd schuin.

'Wat zit je me aan te staren?' riep hij.

Zeitoun zei niets.

'Waarom zit je godverdomme zo naar me te staren?' riep de fotograaf.

Hij raasde door over hoe lastig hij het Zeitoun in Hunt kon maken, dat iemand met een houding zoals hij het niet lang vol zou houden. Zeitoun had geen idee waarmee hij de man zo kwaad had gemaakt. Hij vloekte nog steeds toen Zeitoun de kamer uit werd geleid en naar zijn cel werd teruggebracht.

Laat in de middag hoorde Zeitoun weer voetstappen door de gang. Hij liep naar de tralies en zag dezelfde bewaker aankomen.

'Wat spoken jullie hier uit?' vroeg de bewaker.

'Hoe bedoel je?' fluisterde Zeitoun hees van woede. Hij was nog nooit zo kwaad geweest.

'Voor dat soort dingen is die cel niet bedoeld, makker,' zei de bewaker. 'Ik dacht trouwens dat jullie godsdienst dat verbood.'

Nu was de maat vol voor Zeitoun. Hij brak los in een stortvloed van verwensingen en dreigementen aan het adres van de bewaker. Het kon hem niet schelen wat de gevolgen zouden zijn.

De bewaker leek geschokt. 'Wie denk je wel dat je bent? Weet je wel wat ik allemaal met je kan doen?'

Daar had Zeitoun geen antwoord op. Hij liep naar de achterwand van de cel en sloeg zijn armen over elkaar. Hij wilde zo ver mogelijk van de bewaker vandaan zijn, anders zou hij nog in de verleiding komen zichzelf tegen het hek te smijten en door de spijlen heen te graaien naar wat hij ook maar te pakken kon krijgen van de man.

Zondag 11 september

's Morgens werd de deur geopend en kwamen er vier nieuwe mannen hun cel binnen. Het waren alle vier Afro-Amerikanen van tussen de dertig en vijfenveertig. Zeitoun en Nasser knikten hen bij wijze van begroeting toe en in een snelle choreografie over wie waar moest zitten vonden de nieuwe bewoners een plekje in de piepkleine cel. Drie mannen zaten naast elkaar op het bed en drie op de grond, tegen de muur. Op elkaar gepakt in de kleine ruimte wisselden ze elk uur drijfnat van het zweet van plaats.

Zeitoun koesterde niet langer de verwachting dat hij van een van de bewakers die hij tot nu toe had gezien zou mogen bellen. Zijn enige hoop was nu nog de komst van een nieuwe bewaker, een nieuwe gevangenismedewerker of misschien een bezoeker. Hij had geen idee hoe het werkte in deze gevangenis of in welke gevangenis dan ook. Maar in films had hij advocaten langs de cellenblokken zien lopen en bezoekers in de gangen gezien. Zo iemand moest hij te pakken zien te krijgen. Wie dan ook uit de buitenwereld, iemand die hem één kleine gunst zou willen bewijzen.

De mannen in de cel vertelden elkaar hoe ze in Hunt terecht-gekomen waren. Allemaal waren ze na de storm in New Orleans opgepakt. Deze hele vleugel van de gevangenis zat volgens hen vol Katrina-gevangenen. 'We vallen allemaal onder de FEMA,' zei een van hen. Twee waren er opgepakt toen ze meubilair aan het ver-huizen waren. Hun situatie had veel weg van die van Zeitoun.

Een van de mannen vertelde dat hij een vuilnisman uit Houston was. Zijn bedrijf was kort na de storm ingehuurd om met de schoonmaakwerkzaamheden te beginnen. Toen hij op een och-tend van het hotel naar zijn wagen liep, stopte er een auto met soldaten van de Nationale Garde bij de stoeprand. Hij werd ter plekke gearresteerd, geboeid en overgebracht naar Kamp Grey-hound.

Het was zijn eerste keer achter de tralies en van alle gevange-nen die 'Katrina-straf' kregen, zoals ze het noemden, was hij het meest geschokt. Hij was tenslotte op verzoek van zijn werkge-ver naar New Orleans vertrokken. Meestal haalde hij afval op in Houston, maar na de orkaan had zijn chef hem verteld dat het bedrijf een contract had afgesloten met New Orleans. Het had hem wel interessant geleken om te zien wat er van de stad gewor-den was en hij wilde graag helpen bij de schoonmaak, dus was hij meer dan bereid geweest om te gaan. Hij had zijn bedrijfskleding aan, kon zich identificeren, had de sleutels van zijn wagen bij zich, alles. Maar niets hielp. Hij werd beschuldigd van plundering en in de kooi achter het busstation gezet.

Een andere celgenoot vertelde dat hij brandweerman was in New Orleans. Hij was na de storm gebleven, omdat hem dat was ge-vraagd. Hij was in zijn tuin bezig geweest toen hij werd meegeno-men door een passerend legervoertuig. Hij werd van plundering beschuldigd, achter in de Humvee gezet en naar Kamp Grey-hound gebracht.

Zeitoun kwam erachter dat de meeste mensen die in Kamp Greyhound hadden gezeten op min of meer dezelfde manier waren aangeklaagd. De meesten waren de ochtend na hun arrestatie het busstation binnengebracht waar in een kantoor op de bovenverdieping een soort geïmproviseerde rechtbank was opgezet. Daar zaten een rechter en minstens één advocaat. De arrestanten kregen te horen wat de aanklacht was en de meesten kregen een schikking aangeboden: als ze de aanklacht niet betwistten, kregen ze een veroordeling voor een licht vergrijp en zouden ze een taakstraf krijgen die per direct zou ingaan. Sommigen van degenen die akkoord gingen – en dus ook met het strafblad dat ze vanaf dat moment zouden hebben – werden meteen naar het politiebureau in het centrum vervoerd, waar ze met het repareren en overschilderen van de beschadigde kantoorruimtes mochten beginnen.

De stekende pijn in zijn zij, die Zeitoun voor het eerst in Kamp Greyhound had gevoeld, was inmiddels tien keer zo erg. Het voelde alsof er een lange schroef tergend langzaam in zijn nier werd gedraaid. Hij kon nauwelijks zitten, staan of liggen. Telkens als hij van houding veranderde, bracht dat even verlichting, maar al snel keerde de pijn weer terug. Doorgaans maakte hij zich niet zo druk om dat soort dingen. Hij had door de jaren heen al zo vaak wat gehad en ging niettemin vrijwel nooit naar de dokter, maar dit voelde anders. Hij dacht aan de mogelijkheid van een infectie, de vele ziektes waar Kathy het over had gehad toen ze hem probeerde over te halen om uit de stad weg te gaan. Hij had hulp nodig.

Er was een verpleegkundige die dagelijks door het cellenblok kwam met een karretje vol medicijnen die ze aan de gevangenen uitdeelde.

Zeitoun sprak haar aan toen ze langskwam. Hij vertelde haar over de pijn.

'Hebt u een recept?' vroeg ze.

Hij vertelde haar dat hij dat niet had, omdat de pijn nieuw was.

'Dan moet u naar de dokter,' zei ze.

Hij vroeg hoe hij dat voor elkaar moest krijgen.

Ze zei dat hij dan een formulier moest invullen waarop hij de pijn moest beschrijven. De arts zou op grond daarvan beslissen of het nodig was om een afspraak te maken. De verpleegkundige gaf hem zo'n formulier en duwde haar karretje verder de gang door. Zeitoun vulde het formulier in en gaf het aan haar mee toen ze op de terugweg weer langs zijn cel kwam.

Na het avondeten vertelden Zeitouns celgenoten de verhalen door van de gevangenen die zij hadden gesproken. Degenen die al in de eerste dagen na de storm in Hunt waren terechtgekomen hadden dingen meegemaakt die niet te bevatten waren.

De duizenden die in de Orleans Parish Prison hadden gezeten, onder wie mensen die vanwege openbare dronkenschap, winkeldiefstal en andere vergrijpen in de gevangenis zaten, hadden drie dagen lang op het viaduct bij Broadpass Street moeten zitten. Dat was op tv geweest: een zee van mannen in oranje die op het wegdek zaten dat vol lag met uitwerpselen en afval met om hen heen bewakers met automatische wapens.

Toen de bussen eindelijk waren gearriveerd, waren ze naar Hunt verhuisd. Daar werden ze echter niet in de gevangenis gehuisvest, maar naar het voetbalveld op het terrein gebracht. Daar werden ze nog eens dagenlang vastgehouden, in de buitenlucht, zonder enige vorm van beschutting. Duizenden gevangenen – van moordenaars en verkrachters tot kruimeldieven en mensen die met een slok op achter het stuur hadden gezeten – werden bij elkaar op het gras gezet.

Er waren geen toiletten. De gevangenen deden hun behoefte waar dat zo uitkwam. Er waren geen kussens, lakens, slaapzakken of droge kleren. De mannen kregen één dun dekentje per persoon. Hunt was gebouwd op moerasland en 's nachts werd de grond nat. De mannen sliepen in de modder, zonder enige bescherming tegen de elementen, insecten en elkaar. Er waren diverse steekpartijen. Er werd gevochten om dekens. Water werd aangevoerd via twee dunne pijpen die uit het gras staken. De mannen moesten op hun beurt wachten en dan uit hun handen drinken. Bij wijze van maaltijd werden er broodjes, die de bewakers tot een bal hadden gekneed, over het hek het veld op gegooid. Wie er een wist te vangen, had te eten. Wie zichzelf kon verdedigen had te eten. Velen hadden niets te eten.

Geen van de mannen in Zeitouns cel wist of die gevangenen nog steeds op het voetbalveld zaten of wat er met hen was gebeurd.

Maandag 12 september

De volgende ochtend werden de vier nieuwkomers weer uit de cel gehaald en waren Zeitoun en Nasser opnieuw met z'n tweeën. Ze konden niets anders doen dan wachten op een nieuw gezicht, iemand die misschien zou kunnen zorgen dat de buitenwereld erachter zou komen dat ze hier zaten.

De verveling was enorm. Ze hadden geen boeken, geen krant, geen radio. Het enige wat de twee mannen konden doen was naar de grauwe muur, de zwarte vloer, de lichtblauwe tralies of elkaar staren. Ze durfden niet te veel te zeggen. Ze gingen ervan uit dat ze op de een of andere manier in de gaten werden gehouden. Als er een spion als Jerry bij hen neergezet kon worden in een kooi in de buitenlucht, zou het hun niets verbazen als hun gesprekken hier, in een extra beveiligde gevangenis, werden afgeluisterd.

Zeitoun zat tegen het bed geleund en sloot zijn ogen. Het enige wat hij wilde, was de dagen zien door te komen.

Hij liet in gedachten hun arrestatie en de uren en dagen ervoor talloze malen de revue passeren in een poging erachter te komen waarmee ze de aandacht getrokken konden hebben. Was het alleen maar omdat ze met vier mannen in één huis zaten? Zoiets was, na een orkaan waarvoor bijna de hele stad was geëvacueerd, wel de moeite van het onderzoeken waard, erkende hij. Maar er was geen enkel onderzoek geweest. Er waren geen vragen gesteld, er was geen bewijsmateriaal meegenomen, er was hun niets ten laste gelegd.

Kathy maakte zich vaak zorgen over Nationale Gardisten en andere soldaten die na hun uitzending naar Irak of Afghanistan naar de Verenigde Staten waren teruggekeerd. Ze waarschuwde hem voor langslopende groepjes soldaten op het vliegveld, zei dat hij niet in de buurt van kantoren van de Nationale Garde moest komen. 'Ze zijn getraind om mensen zoals jij te doden,' zei ze dan tegen Zeitoun, zogenaamd voor de grap, maar met een serieuze ondertoon. Ze wilde niet dat haar familie het slachtoffer zou worden van een oorlog die geen duidelijk front kende, geen duidelijke vorm en geen regels.

Bijna twintig jaar eerder had hij op een tanker gewerkt, de *Andromeda*. Ze hadden net olie vanuit Koeweit naar Japan gebracht en waren weer op weg naar Koeweit voor een nieuwe lading. Het was 1987 en Iran en Irak waren verwikkeld in hun langdurige, verlammende oorlog. De meeste van hun eigen raffinaderijen waren bij de gevechten vernield, dus beide landen waren afhankelijk van geïmporteerde olie en maakten er een gewoonte van schepen die via de Straat van Hormuz olie naar de vijand brachten de weg te versperren of aan te vallen. Zeitoun en zijn scheepsmaten wisten dat ze de toorn van Iraakse of Iraanse onderzeeërs en oorlogsschepen riskeerden als ze de Golf van Oman binnenvoeren. De bemanning kreeg extra betaald vanwege dat gevaar.

Zeitouns kooi lag boven de brandstoftanks en op een ochtend

lag hij nog te slapen toen hij uit zijn bed werd geblazen door een explosie onder zich. Hij wist niet of het een van de tanks was of dat het schip misschien ergens tegenaan was gebotst. Hij besefte al snel dat als er een tank was ontploft, hij allang dood zou zijn geweest en dat ze dus iets moesten hebben geraakt of zelf ergens door getroffen moesten zijn. Hij holde naar de brug om te zien wat er gebeurd was, toen het schip door nog een ontploffing door elkaar schudde.

Ze waren tot twee keer toe door Iraanse torpedo's geraakt. Die hadden een gat in de romp geslagen dat groot genoeg was om er met een kleine motorboot doorheen te varen. Maar het was duidelijk dat de Iraniërs niet van plan waren het schip tot zinken te brengen. Als ze dat hadden gewild, zou dat heel makkelijk zijn geweest. Ze wilden alleen maar een waarschuwing geven door het schip te beschadigen.

Ze wisten Addan te bereiken, waar ze een maand nodig hadden om de schade te repareren. Terwijl hij daar moest wachten tot ze weer konden vertrekken, kwam Zeitoun tot de conclusie dat zijn vader Mahmoud misschien toch gelijk had gehad. Het werd tijd dat hij zich ergens vestigde, een gezin stichtte en een veilig en regelmatig bestaan aan de wal opbouwde. Een paar maanden later ging hij in Houston van boord en begon hij zijn zoektocht naar Kathy.

Dinsdag 13 september

Zeitoun en Nasser spraken niet over de mogelijkheid dat ze misschien wel maanden, of zelfs jaren, in de gevangenis zouden moeten blijven. Maar het speelde wel door hun hoofd: dat niemand wist waar ze waren, wat de overheid, of wie het ook was die hen hier vasthield, volledige en onbeperkte macht gaf om hen hier voor onbepaalde tijd verstopt te houden.

Zeitoun kon niets bedenken waarmee hij zijn zaak vlot zou kunnen trekken. Hij had geen toestemming gekregen om te bellen en niets wees erop dat hij die ooit wel zou krijgen. Hij had geen contact met mensen van buiten, alleen met de verpleegster, maar ook zij was een vaste medewerkster van de gevangenis. Het was volstrekt zinloos om tegen haar te zeggen dat hij onschuldig was, want dat soort mededelingen kreeg ze natuurlijk de hele dag te horen. Waarschijnlijk bewees zijn aanwezigheid in een extra beveiligde inrichting voor degenen die hier werkten juist alleen maar dat hij schuldig was. De bewakers waren eraan gewend op mannen te passen die voor de rechter schuldig bevonden waren.

Verder lag de gevangenis zo geïsoleerd dat er geen enkel toezicht was. Er kwamen nooit burgers langs om te controleren hoe het met de omstandigheden gesteld was. Hij was nog geen enkele keer van de afdeling gelaten. Hij had alleen een keer zijn cel mogen verlaten om te douchen en ook de douche had tralies gehad. Als ze hem nu al zeven dagen verboden te bellen, waarom zouden ze dat beleid in de toekomst dan veranderen?

Hij had nog maar één hoop en die bestond eruit zijn naam en het verhaal van zijn onschuld door te geven aan elke gevangene die hij sprak, zodat ze zich, als ze op een dag vrij zouden komen, niet alleen zijn naam zouden herinneren, maar ook de moeite zouden nemen om Kathy te bellen of iemand te vertellen waar hij zat. Maar ook hier gold weer: wie van hen zou geloven dat hij onschuldig in de gevangenis zat? Hoeveel andere namen hadden ze al gehoord en hoeveel andere beloftes gedaan?

Aanvankelijk had Zeitoun nog geaarzeld of zijn afkomst iets te maken had gehad met zijn arrestatie. Tenslotte waren twee van de vier mannen van hun groep blanke Amerikanen geweest die in New Orleans waren geboren. Maar de gevangenschap was er heel anders gaan uitzien toen ze naar Kamp Greyhound waren overgebracht. En hoewel hij de gedachte liever verdrong, vroeg hij zich toch af hoe onwaarschijnlijk het was dat hij, zoals zoveel anderen, naar een geheime locatie zou kunnen worden gebracht – naar een van de geheime gevangenissen in het buitenland. Naar Guantánamo Bay?

Hij was niet iemand die dat soort dingen vreesde. Hij hield niet van samenzweringstheorieën en geloofde niet dat de vs moedwillig mensenrechten schonden. Het leek alleen wel alsof er tegenwoordig elke maand wel een verhaal opdook over iemand uit Iran, Saudi-Arabië, Libië, Syrië of welk moslimland dan ook, die na maanden of jaren opeens vrijgelaten werd uit een van die gevangenissen. Het was telkens ongeveer hetzelfde verhaal: een moslimman kwam onder verdenking te staan van de Amerikaanse overheid, en gezien de huidige macht van de president konden Amerikaanse agenten de man overal ter wereld oppakken en hem overal ter wereld heen brengen zonder hem ooit een misdaad ten laste te hoeven leggen.

Was Zeitouns situatie zo anders? Hij werd vastgehouden zonder contact, aanklacht, borgtocht of proces. Zou het niet echt iets voor het ministerie van Binnenlandse Veiligheid zijn om nog een naam aan hun lijst van gevaarlijke individuen toe te voegen? Voor sommige Amerikanen was de gedachte aan twee Syriërs die na de orkaan samen door New Orleans kanoden al verdacht genoeg. Zelfs de meest amateuristische propagandist zou daar een onheilspellende draai aan kunnen geven.

Zeitoun liet zich niet makkelijk tot dergelijke gedachten verleiden. Ze druisten tegen alles in wat hij wist en geloofde over zijn nieuwe thuisland. Maar hij kende ook de verhalen. Professoren, artsen en ingenieurs waren van hun bed gelicht en verdwenen maanden- of jarenlang in het belang van de binnenlandse veiligheid.

Waarom dan niet een aannemer?

Woensdag 14 september

De pijn in Zeitouns zij was nu onverdraaglijk. In bijna alle houdingen, zowel staand als zittend, kon hij nauwelijks nog ademhalen. Er moest hulp komen.

Toen hij de verpleegster met haar karretje hoorde aankomen door de gang, sprong hij overeind om haar door de tralies te kunnen aanspreken.

'Hebt u de dokter mijn formulier gegeven?' vroeg hij.

Ze zei van wel en dat ze er binnenkort meer over zou horen.

'Je ziet er niet goed uit,' zei Nasser.

'Ik weet het,' zei Zeitoun.

'Je bent veel te mager geworden.'

'De pijn. Die is nu heel erg.'

Opeens schoot Zeitoun het bizarre idee door het hoofd dat de pijn in zijn zij misschien niet door een infectie of een wond veroorzaakt was, maar door verdriet. Misschien was er geen medische oorzaak. Misschien was het alleen maar de manifestatie van zijn woede, verdriet en machteloosheid. Hij wilde gewoon niet dat dit allemaal waar was. Hij wilde niet dat het waar was dat zijn huis en zijn stad onder water stonden. Hij wilde niet dat het waar was dat zijn vrouw en kinderen 2500 kilometer verderop zaten en waarschijnlijk dachten dat hij dood was. Hij wilde niet dat het waar was dat hij op dit moment en misschien wel voor altijd een man in een kooi was, weggestopt en niet langer deel van de wereld.

Donderdag 15 september

Zeitoun was inmiddels even vertrouwd met het ritmisch getik van het karretje van de verpleegkundige als met zijn hartslag. Hij sprong weer op en liep naar de tralies om haar te kunnen spreken.

'Wat zei de dokter?' vroeg hij.

'Waarover?' antwoordde ze.

'Over mijn klachten,' zei hij. 'U hebt hem toch dat formulier gegeven?'

'O, ik denk dat ie dat niet heeft gekregen. Vul het nog meer een keer in,' zei ze en ze gaf hem een nieuw formulier.

Ze kwam die dag niet nog eens langs en de volgende dag evenmin.

Zeitoun merkte dat hij duizelig werd als hij opstond. Hij at niet genoeg. Het leek wel alsof iedere maaltijd varkensvlees bevatte. En zelfs als hij een maaltijd wat ingrediënten betreft wel kon eten, was hij vaak zo gespannen of wanhopig dat hij geen hap door zijn keel kreeg.

Na de lunch bleven er drie bewakers bij zijn cel staan. De celdeur ging open en ze kwamen binnen. Zeitoun werd aan handen en voeten geboeid en de cel uit geleid. Hij werd naar een ander gebouw gebracht en daar in een lege cel achtergelaten. Nu was hij alleen.

Nasser en hij hadden niet veel met elkaar gepraat, maar dat was iets heel anders dan helemaal alleen zijn.

Zeitoun probeerde zich te herinneren hoeveel zijn levensverzekering waard was. Hij had voor een hoger bedrag moeten kiezen. Hij had er niet goed genoeg over nagedacht. De verzekeringsmedewerkster had geprobeerd hem ervan te overtuigen dat hij zijn leven voor meer dan een miljoen dollar moest verzekeren, gegeven het feit dat hij vier kinderen had en dat het bedrijf grotendeels van hem afhankelijk was. Maar hij had zich niet kunnen voorstellen dat hij zou overlijden. Hij was pas zevenenveertig en het voelde gewoon te vroeg om aan een levensverzekering te denken. Maar hij wist dat Kathy inmiddels nagegaan zou zijn wat die waard was. Ze zou al begonnen zijn zich een voorzichtige voorstelling van een leven zonder hem te maken.

Als hij eraan dacht dat zijn vrouw dergelijke plannen moest maken omdat ze er wel van uit moest gaan dat hij dood was, ging zijn hart tekeer. Hij was woedend op de politie die hem had gearresteerd, op de bewakers die hem hier vasthielden, op het systeem dat dit allemaal mogelijk maakte. Hij gaf Ronnie de schuld van alles, de vreemdeling die naar het huis aan Claiborne was gekomen, die hij niet had gekend en wiens rol hij niet kende. Het was niet uitgesloten dat Ronnie door zijn aanwezigheid de anderen verdacht had gemaakt. Misschien was Ronnie wel echt ergens schuldig aan, misschien had hij inderdaad iets op zijn geweten. Hij vervloekte Nassers tas met geld. Wat een idioot! Hij had nooit al dat geld bij zich moeten houden.

Kathy. Zachary. De meiden. De meisjes zouden misschien zonder vader opgroeien. Als Zeitoun overgeplaatst werd naar een geheime gevangenis, zou hun leven een volkomen nieuwe wending nemen: ze zouden niet langer de welgestelde kinderen van een succesvol man zijn, maar de verguisde kinderen van het vermoedelijke brein van een slapende cel.

Zelfs al kwam hij morgen of volgende week vrij, dan hadden ze nog een vader die in de gevangenis had gezeten. De gebeurtenissen zouden onvermijdelijk diepe sporen nalaten: eerst de bange gedachten dat hun vader misschien dood was en vervolgens de akelige ontdekking dat hij onder bedreiging van vuurwapens was opgepakt en in een gevangenis was beland, waar hij gedwongen was als een rat te leven.

Hij greep zijn zij vast en duwde met zijn hand op de plek die pijn deed in een poging die zo beheersbaar te houden.

Vrijdag 16 september

De gevangenen kregen te horen dat ze na de lunch naar buiten mochten. Zeitoun had een week geleden voor het laatst de zon gezien. Tijdens het uur dat ze op de binnenplaats mochten zijn, probeerde Zeitoun te joggen, maar hij voelde zich te duizelig. Hij liep wat rond en ving het ene na het andere merkwaardige verhaal op.

Hij ontmoette een man die vertelde dat hij de meubels in zijn huis aan het verplaatsen was kort nadat de orkaan uitgeraasd leek. De politie zag hem bezig en stormde zijn huis binnen. Hij betuigde zijn onschuld, ze ranselden hem vervolgens af en vertrokken weer. Een paar dagen later ging hij naar het Greyhound-station om zijn beklag te doen. Hij werd gearresteerd en naar Hunt gestuurd.

Het absurde verhaal over de belevenissen van Merlene Maten sloeg echter alles. Een van de gevangenen had net iets over haar op tv gezien. Ze had vastgezeten in de vrouwengevangenis naast Hunt.

Maten was drieënzeventig, had suikerziekte en was een ouderling in de gemeente van de Resurrection Mission Baptist Church. Voor de storm hadden haar man van tachtig en zij hun intrek genomen in een hotel in het centrum, omdat ze dan onder de mensen zouden zijn. Indien nodig zou iemand daar hen kunnen helpen en ze zouden er in ieder geval veiliger zitten, aangezien het hotel wat hoger lag. Ze gingen met de auto naar het hotel en betaalden de kamer met hun creditcard.

Ze waren al drie dagen in het hotel, toen Maten naar beneden ging om wat extra eten uit hun auto te halen. Burgemeester Nagin had iedereen in de stad opgedragen om voor drie dagen eten bij de hand te hebben en zij had prompt genoeg in de auto gezet om die tijd te kunnen overbruggen. De auto stond op de parkeerplaats naast het hotel en Maten had er een koeltas achtergelaten, met daarin allerlei spullen die haar man graag at. Ze had een verpakking worstjes gepakt en liep weer terug naar het hotel, toen ze ineens geroep en voetstappen hoorde. Het waren politieagenten, die haar ervan beschuldigden dat ze een naburige winkel had geplunderd.

Een delicatessenwinkel om de hoek was zo-even leeggeplunderd en de politie was op zoek naar de mogelijke daders. Ze vonden Maten. Ze werd in de handboeien geslagen en werd ervan beschuldigd dat ze voor 63,50 dollar aan eten zou hebben gestolen. Een rechter stelde telefonisch de borgsom vast op vijftigduizend dollar. Normaal gesproken is de borgsom voor een dergelijk vergrijp vijfhonderd dollar.

Ze werd overgebracht naar Kamp Greyhound, waar ze op de betonnen vloer had moeten slapen. Vervolgens zat ze meer dan twee weken vast in de vrouwengevangenis het Louisiana Correctional Institute for Women, een zusterinstelling van Hunt. Ze kwam uiteindelijk vrij dankzij de ouderenbond AARP, vrijwillige advocaten, een particuliere advocaat en een artikel over haar dat door Associated Press werd gepubliceerd.

De advocaten hadden een rechter er ten slotte van kunnen overtuigen dat een zeventigjarige die in een hotel verbleef geen winkel zou hoeven plunderen voor worstjes. Ze toonden aan dat de worstjes die ze bij zich had niet eens in die winkel te koop waren. Maten was nooit in de winkel geweest. Bovendien was het niet eenvoudig om de beschadigde winkel, waar overal brokstukken en glasscherven lagen, binnen te gaan. Dat vergde een zekere behendigheid, die zij eenvoudigweg niet bezat.

Laat in de middag hoorde Zeitoun een groepje bewakers zijn cellenblok binnenkomen. Hij kon hen niet zien, maar het klonk alsof het ten minste vier, vijf mannen waren. Een celdeur verderop kletterde open. De bewakers schreeuwden en scholden en het klonk alsof er geknokt werd. Daarna was het een paar minuten stil en vervolgens werd de celdeur weer gesloten. Dit ritueel herhaalde zich zo'n vijf keer.

Toen was hij aan de beurt. Eerst zag hij hun gezichten. Aan de andere kant van de blauwe tralies stonden vijf mannen. Een van de bewakers had hij al eens gezien, maar de andere vier waren nieuw. Ze waren alle vier gekleed in een zwart oproeruniform, net als een SWAT-team. Ze hadden schilden, speciale bescherming, gummistokken en helmen. Ze stonden bij de deur te wachten tot die open zou gaan.

Zeitoun nam zich vast voor niet tegen te stribbelen. Hij zou zich op geen enkele wijze verzetten. Toen de celdeur openschoof, stond hij in het midden van de cel met zijn handen in de lucht en keek hij recht voor zich uit.

Niettemin stormden de mannen naar binnen alsof ze hem op heterdaad bij een moord betrapten. Onder veel gevloek en getier drongen drie mannen hem met behulp van hun schild tegen de muur. Ze duwden zijn gezicht tegen de muur van gasbeton en boeiden hem aan armen en benen.

Ze brachten hem naar de gang. Daar hielden drie bewakers hem vast terwijl de andere twee zijn cel doorzochten. Ze sloegen het beddengoed open, draaiden de matras om en kamden de kleine ruimte helemaal uit.

Twee bewakers verwijderden de boeien aan Zeitouns handen en voeten.

'Uitkleden,' zei een van hen.

Hij aarzelde. Toen hij in Hunt arriveerde had hij geen ondergoed gekregen. Als hij zijn overall uittrok, zou hij naakt zijn.

'Nu,' beval de bewaker.

Zeitoun ritste de overall open en trok hem van zijn schouders naar beneden. De overall viel om zijn middel en hij duwde hem naar zijn enkels. Om hem heen stonden drie mannen volledig in zwart oproeruniform. Hij probeerde zichzelf te bedekken.

'Bukken,' zei de bewaker.

Hij aarzelde weer.

'Nu.'

Zeitoun gehoorzaamde.

'Verder,' zei de bewaker. 'Pak je enkels vast.'

Zeitoun kon niet zien wie hem onderzocht en hoe die persoon dat deed. Hij verwachtte ieder moment dat er iets in zijn rectum zou worden gestopt.

'Oké, ga maar weer staan,' zei de bewaker.

Die ene vernedering hadden ze hem bespaard.

Zeitoun ging rechtop staan. De bewaker schoof met zijn voet Zeitouns overall de cel in en duwde vervolgens ook Zeitoun naar binnen. Terwijl Zeitoun zich weer aankleedde, verlieten de bewakers achterwaarts en met opgeheven schild de cel.

Zeitouns deur ging dicht en de bewakers stelden zich op bij de volgende cel, klaar voor de volgende gevangene.

Van de andere gevangenen hoorde Zeitoun dat dit soort doorzoekingen heel gebruikelijk waren. De bewakers zochten drugs, wapens, allerlei smokkelwaar. Hij kon ervan uitgaan dat deze inspecties wekelijks zouden plaatsvinden.

Zaterdag 17 september

Zeitoun lag het grootste deel van de dag op bed. Hij was kapot. Hij had niet geslapen. Vrijwel de hele nacht had zich in zijn hoofd keer op keer weer die doorzoeking afgespeeld. Hij probeerde de herinnering te verdringen, maar iedere keer als hij zijn ogen dichtdeed, zag hij weer die mannen in hun oproeruniform aan de andere kant van de celdeur wachten tot ze naar binnen konden en hem konden grijpen.

Het leek alsof hij al weken alleen hazenslaapjes deed, overdag een paar uur, soms 's nachts ook eventjes. Hij kon zich niet herinneren wanneer hij voor het laatst meer dan drie uur achter elkaar had geslapen.

Waarom had hij zijn familie dit aangedaan? Er was iets helemaal mis in dit land, daar was geen twijfel aan, maar het was met hemzelf begonnen. Hij had geweigerd de stad te verlaten. Hij was gebleven om een oogje te houden op zijn huizen en bedrijf. Maar toen had iets anders bezit van hem genomen, een soort gevoel van lotsbestemming. Een soort gevoel dat God hem daar had neergezet om Zijn werk te doen, om Hem met goede daden te eren.

Het klonk nu belachelijk. Hoe had hij zich schuldig kunnen maken aan zulke overmoed? Hij had zichzelf in gevaar gebracht en daarmee ook zijn gezin. Hoe had hij kunnen ontkennen dat het gevaarlijk voor hem zou zijn om in New Orleans te blijven, een stad waar een soort staat van beleg heerste? Hij wist wel beter. Hij was zoveel jaren voorzichtig geweest. Hij had zich netjes gedragen. Hij was een modelburger geweest. Maar in de nasleep van de storm was hij ervan overtuigd geraakt dat het zijn taak was om gestrande medeburgers te helpen. Hij had geloofd dat die stomme kano hem het recht had verleend om als hoeder en redder op te treden. Hij had alle gevoel voor verhoudingen verloren.

Hij had te veel verwacht. Hij had te veel gehoopt.

Het land dat hij dertig jaar eerder had verlaten, was een realistische plek geweest. Daar golden politieke realiteiten, toen en nu, die blind vertrouwen uitsloten en inwoners ervanaf hielden te denken dat alles altijd eerlijk en rechtvaardig zou worden opgelost. Dat soort dingen was hij in de Verenigde Staten wel gaan geloven. Er waren oplossingen geweest. Hij was moeilijkheden te boven gekomen. Hij had hard gewerkt en veel bereikt. Het systeem van de regering werkte. Dat systeem werkte in New

Orleans misschien soms wat traag, maar het werkte wel.

Maar nu werkte helemaal niets. Of beter gezegd: alle onderdelen van het systeem – de politie, het leger, de gevangenissen –, dat in feite mensen als hij moest beschermen, slokten iedereen op die te dichtbij kwam. Hij had lang geloofd dat de politie optrad in het belang van de burgers die zij diende. Dat het leger toerekenbaar en redelijk was, en gecontroleerd werd door concentrische cirkels van voorschriften, wetten, gezond verstand en doodgewoon fatsoen.

Maar die verwachtingen moest hij nu laten varen.

Dit land was niet uniek. Dit land was feilbaar. Er werden fouten gemaakt. Hij was een fout. Binnen het veelomvattender programma van de blinde, gulzige strijd van het land tegen zichtbare en onzichtbare bedreigingen, werden er onvermijdelijk fouten gemaakt. Onschuldigen werden verdacht. Onschuldigen werden gevangengenomen.

Hij dacht aan de bijvangst, bekend uit de visserijwereld. Ze hadden dat woord wel gebruikt toen hij nog jong was en meeging om sardines bij het nagebootste maanlicht te vangen. Als ze de netten binnenhaalden, zaten daar natuurlijk duizenden sardines in, maar ook andere wezens, waar het hun niet om ging en waar ze geen bestemming voor hadden.

Vaak merkten ze het te laat. Ze voeren met de vangst, een zilverkleurige berg vis, terug naar de kust. Onderweg gingen de sardines langzaam dood. Zeitoun hing dan uitgeput tegen de boeg en zag hoe de vissen geleidelijk de strijd opgaven. Als ze aan land waren en de netten hadden geleegd, troffen ze soms iets anders aan. Een keer was het een dolfijn geweest. Hij dacht vaak terug aan die dolfijn, een prachtig, ivoorwit dier dat op de kade lag te glimmen als porselein. De vissers porden er voorzichtig met hun voet tegenaan, maar het was dood. Het was in de netten verstrikt geraakt, had niet meer naar de oppervlakte kunnen komen om te ademen en was onder water doodgegaan. Als ze het op tijd hadden gezien, hadden ze het kunnen bevrijden, maar nu konden ze het alleen nog maar teruggooien in de Middellandse Zee: voer voor de aaseters.

De pijn in Zeitouns zij werd sterker, golfde naar buiten. Hij kon hier niet nog een week blijven. Hij zou het hartzeer, de onrechtvaardigheid niet overleven.

Het bestond niet dat je als beter mens uit deze gevangenis kwam. Niet zoals hij werd behandeld. Hij had afdelingen van Hunt gezien die goed georganiseerd leken, en schoon en efficiënt. Toen hij hier net was aangekomen en geregistreerd werd, had hij gevangenen gezien die vrij rondliepen op een met gras begroeid terrein. Maar hij zelf zat drieëntwintig uur per dag opgesloten in zijn cel zonder afleiding, gezelschap of enige schoonheid. Die omstandigheden zouden ieder gezond mens tot waanzin drijven. De grijze muren, de blauwe tralies, de visitaties, de douches achter tralies onder het toeziend oog van bewakers en camera's. De afwezigheid van mentale prikkels. Hij kon hier niet werken, niet lezen, niets maken en zichzelf niet ontwikkelen, en zou hier dus gewoon wegkwijnen.

Hij had te veel op het spel gezet in de hoop dat hij misschien iets zou doen om de daden van zijn broer Mohammed te evenaren. Nee, die gedachte had hem nooit bewust gedreven; hij had in die overstroomde stad gedaan wat hij kon omdat hij daar was, omdat het gedaan moest worden en omdat hij het kon doen. Maar had hij ergens diep vanbinnen niet stilletjes gehoopt dat ook hij zijn familie trots kon maken, net als Mohammed dat jaren geleden had gedaan? Was er niet ergens de wens dat hij zijn broer, zijn familie, zijn God kon eren door alles te doen wat hij kon en door de stad te varen op zoek naar kansen om goed te doen? En was deze gevangenschap Gods wijze om zijn trots in te tomen en zijn ijdele dromen te matigen?

Terwijl de gevangenen een voor een vloekend en tierend wakker werden, bad Zeitoun. Hij bad voor de gezondheid van zijn gezin. Hij bad dat zij berusting hadden gevonden. En hij bad om een boodschapper. Hij had alleen maar een boodschapper nodig, iemand die zijn vrouw kon vertellen dat hij leefde. Iemand die hem in verbinding kon brengen met dat deel van de wereld dat nog functioneerde.

Zondag 18 september

Zeitoun had versuft en sloom van de hitte de ochtend duttend doorgebracht. Zijn oranje overall was doordrenkt van het zweet. Hij hoorde de aankondiging dat ze na de lunch weer naar buiten mochten, maar wist niet of hij daar wel de kracht voor had.

Hij was teleurgesteld in zichzelf. Een deel van hem had de moed opgegeven en het andere deel dat nog vertrouwen had keek gescheiden van de gebroken helft van zijn ziel ongelovig toe.

Het geratel van het karretje van de verpleegkundige galmde door de gang. Er was geen reden om aan te nemen dat ze hem zou helpen, maar hij stond niettemin op om het haar nog eens te vragen. Toen hij de gang in keek, zag hij echter niet de verpleegkundige, maar een man die hij niet eerder had gezien.

De man had een karretje met zwarte boeken bij zich en was een paar cellen verderop blijven staan. Hij stond te praten met gevangenen in die cellen en Zeitoun keek naar hem zonder iets van het gesprek op te kunnen vangen. Het was een zwarte man van in de zestig en uit zijn houding en gebaren terwijl hij daar met de gevangenen stond te praten werd duidelijk dat hij een man Gods was. De boeken op zijn karretje waren bijbels.

Toen hij klaar was en langs Zeitouns cel kwam, hield Zeitoun hem aan. 'Pardon, hallo,' zei hij.

'Hallo,' zei de missionaris. Hij had amandelvormige ogen en glimlachte breed. 'Wilt u iets horen over Jezus Christus?' Zeitoun sloeg beleefd af. 'Alstublieft, meneer,' zei hij. 'Alstublieft, ik hoor hier niet. Ik heb niets misdaan. Maar niemand weet dat ik hier ben. Ik mocht niemand bellen. Mijn vrouw denkt dat ik dood ben. Wilt u haar bellen?' De missionaris sloot zijn ogen. Hij hoorde dit soort dingen duidelijk vaker. 'Alstublieft,' zei Zeitoun. 'Ik weet dat het niet meevalt om een man in een kooi te geloven, maar ik smeek het u. Mag ik u in ieder geval haar nummer geven?'

Zeitoun wist alleen nog het nummer van Kathy's mobiel en hoopte dat die het zou doen. De missionaris wierp links en rechts een blik in de gang en knikte. 'Snel dan.' 'Dank u wel,' zei Zeitoun. 'Ze heet Kathy. Mijn vrouw. We hebben vier kinderen.'

Zeitoun had geen pen en papier.

'Dit is tegen de regels,' zei de missionaris en hij viste een pen van het karretje. Hij had geen papier. Ze waren nu allebei zenuwachtig. De missionaris stond al te lang bij zijn cel. Hij sloeg een bijbel open en scheurde er een pagina achterin uit. Zeitoun dicteerde het nummer. De missionaris propte de pagina in zijn zak en liep snel door met zijn karretje.

In Zeitouns hart ontwaakte de hoop. Hij kon niet uren stilzitten. Hij liep uitgelaten op en neer of sprong op de plaats. Hij stelde zich voor dat de missionaris de gevangenis verliet, naar zijn auto liep, het nummer tevoorschijn haalde en onderweg naar huis Kathy belde. Misschien zou hij ook wachten tot hij thuis was. Hoe lang zou het duren? Hij telde de minuten tot Kathy op de hoogte zou zijn. Ze zou het weten! Hij schatte hoeveel uur het zou duren voordat Kathy hier was en hem zou bevrijden. Als ze wist dat hij leefde, kon hij wel wachten. De hele procedure kon dagen duren, dat wist hij. Maar hij kon wel wachten als het betekende dat hij haar weer zou zien. Geen probleem. Hij zag het allemaal voor zich. Hij zou binnen een dag vrij zijn.

Zeitoun kon die nacht de slaap niet vatten. Iemand op deze wereld wist dat hij leefde. Hij had zijn boodschapper gevonden.

Maandag 19 september

Na het ontbijt kwamen er twee bewakers naar Zeitouns cel. Ze zeiden tegen Zeitoun dat hij ergens werd verwacht.

'Waar? Bij wie?' wilde Zeitoun weten. De bal rolt al, dacht hij.

De bewakers gaven geen antwoord. Ze deden zijn celdeur open, boeiden hem aan handen en voeten, en liepen vervolgens met hem de gang af. Na een paar minuten lopen kwamen ze bij een andere cel, waar ze Zeitoun achterlieten. Hij zat daar vijf minuten en toen ging de deur weer open.

'Het busje is er,' zei een bewaker. Hij liet hem over aan een andere bewaker, die hem via weer een andere gang naar een laatste hek bracht. Het hek ging open en Zeitoun werd naar een wit busje gebracht dat buiten stond te wachten. Hij kneep zijn ogen half dicht tegen het felle daglicht. Hij werd in het busje gezet en de bewaker stapte ook in. Ze reden over het terrein en stopten bij het hoofdgebouw aan de voorkant van de gevangenis.

Zeitoun moest uit het busje stappen en werd overgedragen aan weer een andere bewaker, die hem het gebouw binnenbracht. Ze liepen door een smetteloze gang tot ze bij een extra kantoortje met muren van gasbeton kwamen.

Voor het kantoortje zaten Nasser, Todd en Ronnie op klapstoeltjes. Zeitoun was verrast hen daar allemaal zo te zien zitten en ze wisselden vragende blikken. Hij werd langs hen heen een kleine kamer binnengebracht.

In het kamertje stonden twee mannen in pak. Ze gingen zitten en gebaarden naar Zeitoun dat hij dat ook kon doen. Ze vertelden dat ze van het ministerie van Binnenlandse Veiligheid waren. Ze glimlachten hartelijk naar Zeitoun en zeiden dat ze hem alleen maar wat vragen wilden stellen. Ze vroegen wat hij deed voor de kost. Hij vertelde dat hij schilder en klusser was. Ze vroegen waarom hij de stad niet had verlaten toen iedereen vertrok. Hij vertelde dat hij de stad nooit eerder was ontvlucht tijdens een storm en dat hij verschillende panden had die hij in de gaten wilde houden. Ze stelden vragen over Todd, Nasser en Ronnie en wilden weten waar hij hen van kende. Hij lichtte dat per persoon toe. Ze vroegen waarom hij geen geld bij zich had gehad.

'Wat heb ik aan geld als ik tijdens een overstroming in een kano zit?' vroeg Zeitoun.

'Nasser had wel geld,' zei een van de mannen.

Zeitoun haalde zijn schouders op. Hij kon niet verklaren waarom Nasser geld bij zich had gehad.

Het gesprek duurde nog geen halfuur. Het viel Zeitoun op dat de mannen heel vriendelijk waren en de vragen heel simpel. Ze vroegen niets over terrorisme. Ze beschuldigden hem er niet van dat hij samenzwoer tegen de Verenigde Staten. Aan het eind van het gesprek verontschuldigden ze zich voor hetgeen Zeitoun had moeten meemaken en vroegen ze of ze iets voor hem konden doen.

'Wilt u Kathy alstublieft bellen?' vroeg hij.

Ze zeiden dat ze dat zouden doen.

Maandag 19 september

Kathy was in alle staten. Een paar uur geleden had de missionaris gebeld en nu ging de telefoon weer. Yuko had de afgelopen dagen alle telefoontjes afgehandeld, maar wist nu niet meer wat ze moest doen. Kathy nam op.

Aan de andere kant van de lijn was een man die zei dat hij van het ministerie van Binnenlandse Veiligheid was. Hij bevestigde dat Zeitoun in het Elayn Hunt Correctional Center zat.

'Het gaat goed met hem, mevrouw. Hij is voor ons verder niet van belang.'

'Hij is voor u verder niet van belang? Is dat goed of slecht nieuws?'

'Goed nieuws.'

'Waarom zat hij daar eigenlijk vast?'

'Bij zijn arrestatiegegevens wordt "plunderen" vermeld, maar die aanklacht zal worden ingetrokken.'

Het was een kort, zakelijk gesprek. Toen ze ophing, loofde en dankte Kathy God voor zijn genade. Ze krijste van opluchting en danste met Yuko het hele huis door.

'Ik wist wel dat hij nog leefde,' zei Yuko. 'Ik wist het gewoon.'

'God is goed,' zeiden ze. 'God is goed.'

Ze belden Yuko's man op en overwogen om de kinderen vroeger uit school te halen. Ze hadden iets te vieren. En ze moesten plannen maken. Er moest een heleboel gebeuren.

Om te beginnen moest Kathy erheen. Ze wist dat ze erheen moest. Ze moest diezelfde dag nog op weg naar de gevangenis. Ze wist nog niet waar die was, maar ze moest erheen. Waar lag die gevangenis? Ze zocht het op internet op. St. Gabriel, nog geen halfuur rijden van Baton Rouge.

Ze belde naar Hunt en werd via de spraakcomputer herhaaldelijk doorverbonden, tot ze eindelijk een vrouw van vlees en bloed aan de telefoon kreeg. Ze kwam haast niet uit haar woorden. Ze wilde het liefst door de telefoonlijn vliegen om daar bij hem te zijn.

'Ik wil graag mijn man spreken. Hij zit daar bij u.'

'Hoe heet de gevangene?' vroeg de vrouw.

Kathy hapte even naar lucht. Ze kon het moeilijk verkroppen dat haar man werd aangeduid als 'gevangene'. Als ze zijn naam gaf, hield ze de leugen in stand die door iedereen werd verteld die tot nu met zijn opsluiting te maken had.

'Abdulrahman Zeitoun,' zei ze en ze spelde zijn naam.

Kathy hoorde het getik op een toetsenbord.

'Hij zit niet hier,' zei de vrouw.

Kathy spelde zijn naam nog een keer.

Weer het getik op een toetsenbord.

'We hebben hier niemand die zo heet,' herhaalde de vrouw.

Kathy probeerde rustig te blijven. Ze vertelde de vrouw dat ze zo-even was gebeld door iemand van het ministerie van Binnenlandse Veiligheid en dat die man tegen haar had gezegd dat Abdulrahman Zeitoun in deze gevangenis zat.

'Hij is bij ons niet bekend,' zei de vrouw. Ze voegde eraan toe dat Hunt geen gegevens had van mensen die in de nasleep van de orkaan bij hen terecht waren gekomen. De gevangenen uit New Orleans zaten niet in hun computersysteem. 'Die gegevens staan allemaal op papier en die papieren hebben we niet. Die mensen zijn geen van allen in ons systeem verwerkt. Ze vallen onder de FEMA.'

Kathy stortte bijna in. Haar hoofd tolde en ze voelde zich machteloos. Ze had geen telefoonnummer van de man van het ministerie van Binnenlandse Veiligheid. Ze kon zichzelf wel voor de kop slaan dat ze hem daar niet om had gevraagd. En nu kreeg ze te horen dat haar man niet in de instelling was waar de mensen van het ministerie van Binnenlandse Veiligheid en de missionaris hem wel hadden gezien. Welk spelletje werd hier gespeeld? Was hij daar ooit echt geweest? Misschien hadden ze hem overgeplaatst. Misschien had hij gevangengezeten in Hunt, maar had een of andere organisatie hem willen hebben, was hij ontvoerd en zat hij nu ergens in een geheime gevangenis.

Ze moest erheen. Ze zou naar het Hunt Correctional Center gaan en erop staan dat ze hem te zien kreeg. Ze had er recht op hem te zien. Als hij daar niet was, zou ze eisen dat ze haar vertelden waar hij heen was gebracht. Er zat niets anders op.

Ze vertelde Yuko en Ahmaad dat ze erheen ging.

'Waarheen?' vroegen ze.

'Naar Hunt. De gevangenis,' zei ze.

Ze vroegen haar of ze zeker wist dat hij daar zat. Dat wist ze niet. Ze vroegen of ze zeker wist dat ze hem mocht zien. Dat wist ze niet. Ze vroegen haar waar ze zou overnachten. Kathy wist het niet. Ze begon weer te huilen. Ze wist niet wat ze nu moest doen.

Ze haalden haar over om vooralsnog in Phoenix te blijven, tot ze zeker wist waar Zeitoun zich bevond en hoe ze hem concreet kon helpen. Ze moest slim zijn, zeiden ze tegen haar. Ze wilden niet ook over haar in moeten zitten.

Kathy belde Raleigh Ohlmeyer, een advocaat die ze vaker in de arm hadden genomen. Raleigh had een aantal van Zeitouns mannen geholpen toen ze juridisch in de problemen zaten. Zijn vader was een bekende, machtige advocaat in New Orleans en Raleigh had weliswaar hetzelfde vak gekozen, maar zich ook afgezet tegen zijn achtergrond, althans wat uiterlijk betreft. Hij had zijn bruine haar laten groeien en droeg het meestal in een paardenstaart. Hij werkte in de stad en vertegenwoordigde allerlei cliënten, van verkeersovertreders tot en met zware jongens. Kathy was ervan overtuigd dat hij wel zou weten hoe ze dit gedoe met Hunt konden oplossen.

Hij nam niet op. Ze liet een bericht achter.

Kathy draaide Ahmads nummer in Spanje. Ze belde hem wakker, maar dat kon haar niets schelen.

'Hij leeft!' zei ze.

Hij riep achter elkaar 'God zij dank', 'God zij geprezen' en meer lofprijzingen.

'Waar is ie?' vroeg hij. 'Bij jou?'

'Nee, hij zit in de gevangenis,' zei Kathy. 'Maar alles is in orde. Ik weet waar hij is. We krijgen hem daar wel uit.'

Ahmad zweeg. Kathy kon hem horen ademen.

'Hoe? Hoe krijg je hem daaruit?' vroeg hij.

Kathy had nog geen plan bedacht, maar ze kende een advocaat, had die ook al gebeld en...

'Je moet erheen,' zei Ahmad. 'Je moet naar hem toe en hem daaruit halen. Je moet het gewoon doen.'

Kathy werd onzeker van Ahmads toon. Het klonk alsof het feit dat Zeitoun gevangenzat hem minstens zo ongerust maakte als eerder zijn verdwijning.

Even later belde Fahzia, Zeitouns zus in Jableh.

Kathy vertelde haar het goede nieuws. 'We weten nu waar hij is. Hij zit in de gevangenis. Hij is terecht.'

Ook hier een lange stilte.

'Heb je hem gezien?' vroeg ze.

Kathy zei van niet, maar dat ze ervan overtuigd was dat dat snel zou gebeuren.

'Je moet naar hem toe,' zei Fahzia. 'Je moet hem opsporen.'

's Middags belde Raleigh Ohlmeyer Kathy terug. Hij was de stad kort voor de storm ontvlucht en had sindsdien in Baton Rouge gezeten. In zijn huis in New Orleans stond het water zo'n twee meter hoog.

Kathy vertelde hem wat er met Zeitoun was gebeurd.

'Hè?' zei Raleigh. 'Ik zag hem laatst nog op tv.' Hij had op de plaatselijke tv-zender het nieuwsitem van Zeitoun en zijn kano gezien.

Kathy vertelde dat eerst de missionaris en toen die man van het ministerie van Binnenlandse Veiligheid had gebeld en dat ze hem allebei in Hunt hadden gezien.

Raleigh sprak haar geruststellend toe. Hij was op de hoogte van Hunt. Na de storm had hij in Baton Rouge een provisorisch kantoor ingericht en hij was al actief voor andere gevangenen die naar Hunt waren overgebracht.

Hij legde uit dat het systeem niet werkte. Er was geen mogelijkheid om borg te betalen. Het zou enige tijd duren voordat alles was rechtgezet. Raleigh beloofde dat hij Zeitoun vrij zou krijgen, maar kon gezien de stand van zaken bij de rechtbanken, die er feitelijk op dit moment gewoon niet waren, niet voorspellen of beloven hoe lang het zou duren.

Dinsdag 20 september

's Ochtends belde Ahmad Kathy. Hij was gespannen.

'Heb jij tegen Fahzia gezegd dat Abdulrahman in de gevangenis zit?'

Zijn stem klonk streng.

'Ja, ze vroeg of...'

'Nee, nee,' zei hij. Rustiger vervolgde hij: 'Laten we dat maar niet doen. We moeten hen niet ongerust maken. We kunnen hun niet vertellen dat hij in de gevangenis zit. Dat kunnen we gewoon niet doen.'

'Goed, ik dacht alleen...'

'We bellen ze en zeggen dat alles in orde is, dat hij thuis is, dat het een misverstand was. Oké? We moeten hen daarvan overtuigen. Je hebt er geen idee van hoe bezorgd ze zullen zijn als ze denken dat hij in de gevangenis zit.'

'Goed dan. Zal ik...'

'Ik bel ze wel en zal zeggen dat alles in orde is. Als ze jou bellen, zeg je dat ook. Hij is thuis, hij is in veiligheid, er is niets aan de hand. Je hebt je vergist. Oké? Dat vertellen we ze. Oké?'

'Oké,' zei ze.

Ahmad wilde weten in welke gevangenis hij zat. Kathy vertelde hem dat het om St. Gabriel ging, dat het rechtssysteem platlag en dat het daarom wel enige tijd zou duren voordat het hun zou lukken Abdulrahman vrij te krijgen. Maar ze had met een advocaat overlegd en die was ermee bezig. Het was alleen maar een kwestie van tijd.

Maar Ahmad dacht verder dan een eenvoudig geval van advocaten en borg. Hij wilde gewoon niet dat zijn broer in een gevangenis zat. Een Syriër die in 2005 in een Amerikaanse gevangenis zat, daar moest je niet lichtzinnig over denken. Ze moesten zorgen dat ze Abdulrahman daar te zien kregen. Hij moest onmiddellijk worden vrijgelaten.

Toen Kathy de eerstvolgende keer haar e-mail bekeek, zag ze dat ze een bericht van Ahmad had ontvangen. Hij had haar een CC gestuurd. Hij had geprobeerd Zeitoun te vinden, maar was bij de verkeerde stad uitgekomen. Hij had op internet San Gabriel in de Verenigde Staten opgezocht, had een plaats van die naam gevonden en had deze mail geschreven:

Van: CapZeton
Aan: ACOSTA, ALEX
Onderwerp: Urgent uit Spanje

De politie van San Gabriel
San Gabriel, CA

Geachte heren,

Mijn naam is: Ahmad Zeton, uit Spanje

Reden: Ik zoek mijn broer (geëvacueerd New Orleans Katrina). Op 7 september kreeg ik mijn broer niet te pakken. We spraken elkaar na de orkaan Katrina iedere dag. Ik heb overal rondgevraagd of er nieuws over hem was. Het laatste wat ik heb gehoord is dat politieagenten op 6 september zijn huis in New Orleans hebben geëvacueerd en hem hebben meegenomen naar San Gabriel. Hij zit daar nu nog steeds gevangen in San Gabriel.

Vriendelijk wil ik u vragen of u alstublieft kunt zeggen of het mogelijk is om uit te zoeken hoe het met hem gaat en of ik met hem kan praten. Een collect call naar mij [telefoonnummer weggelaten] kan ook.

De gegevens van mijn broer zijn:
Naam: Abdulrahman Zeitoun.
Geboortedatum: 24-10-1957
Adres: Dart St. 4649, New Orleans, LA

Het zou erg vriendelijk van u zijn als u me even kunt laten weten of alles goed met hem is,

Met oprechte dank,
Ahmad Zeton
Málaga, Spanje

Kathy begon de situatie door Ahmads ogen te zien. Stel dat de aanklagers in de hoop dat ze Zeitouns opsluiting konden rechtvaardigen zouden proberen een zaak tegen hem op te bouwen en een verband zouden leggen, al was het nog zo vergezocht, met de een of andere terroristische activiteit? Ieder verband, al was het nog zo vaag, kon worden gebruikt om zijn opsluiting te rechtvaardigen en te verlengen.

Kathy wilde zo niet denken.

Donderdag 22 september

Ze belde Raleigh Ohlmeyer weer. Hij had net met Hunt gebeld en had de bevestiging gekregen dat Zeitoun daar zat.

Kathy belde Ahmad en vertelde hem het nieuws.

'Ja, maar heeft iemand hem ook gezien?' vroeg hij.

'Nee,' zei ze.

'Dan weten we het gewoon niet zeker,' zei hij.

'Ahmad, ik ben ervan overtuigd dat...'

'Je moet erheen,' zei hij. 'Kathy, alsjeblieft.'

Hij verontschuldigde zich. Hij wist dat hij te sterk aandrong en Kathy te vaak belde, maar in zijn hoofd zaten alleen maar beelden van zijn broer op zijn knieën, in een oranje overall, in een kooi in de buitenlucht. Ieder uur dat Zeitoun langer in hechtenis zat, nam de kans toe dat de situatie drastisch verslechterde.

'Ik kom naar New Orleans,' zei hij.

'En wat dan?' vroeg Kathy.

'Ik ga hem zoeken,' zei hij.

'Niet doen. Doe het niet,' zei ze. 'Dan pakken ze jou ook op.'

Vrijdag 23 september

Raleigh kende inmiddels een aantal van de rechters en ambtenaren die bezig waren met de Katrina-gevangenen in Hunt. Hij hoopte dat Zeitouns zaak niet-ontvankelijk kon worden verklaard en zei tegen Kathy dat ze naar Baton Rouge moest komen. Ze moest het vliegtuig nemen en klaarstaan om indien nodig à la minute naar de gevangenis te komen. Het was goed mogelijk dat ze hem maandag zou kunnen bezoeken. Kathy boekte een vlucht en belde Zeitouns neef Adnan.

'Abdulrahman?' vroeg hij voorzichtig.

'Hij is terecht,' zei ze.

Hij ademde opgelucht uit. Ze vertelde hem dat Zeitoun gevangenzat en dat ze naar Baton Rouge zou gaan om hem op te halen.

'Je logeert bij ons,' zei Adnan. Nadat zijn vrouw en hij die hele eerste week op de grond van een moskee in Baton Rouge hadden geslapen, hadden ze voor een maand een flatje gehuurd, waar ze nu woonden.

Adnan zou haar ophalen en naar de gevangenis brengen.

Zondag 25 september

Er was iets mis met het vliegtuig. Ze vlogen erg laag en daalden veel te snel. Kathy was ervan overtuigd dat het vliegtuig zou neerstorten. Ze vertrouwde niets meer wat met New Orleans te maken had, zelfs niet het luchtruim boven de stad. Ze omklemde de armleuningen en keek om zich heen of andere passagiers ook ongerust waren. Via de intercom klonk de stem van de piloot. Hij zei dat ze laag boven de stad vlogen zodat de passagiers de schade konden zien. Kathy kon het niet opbrengen om te kijken.

Toen ze landden, was het vliegveld vrijwel verlaten. Er waren weliswaar beveiligingsmedewerkers van het vliegveld, agenten van de politie van New Orleans en Nationale Gardisten, maar weinig burgers. De passagiers van Kathy's vlucht leken de enige burgers in het gebouw. De winkels waren gesloten. De lichten waren gedimd. Overal lag troep: afval, papier, verband en andere medische producten.

Adnan stond haar op te wachten en samen reden ze naar de flat die Abeer en hij in Baton Rouge hadden gehuurd. Kathy was bekaf van de reis en alle emoties, en viel in slaap met haar schoenen nog aan.

Maandag 26 september

Zeitoun had er geen idee van waar Kathy en Raleigh mee bezig waren. Hij had nog steeds niet mogen bellen. Hij wist alleen dat zowel de missionaris als de mannen van het ministerie van Binnenlandse Veiligheid hadden gezegd dat ze zijn vrouw zouden bellen. Maar sindsdien had hij niet gehoord of dat ook daadwerkelijk was gebeurd.

Na de lunch werd Zeitoun zijn cel uit geleid, kreeg hij weer handboeien om en werd hij naar hetzelfde hoofdgebouw aan de voorkant van de gevangenis gebracht. Toen ze binnen waren, brachten ze hem naar een kleine ruimte met muren van gasbeton, waar een tafel en een aantal stoelen stonden. Aan de ene kant van de tafel zat een man van achter in de vijftig. Hij droeg een pak. Aan de andere kant zaten twee mannen in colbert en met stropdas. Achter in de kamer zaten drie andere gevangenen op stoelen. Het leek een soort rechtszaal.

Een jongere man stelde zichzelf aan Zeitoun voor en zei dat hij zijn pro-Deoadvocaat was. Hij zou Zeitoun die dag vertegenwoordigen. Zeitoun begon zijn situatie toe te lichten, noemde de misverstanden die tot zijn gevangenneming hadden geleid en vroeg of hij nú zijn vrouw kon bellen. De pro-Deoadvocaat sloot zijn ogen om aan te geven dat Zeitoun zijn mond moest houden.

'Er wordt hier geen vonnis over u geveld,' zei hij. 'Dit is alleen maar een zitting waarin een borgsom wordt vastgesteld.'

'Maar wilt u dan niet...'

'Alstublieft,' zei de advocaat, 'u hoeft niets te zeggen. Laat mij namens u het woord voeren. Gaat u maar zitten en probeer uw mond te houden. Zegt u nu maar niets.'

De aanklacht tegen Zeitoun werd voorgelezen: bezit van gestolen goederen ter waarde van vijfhonderd dollar. De aanklager stelde voor de borg vast te stellen op 150.000 dollar.

De advocaat bracht daartegen in dat Zeitoun geen strafblad had en dat de borg daarom veel lager moest zijn. Hij stelde 35.000 dollar voor.

De rechter stelde de borg vast op 75.000 dollar. Daarmee was Zeitouns zaak afgerond. De advocaat schudde Zeitoun de hand. Terwijl hij al het dossier van de volgende gevangene opensloeg, werd Zeitoun de ruimte weer uit geleid. Op weg naar buiten vroeg Zeitoun nogmaals of hij mocht bellen. De advocaat haalde zijn schouders op.

'Wat heeft het voor zin een borgsom vast te stellen als ik niemand mag vertellen dat ik in de gevangenis zit?' vroeg Zeitoun.

De rechter, de aanklager en de advocaat zeiden geen van allen iets. Zeitoun werd weer naar zijn cel gebracht.

Dinsdag 27 september

Raleigh belde Kathy.

'Oké,' zei hij, 'ze hebben de boel eindelijk weer enigszins op gang gebracht en we hebben een zittingsdatum. Zij willen minstens zo graag de rol leeg krijgen als dat wij hem daaruit willen krijgen. Zorg ervoor dat zo veel mogelijk mensen naar de rechtbank komen die voor hem kunnen getuigen. We hebben getuigen nodig die kunnen instaan voor zijn karakter.'

Hier zag Kathy de noodzaak van in. Het was een duidelijke taak en ze zette zich er meteen aan. Maar terwijl ze een lijst samenstelde van vrienden die ze kon bellen, besefte ze dat ze Raleigh niet had gevraagd waar de rechtbank was. Ze belde hem terug en kreeg zijn voicemail.

Ze belde de officier van justitie in New Orleans en kreeg een bandje te horen dat naar een nummer in Baton Rouge verwees. Ze belde dat nummer en verwachtte weer een bandje te krijgen, maar kreeg tot haar verrassing al na twee keer overgaan een vrouw aan de lijn. Kathy vroeg haar naar het adres van de rechtbank.

'Die hebben we momenteel niet,' zei de vrouw.

'Hè?' zei Kathy. 'Ik heb alleen maar het adres nodig van de rechtbank waar de zittingen plaatsvinden. De zittingen voor de gevangenen in Hunt. Ik wil alleen maar het adres weten.'

'Zoiets hebben we niet,' zei de vrouw.

'Een rechtbank?'

'Precies.'

'Waar betalen mensen dan hun verkeersboetes?'

'Niemand betaalt momenteel verkeersboetes,' zei de vrouw.

Kathy vroeg of ze chef van de vrouw kon spreken.

Ze werd doorverbonden en dit keer nam een man op. Kathy legde uit dat ze net had gehoord dat haar man was opgepakt en dat de zittingsdatum bekend was. Ze wilde alleen weten waar die zitting plaatsvond.

'O, dat mogen we u niet vertellen,' zei de man.

'Pardon? Dat mag u mij niet vertellen?'

'Nee, dat is vertrouwelijke informatie,' zei hij.

'Vertrouwelijk voor wie? Ik ben zijn vrouw!'

'Het spijt me, die informatie is vertrouwelijk.'

'Het is geen vertrouwelijke informatie! Het gaat om openbare informatie!' schreeuwde Kathy. 'Daar gaat het nou net om! Het is een openbare rechtbank!' Ze zei dat ze een andere medewerker wilde spreken, iemand die hier meer van wist. De man zuchtte en zette haar in de wacht.

Na enige tijd werd ze door een derde persoon te woord gestaan, dit keer weer een vrouw.

'Wat wilt u?' vroeg ze.

Kathy probeerde weer rustiger te zijn. Misschien hadden die andere twee haar niet goed begrepen. Ze zei: 'Ik wil graag het adres van de rechtbank weten. De rechtbank waar vonnis wordt gesproken en borgsommen worden vastgesteld.'

De vrouw zei kortaf en beslist: 'Dat is vertrouwelijke informatie.'

Kathy stortte in. Ze huilde en schreeuwde het uit. Weten dat haar man zo dichtbij was, maar niet naar hem toe kunnen omdat er een zee van bureaucratie en incompetentie tussen hen in lag, deed de deur dicht. Ze huilde van frustratie en woede. Ze had het gevoel alsof ze een kind zag verdrinken en machteloos moest toekijken.

Toen ze een beetje was gekalmeerd, belde ze CNN.

Ze kreeg een producer aan de lijn en vertelde haar verhaal: dat haar man vastzat, dat ze was gebeld door het ministerie van Binnenlandse Veiligheid, de tegenwerking die ze had ondervonden, de rechtbanken die helemaal niet bestonden. De producer zei dat ze het zou onderzoeken en noteerde Kathy's nummer.

Raleigh belde terug. Hij bood zijn excuses aan. Hij wist nu waar de zitting zou worden gehouden: in Hunt zelf. Hij zei tegen Kathy dat ze zo veel mogelijk mensen moest zien te bereiken en vragen om de volgende dag om negen uur 's ochtends bij de gevangenis te zijn.

'Vandaag ontmoet ik Zeitoun,' zei hij.

Kathy bad dat dat zou lukken.

Kathy belde vrienden, buren en klanten. Na twee uur had ze de toezegging van ten minste zeven mensen dat ze er zouden zijn, onder wie het schoolhoofd van haar dochters.

Zeitoun werd weer uit zijn cel gehaald voor een overleg. Hij werd aan handen en voeten geboeid en weer werd hij naar het witte busje gebracht. Het busje reed weer naar het hoofdgebouw van het gevangeniscomplex en dit keer werd hij naar een ander kamertje met muren van gasbeton gebracht. Daar zat Raleigh, de eerste vertegenwoordiger van de buitenwereld die hij sinds zijn arrestatie zag.

Hij lachte opgelucht en ze schudden elkaar hartelijk de hand.

'Ik wil hier weg,' zei Zeitoun.

'Je moet betalen om weg te kunnen,' zei Raleigh. Hij slaakte een diepe zucht. 'We zitten met die borg.'

Zeitoun had twee opties. Hij kon die 75.000 dollar betalen, die hij dan eerst bij elkaar moest zien te krijgen, en zou als hij zijn zaak won het volledige bedrag terugkrijgen. Of hij kon dertien procent van de borgsom aan de rechtbank en drie procent aan de borgsteller betalen, in totaal 12.000 dollar. In dat laatste geval zou hij dat bedrag ongeacht de uitkomst van zijn zaak kwijt zijn.

'Vijfenzeventigduizend dollar lijkt me nogal veel voor gewoon diefstal,' zei Zeitoun.

Raleigh beaamde dat. Het was ongeveer honderd keer meer dan gebruikelijk. Zeitoun kon die 12.000 dollar wel bij elkaar krijgen, maar het leek hem onzin om zoveel geld over de balk te gooien. Hij zou dan in feite de regering betalen voor een maand gevangenschap.

'Kun je er niets op afdingen?' vroeg Zeitoun.

'Ik kan het proberen, maar dat zal niet zomaar lukken,' zei Raleigh.

'Nou, probeer het toch maar,' zei Zeitoun.

'En als het niet lukt?' vroeg Raleigh.

'Ga dan na of we mijn onroerend goed als onderpand voor die borg kunnen gebruiken,' zei Zeitoun.

'Je wilt die twaalfduizend niet betalen?'

'Nee,' zei Zeitoun.

Als hij voor zijn vrijlating betaalde, wat had hij daar dan in feite mee gewonnen? Hij kon niet werken. Er was niets voor hem te doen in New Orleans – nog niet. Hij wist nu dat Kathy en de kinderen wisten dat hij leefde. Hij vertrouwde erop dat hij vrij zou komen. En dan zou hij dus 12.000 dollar betalen om een paar dagen eerder vrij te zijn en die tijd niksend doorbrengen in de woonkamer van Yuko en Ahmaad. Hij zou zijn dochters zien, dat wel, maar die wisten nu dat hij in veiligheid was. Dat geld kon hij beter aan iets anders uitgeven, hun vervolgopleiding bijvoorbeeld. Hij zat hier al tweeënhalve week, hij hield het nog wel een paar dagen vol.

'Ik zoek uit of we een van je huizen als onderpand kunnen gebruiken,' zei Raleigh.

'En bel Kathy,' zei Zeitoun.

Woensdag 28 september

Kathy reed naar Hunt en keek met verbazing om zich heen. Wat ze zag was een surrealistisch plaatje: de keurige witte hekken en het sappige groene gazon. Het zag eruit als een golfbaan. Witte vogels vlogen op toen ze over de lange oprit naar het hek reed.

Ze zette de auto op de parkeerplaats, stapte uit en wachtte. Het was half negen 's ochtends en ze had alle vrienden nodig die ze hadden. Een paar minuten later kwamen de eersten. Rob en Walt waren vanuit Lafayette komen rijden. Walts collega Jennifer Callender, wier huis Zeitoun ook had opgeknapt, had haar man en haar vader meegenomen. Tom en Celeste Bitchatch, buren die op Claiborne woonden, kwamen vanuit Houston met de auto. Nabil Abukhader, het schoolhoofd van de meisjes, was vanuit het French Quarter gekomen.

Iedereen omhelsde iedereen. Niemand had echt kunnen slapen. Ze zagen er allemaal grauw en moe uit, en waren ontdaan dat ze om zo'n reden hier bij elkaar waren. Maar ze schepten een beetje moed uit het feit dat ze iets mochten zeggen over het karakter van Abdulrahman Zeitoun. Ze vertrouwden erop dat de rechter, nadat hij hen allemaal had gehoord en tot het besef was gekomen dat de politie een bekende ondernemer had opgesloten, hem misschien diezelfde dag nog vrij zou laten. Wie weet zouden ze dat straks met z'n allen kunnen vieren.

Kathy bedankte iedereen keer op keer. Ze was een en al tranen en dankbaarheid en angstvallige afwachting.

Raleigh kwam en was onder de indruk. Hij verzamelde iedereen om zich heen en vertelde in het kort hoe alles zou verlopen. Hij wist niet precies waar de zaak zou voorkomen, zelfs niet hoe laat dat moest gebeuren. Maar hij had er alle vertrouwen in dat de rechter gezien Zeitouns reputatie, de afwezigheid van eerdere overtredingen en deze grote opkomst, een brede vertegenwoordiging van eerzame inwoners van New Orleans die voor zijn karakter instonden, Abdulrahman Zeitoun met veel verontschuldigingen zou vrijlaten.

Ze wachtten de hele ochtend. Er gebeurde niets. Raleigh ging uiteindelijk vragen hoe het zat. Hij kwam terug met een gezicht als een donderwolk.

'Ze willen geen van jullie horen,' zei hij.

De zitting ging niet door. Er werd niet gezegd waarom niet.

Nu was er alleen nog de optie van die borgstelling. Kathy moest teruggaan naar de stad en de eigendomspapieren voor hun kantoorgebouw zien te vinden. Dat gebouw zouden ze als onderpand voor de borg kunnen gebruiken.

Adnan stond erop om Kathy naar de stad te brengen.

Ze reden over de I-10 en sloegen bij Carrollton af. Ze werden onmiddellijk overvallen door een opvallende geur. Het rook er naar van alles: naar iets scherps, naar bederf, en door de takken en bomen die in de zon lagen ook naar groen. Maar de geur was vooral overweldigend, zelfs opdringerig. Kathy sloeg haar sjaal voor haar mond om de krachtige geur te temperen.

De stad zag eruit alsof ze al decennia leeg stond. Auto's waren grauw uitgeslagen van het giftige water en lagen her en der als speelgoed verspreid in de straten. Ze reden over Carrollton naar Earhart en moesten op een bepaald punt oversteken naar de andere rijbaan om omgevallen bomen te vermijden. Overal lag puin. Ze zagen de gekste dingen: banden, koelkasten, driewielers, banken, een strohoed.

De straten waren verlaten. Ze zagen niemand, geen mens of voertuig, tot op een gegeven moment achter hen een surveillancewagen stopte. Ze waren een paar straten van het kantoor vandaan. Kathy zei tegen Adnan dat zij het woord zou doen. Het was een vertrouwde strategie, die ze met Zeitoun had ontwikkeld. Het ging allemaal eenvoudiger en sneller als zij het woord voerde. Een Arabisch accent riep alleen maar vragen op.

Twee agenten, allebei met hun hand op hun wapen, liepen naar hun auto. De agent aan de chauffeurskant vroeg aan Adnan wat hij in de stad deed. Kathy boog zich naar het raampje om alles uit te leggen en reikte haar rijbewijs aan.

'Ik woon in dat huis iets verderop,' zei ze. 'Ik ben alleen even hierheen gekomen om de schade op te nemen en misschien wat spullen mee te nemen die nog in orde zijn.'

Hij luisterde naar Kathy, maar keek toen Adnan weer aan. 'Wat doet u hier?'

Kathy was hem voor. 'We zijn aannemers,' zei ze. Ze gaf de agent haar kaartje.

De agent nam het mee naar de surveillancewagen. Daar overlegde hij tien minuten met zijn partner. Toen kwam hij weer naar Adnans raampje.

'Oké,' zei de agent, en ze mochten doorrijden.

Ze besloten meteen naar het kantoor te rijden. Ze waren bang dat als ze nog eens werden aangehouden ze misschien niet zoveel geluk zouden hebben.

Toen ze bij het gebouw aan Dublin kwamen, zag Kathy de restanten van de huizen die afgebrand waren. Het leek een wonder dat de brand tot een paar meter voor hun gebouw was gekomen en niet was overgeslagen. Het kantoor zag er van de buitenkant enigszins beschadigd uit, maar verried niet wat ze binnen zouden aantreffen. Kathy liep naar de deur. Met haar sleutel kreeg ze hem niet open. Het slot was vanbinnen en vanbuiten verroest.

Adnan zag aan de overkant van de straat iets liggen. Hij liep erheen en kwam terug met een oude, gehavende ladder.

'Ik ga naar boven,' zei hij. 'Wacht hier.'

Hij zette de ladder tegen het gebouw en begon te klimmen. De sporten zaten scheef of waren stuk, maar hij zette zijn voeten voorzichtig neer en toen hij bij het raam op de eerste verdieping kwam, klom hij naar binnen en verdween hij uit het zicht.

Kathy hoorde wat gestommel en geschuif, en toen was het stil. Even later hoorde ze zijn stem aan de andere kant van de deur.

'Ga opzij,' zei hij. 'Ik ga de deur intrappen.'

Hij trapte vier keer tegen de deur, tot die meegaf en plat op de grond viel.

'Pas op de trap goed op waar je loopt,' zei hij.

Het was binnen een bouwval. Het gebouw zag eruit alsof het al jaren en jaren onbewoond was. Het plafond lag er half uit en zat vol grillige gaten. Overal zag je open bedrading en papieren. De vloer was bedekt met een grauwe smurrie. Het stonk er enorm naar schimmel, regen en riool.

Kathy en Adnan liepen voorzichtig de trap op naar het kantoor. Het was er onherkenbaar. Bij iedere stap die ze zetten maakte de vloerbedekking een zompig geluid. Ze rook dat er dieren waren en toen ze door het kantoor liepen hoorde ze gedribbel en getrippel. Ze deed een kast open en tientallen kakkerlakken vielen in haar handen. Ze gilde. Adnan probeerde haar te kalmeren.

'We pakken gewoon die documenten en vertrekken weer,' zei hij.

Maar niets lag nog op zijn vertrouwde plek. De dossierkasten waren verschoven. De bureau-agenda's lagen over de grond verspreid. Ze doorzocht kasten en bureauladen, en veegde de insecten van de weinige mappen die onbeschadigd waren. Sommige mappen waren zo nat en modderig dat ze onbruikbaar waren geworden. Ze stapelde de onleesbare mappen op elkaar en hoopte dat in een van de weinige die ze wel herkende het eigendomsbewijs voor dit gebouw zat. Het leek volkomen absurd dat ze in haar eigen pand, dat algemeen bekendstond als het hoofdkantoor van hun gerenommeerde bedrijf, op zoek was naar een eenvoudig, smerig vel papier dat een provisorische rechtbank zou accepteren in ruil voor haar man. Stel dat ze het niet vond. Zou haar man bij gebrek aan dit stuk papier dan nog dieper in de afgrond van dit haperende juridische stelsel vallen?

'Help me alsjeblieft,' zei ze met een brok in haar keel tegen Adnan.

Ze zochten een uur lang. Ze openden iedere lade en iedere map, tot ze het idee kreeg dat ze gewoon telkens weer dezelfde paar onbeschadigde mappen opensloegen die ze al verschillende keren hadden gelezen. Maar toen vond ze het, in een lade waarvan ze zeker wist dat er niets van waarde in lag: de koopakte van Dublin 3015. Ze zat op haar knieën in haar vervuilde abaya, hield het papier vast en huilde. Ze ging nu helemaal op de grond zitten en schudde van het snikken.

'Nu maar hopen dat dit echt genoeg is,' zei ze.

Met de akte stevig in Kathy's hand reden ze terug naar Raleighs kantoor in Baton Rouge. Raleigh maakte alles in orde en faxte de papieren naar de borgsteller. Die bevestigde de ontvangst en liet weten dat de borg daarmee was voldaan. Raleigh belde naar Hunt om door te geven dat alle documenten voor de borgstelling opgestuurd waren. Hij kreeg te horen dat ze alles hadden ontvangen, maar dat de administratie die dag vroeg was gesloten. Het was drie uur in de middag.

Zeitoun zou nog een nacht in Hunt moeten doorbrengen.

Donderdag 29 september

Kathy en Adnan reden 's ochtends naar de gevangenis. Ze waren er voor acht uur, gingen naar de receptie en kregen te horen dat Zeitoun die dag vrij zou komen. Ze wachtten in dezelfde kamer waar Zeitouns vrienden twee dagen eerder ook hadden gezeten.

Ze wachtten tot elf uur. Niets. Twaalf uur. Niets. Pas om één uur werd hun verteld dat Zeitoun ieder moment kon worden vrijgelaten. Kathy kreeg opdracht buiten op hem te wachten. Hij zou met een bus komen en bij het hek uitstappen.

Zeitoun was in zijn cel aan het bidden.

> *In de naam van God, de erbarmer, de barmhartige.*
> *Lof zij God, de Heer van de wereldbewoners,*
> *de erbarmer, de barmhartige,*
> *de heerser op de oordeelsdag.*

'Zeitoun!'

Een bewaker riep zijn naam.

De bewaker kan wachten, dacht Zeitoun. Hij had er geen flauw idee van dat Kathy bij de gevangenis was en hij op het punt stond te worden vrijgelaten.

Hij ging door met zijn gebed:

U dienen wij en U vragen wij om hulp.
Leid ons op de juiste weg,
de weg van hen aan wie U genade geschonken hebt,
op wie geen toorn rust
en die niet dwalen.

'Zeitoun!' De bewaker stond nu bij zijn cel en brulde door de tralies. 'Klaarmaken!'

Zeitoun bad verder tot hij klaar was. De bewaker wachtte zwijgend. Toen Zeitoun opstond, knikte de bewaker naar hem.

'Pak je spullen. Je komt vandaag vrij.'

'Wat?' zei Zeitoun.

'Schiet op.'

Zeitoun viel tegen de muur. Zijn benen hadden het begeven.

Kathy wachtte buiten de gevangenis met Adnan.

Een witte bus stopte bij het hek. In de bus bewoog iemand, van links naar rechts, en stapte toen uit. Het was Abdulrahman, haar echtgenoot. Hij was tien kilo afgevallen. Hij zag eruit als een andere, kleinere man, met langer haar, vrijwel helemaal wit. Haar gezicht werd nat van de tranen. Wat is hij klein, dacht ze. Een scheut van woede trok door haar heen. Vervloekt zijn ze. Al die mensen die hiervoor verantwoordelijk zijn!

Zeitoun zag haar. Hij glimlachte en ze liep naar hem toe. Haar gezicht was zo betraand dat ze weinig kon onderscheiden. Ze rende naar hem toe. Ze wilde hem beschermen. Ze wilde hem in haar armen wiegen en gezond maken.

'Terug!'

Er lag een zware hand op haar schouder. Een bewaker hield haar tegen.

'Hier blijven!' brulde hij.

Kathy had een lijn overschreden. Die was voor haar niet zichtbaar, maar de bewakers hadden een gebied afgebakend waarbinnen familie van de gevangenen niet toegelaten werden.

Ze wachtte enkele meters van haar man vandaan. Ze keken naar elkaar met een bitter lachje. Hij zag eruit als een zielige oude vent. Hij droeg een spijkerbroek, een spijkerhemd en oranje slippers. Gevangeniskleren. Ze hingen om zijn lichaam, waren hem twee maten te groot.

Een paar minuten later was hij vrij. Hij liep naar haar toe en zij rende hem tegemoet. Ze omhelsden elkaar lange tijd. Ze kon zijn schouderbladen voelen, en zijn ribben. Zijn nek leek dun en breekbaar, zijn armen waren skeletachtig. Ze deed een stap naar achteren en zag dat zijn ogen onveranderd waren: groen, met lange wimpers en een vleugje honing. Maar ze stonden vermoeid, verslagen. Dat had ze nooit eerder in zijn ogen gelezen. Hij was gebroken.

Zeitoun omhelsde Adnan en liet hem toen snel weer los.
'We moeten gaan,' zei Zeitoun.
Ze stapten alle drie snel in de auto. Ze wilden niet dat wie hier ook maar verantwoordelijk voor was van gedachten zou veranderen. Het zou hun niet hebben verbaasd. Niets zou hun nog hebben verbaasd.

Ze verlieten de gevangenis zo snel ze konden. Ze voelden zich beter toen ze door de hoofdingang reden en nog beter toen ze over de lange oprit met aan weerszijden de witte hekken reden en op de weg uitkwamen. Zeitoun draaide zich regelmatig om om te controleren of ze niet werden gevolgd. Adnan keek telkens weer in zijn achteruitkijkspiegel terwijl ze over de landweg reden en probeerde de afstand tussen hen en de gevangenis zo groot mogelijk te maken. Ze reden door een laan met hoge bomen en raakten er met iedere kilometer meer van overtuigd dat Zeitoun echt vrij was.

Kathy zat op de achterbank, stak haar hand uit en streelde haar mans hoofd. Maar ze wilde dichter bij hem zijn. Ze wilde hem in haar armen houden, ze wilde hem omhelzen en beter maken.

Ze waren nog geen tien minuten onderweg van de gevangenis toen Ahmad Kathy op haar mobiel belde.

'We hebben hem!' zei ze.

'Wat? Echt waar?'

Ze gaf de telefoon aan Zeitoun.

'Hallo broer!' zei hij.

'Ben jij dat?' vroeg Ahmad.

'Ja, ik ben het,' zei Zeitoun.

'God zij dank. God zij dank. Hoe gaat het?'

Ahmads stem trilde.

'Best,' zei Zeitoun, 'ik voel me best. Was je ongerust?' Hij probeerde te lachen.

Nu huilde Ahmad. 'O, God zij dank. God zij dank.'

V

Najaar 2008

Kathy is haar geheugen kwijt. Het is versnipperd, niet langer betrouwbaar. Ze is bang dat de bedrading in haar hoofd op cruciale plaatsen is geknapt en tegenwoordig overkomen haar de vreemdste dingen.

In november was ze bij de bank om cheques van klanten te storten en geld op te nemen voor die week. Ze komt zo vaak bij die bank, een filiaal van Capital One, dat iedereen daar haar kent. Die ochtend werd ze net als anders door de medewerkers begroet.

'Goedemorgen, mevrouw Zeitoun!' riepen ze haar toe, en ze stak met een vriendelijke lach haar hand op.

Ze liep naar een van de kasbediendes, haalde haar chequeboekje tevoorschijn en pakte een pen. Ze moest twee cheques uitschrijven, de ene voor contant geld en de andere om geld te storten op de rekening van het bedrijf.

Ze schreef de eerste cheque uit en gaf hem aan de baliemedewerkster, maar toen ze haar aandacht weer op het chequeboekje richtte, wist ze het niet meer. Ze wist niet wat ze geacht werd met haar hand te doen. Ze wist niet meer hoe ze moest schrijven, of wat, of waar. Ze stond daar maar te staren naar haar chequeboekje, dat haar steeds onbekender voorkwam. Ze begreep niet meer wat het doel van het chequeboekje op de balie was, of van de pen in haar hand.

Ze keek om zich heen, in de hoop iemand anders met deze voorwerpen in zijn hand te zien, om te zien wat die ermee deed. Ze zag wel mensen, maar die boden geen aanknopingspunten. Ze voelde zich volkomen verloren.

De baliemedewerkster zei iets, maar Kathy begreep de woorden niet. Ze keek naar de jonge vrouw, maar de geluiden die uit haar mond kwamen klonken vervormd, achterstevoren.

Kathy kon niet meer praten. Ze voelde wel dat de bankmedewerkster in de gaten begon te krijgen dat er iets mis was. Concentreer je, hield ze zichzelf voor. Concentreer je, concentreer je, Kathy!

De baliemedewerkster zei weer iets, maar het geluid klonk nu nog verder weg, alsof het van onder water kwam, of vanuit de verte.

Kathy's blik gleed weg naar het houten schuifwandje dat deze lokettiste van de anderen scheidde. Ze verloor zichzelf in de blankhouten nerf en liet zich meevoeren door de elliptische jaarlijnen op het houten oppervlak. Opeens besefte ze waar ze mee bezig was – staren naar nerven in hout – en dwong ze zichzelf daarmee op te houden.

Concentreer je, dacht ze. Kom op, nou.

Haar handen waren gevoelloos. Haar zicht wazig.

Kom terug! Kom terug!

En langzaam keerde ze terug. De lokettiste was aan het praten. Kathy verstond enkele woorden. Ze voelde zich terugkeren in haar lichaam en opeens klikte alles weer op zijn plaats.

'Gaat het wel, mevrouw Zeitoun?' vroeg het meisje weer.

Kathy glimlachte en maakte een wegwerpgebaar.

'Ik was even weg, geloof ik,' zei ze. 'Drukke dag vandaag.'

De baliemedewerkster lachte opgelucht.

'Niks aan de hand, hoor,' zei Kathy en ze schreef de tweede cheque uit.

Ze vergeet nummers, namen, data. Ze kan zich moeilijk concentreren. Ze zegt tegen vrienden dat ze dement wordt en lacht het weg. Ze wordt niet dement, dat weet ze zeker en dat weten zij ook – ze is bijna altijd nog steeds dezelfde Kathy, en zeker voor de meeste mensen die ze kent – maar voorvallen als die bij de bank komen steeds vaker voor. Ze is niet meer zo scherp als vroeger en er zijn dingen die ze niet meer zo goed kan als eerst. De ene dag kan ze zich de naam van een van hun schilders die ze al tien jaar kent niet meer voor de geest halen. De andere dag staat ze opeens met de hoorn van de telefoon in de hand en hoort ze hem aan de andere kant van de lijn overgaan zonder te weten wie ze aan het bellen is en waarom.

Het is najaar 2008 en de Zeitouns zijn aan het verhuizen. Naar hetzelfde huis weliswaar, dat aan Dart Street, maar het is helemaal gestript, uitgebouwd en nu drie keer zo groot. Zeitoun heeft een aanbouw ontworpen waardoor alle kinderen een eigen kamer hebben gekregen en Kathy thuis kan werken. Het huis heeft nu balkons, een dak met puntgevels, een grote keuken, verschillende badkamers en twee zitkamers. Dichter bij hun droomhuis zullen ze nooit komen.

Van het kantoor aan Dublin Avenue was niets over. Toen ze er een paar dagen na Zeitouns vrijlating uit de gevangenis heen gingen, troffen ze er alleen modder en insecten aan. Het dak had het begeven en alles zat onder een dikke laag grijze derrie. Kathy en Zeitoun hebben de paar dingen die nog te redden waren meegenomen en het gebouw uiteindelijk verkocht. Van nu af aan zouden ze kantoor aan huis houden. Het gerenoveerde huis heeft een ingang aan Dart Street, het officiële adres, en een andere aan Earhart Boulevard.

De Zeitouns hebben sinds de storm in zeven verschillende appartementen en huizen gewoond. Het kantoor aan Dublin Street is gesloopt en daar is nu een parkeerplaats. Het huis aan Dart Street is nog niet af.

Ze zijn moe.

Toen ze uit Hunt terugkeerden, hebben ze twee dagen op de grond in de flat van Adnan in Baton Rouge geslapen. Daarna zijn ze naar de West Bank van New Orleans verhuisd, naar een eenkamer-appartement van een gebouw in Tita Street dat ze verhuurden. Het was ongemeubileerd, maar had de storm goed doorstaan. Die eerste paar nachten hadden Kathy en Zeitoun onder een stel geleende dekens op de grond gelegen, zonder veel te praten. Hij wilde het niet over de gevangenis hebben. Hij wilde niet over Kamp Greyhound praten. Hij schaamde zich. Hij schaamde zich dat zijn overmoed, als het dat was, dit alles had veroorzaakt. Hij schaamde zich dat hij geboeid was geweest, gevisiteerd, opgesloten en behandeld als een dier. Hij wilde die tijd uit hun leven wissen.

Die nacht, en vele nachten daarna, lagen ze op de vloer in elkaars armen, bitter en dankbaar en vol machteloze woede. En zwijgend.

Kathy gaf hem elke dag zo veel mogelijk te eten. De dag na zijn vrijlating namen Kathy en Adnan Zeitoun mee naar het ziekenhuis Our Lady of the Lake, waar de artsen niets ernstigs constateerden. Ze konden geen oorzaak vinden voor de stekende pijn in zijn zij. Wel was hij tien kilo afgevallen. Het zou nog een jaar duren voor hij weer op zijn oude gewicht was. Hij was kaler geworden en het haar dat hij nog had was nu grijs. Hij had ingevallen wangen en zijn ogen sprankelden niet meer. Heel langzaam knapte hij op. Hij kwam weer op kracht. De pijn in zijn zij verdween en dat overtuigde hem ervan dat die niet was veroorzaakt door iets wat op een röntgenfoto te zien zou zijn geweest, maar door hartzeer, door verdriet.

Na Zeitouns vrijlating had Walt Kathy en Zeitoun een Lexus uit zijn showroom geleend en daarmee waren ze teruggereden naar de stad, naar het huis aan Dart Street.

Er hing een allesoverheersende stank, een mengeling van schimmel, rioollucht en kadavers. Kathy trok haar hijaab over haar mond om de stank te weren. Zeitoun probeerde een van de wc's door te trekken, waar prompt rioolwater uit stroomde. Het water was tot op de eerste verdieping gekomen. Een plank met boeken was verloren gegaan, net als de meeste apparatuur die er stond.

Zonder Zeitoun om de gaten dicht te stoppen zodra die ontstonden was de vernieling van het huis niet tegen te houden geweest. Hij keek met een zucht naar de gaten in het dak.

Kathy zocht steun tegen de muur in de gang. Ze kon het niet bevatten. Alles wat ze bezaten was smerig. En dan te bedenken dat ze dit huis wel duizend keer had schoongemaakt!

'Gaat het?' vroeg hij haar.

Ze knikte. 'Ik wil weg. Ik heb genoeg gezien.'

Ze namen de computer en wat kleren voor de kinderen mee en legden alles in de auto. Zeitoun startte de motor, maar rende toen terug naar binnen om de doos met foto's te halen. Die nam hij mee naar beneden en zette hem in de achterbak. Hij reed achteruit de oprit af, draaide de straat op en bedacht toen opeens nog wat.

'Wacht!' zei hij. 'O nee...' Hij sprong de auto uit en liet het portier openstaan. De honden. Hoe lang was het geleden? Hij voelde een steen in zijn maag en rende naar de overkant, naar de huizen iets verderop. De honden, de honden.

Hij klopte aan bij allebei de huizen waar hij ze had gevoerd. Niemand. Hij keek door het raam naar binnen. Niets te zien. De eigenaren waren niet teruggekomen.

Zeitoun liep naar de boom in de tuin. Zijn plank was er nog. Hij plaatste hem tegen de boom en klom naar zijn oude plekje. Van daaruit trok hij de plank omhoog. Hij legde hem naar de dakgoot van het huis rechts en liep naar het dak. Meestal stonden de honden dan al luidkeels naar hem te blaffen, maar nu hoorde hij niets.

Alsjeblieft, dacht hij. O God, alsjeblieft.

Hij duwde het raam omhoog en glipte naar binnen. De stank sloeg hem meteen in zijn gezicht. Hij wist al dat de honden dood waren voor hij ze had gezien. Hij vond ze bij elkaar in een van de slaapkamers.

Hij stapte van het dak af, terug de boom in, en legde de plank zo dat hij naar het andere huis kon lopen. De honden lagen net onder de vensterbank, een wirwar van poten, hun kop naar de hemel boven hen, alsof ze al die weken op hem hadden liggen wachten.

Na twee weken bivakkeerden Kathy en Zeitoun nog steeds in het eenkamerappartement en was het zover dat de kinderen terug zouden komen naar New Orleans. Zeitoun was zenuwachtig. 'Zie ik er nog wel uit als mezelf?' vroeg hij Kathy. Hij was bang dat ze van hem zouden schrikken, hij had zoveel gewicht en haar verloren. Kathy wist niet wat ze moest zeggen. Hij was nog niet de oude, maar de kinderen hadden hun vader nodig. En dus vlogen Kathy en Zeitoun naar Phoenix en werden de Zeitouns onder veel tranen en omhelzingen herenigd. Ze reden terug naar New Orleans, naar het appartement in Tita Street. Een maand lang sliepen ze daar met z'n allen op de grond.

Op een dag ontving Kathy een brief van de FEMA. Er werd de Zeitouns een gratis caravan aangeboden, een verplaatsbare woning met twee slaapkamers die op hun verzoek zou worden afgeleverd.

Kathy vulde de benodigde formulieren in en stuurde ze terug. Ze verwachtte er niet veel van en keek ervan op toen er in december 2005 een enorme truck met oplegger voor hun appartement stopte met daarop een blinkend witte stacaravan.

Zeitoun was aan het werk en was er dus niet bij toen ze hem plaatsten. Toen hij terugkwam, was hij verbaasd. Ze hadden de caravan niet aangesloten op de waterleiding of het elektriciteitsnet. En hij was op een wankele stapel betonblokken neergezet, bijna anderhalve meter boven de grond. Er was geen trapje om bij de deur te komen. Hij was zo hoog dat je er alleen met een ladder in zou kunnen. En zelfs als je bij de deur kon, kon je nog niet naar binnen, want de bezorgers hadden vergeten de sleutel achter te laten.

Kathy belde de FEMA om hen op de hoogte te brengen van de problemen. Ze zeiden dat ze deden wat ze konden en alles zo snel mogelijk zouden oplossen. Weken gingen voorbij. Er werd geen sleutel bezorgd. De Zeitouns keken elke dag reikhalzend uit naar iemand van de FEMA. De caravan bleef staan waar hij stond, ongebruikt, niet aangesloten en op slot.

Na een maand kwam er een bestelauto van de FEMA langs die een trapje van ongeveer anderhalve meter afleverde. Wat ze niet afleverden, was materiaal om dat trapje mee aan de caravan te bevestigen. Er was een gat van dertig centimeter tussen het trapje en de deur. Om binnen te komen zou je moeten springen, maar de deur kon nog steeds niet open. Er was nog steeds geen sleutel.

Na nog enkele weken kwam er een inspecteur van de FEMA langs, die Kathy de sleutel overhandigde. Maar toen hij de caravan zag, waarschuwde hij dat die scheef stond en dat het niet veilig was om hem zo te gebruiken. Hij vertrok met de mededeling dat hij iemand zou sturen om dat in orde te maken.

Zeitoun en Kathy begonnen huizen in hun wijk op te kopen. Hun directe buurvrouw was voor de storm gevlucht en niet meer teruggekeerd. Ze had haar huis te koop gezet en de Zeitouns deden een bod. Het had nog maar de helft van de waarde van voor de orkaan, maar ze accepteerde het. Dat was de gunstigste van alle aankopen die ze deden. Voor de storm hadden ze ook al het huis aan de andere kant gekocht. Daar gingen ze toen al snel in wonen, terwijl ze hun eigen huis aan Dart Street opknapten. Het huis aan de andere kant verhuurden ze.

Intussen stond de caravan van de FEMA nog steeds voor het huis in Tita Street. Hij stond er nu al acht maanden en was nooit op het water en de elektriciteit aangesloten. Er was nooit een oplossing bedacht om erin te kunnen komen en de Zeitouns hadden er inmiddels ook geen behoefte meer aan. Hij was hun een doorn in het oog. Zeitoun had de schade aan het huis in Tita Street gerepareerd en ze hadden het te koop gezet, maar door de caravan kon je het huis niet goed zien en niemand zou een huis kopen waar een onverplaatsbare, scheefhangende caravan voor geparkeerd stond. Maar de FEMA wilde hem niet komen weghalen. Kathy belde iedere week en zei dan tegen degene die ze aan de lijn kreeg dat de caravan nooit gebruikt was en de waarde van hun huis omlaaghaalde. Elke keer kreeg ze te horen dat hij binnenkort zou worden weggehaald en dat duizenden mensen trouwens dolblij zouden zijn met zo'n caravan. Waarom wilden zij er dan vanaf?

In juni 2006 kwam iemand van de FEMA de sleutels ophalen. Hij zei dat hij terug zou komen voor de trailer. Er gingen maanden voorbij zonder een spoor van iemand van de FEMA. Kathy belde nogmaals. Nu kon de FEMA nergens terugvinden dat er iemand langs was geweest om de sleutels op te halen.

In april 2007 schreef Kathy ten slotte een ingezonden brief naar de *Times-Picayune* waarin ze haar lotgevallen met de caravan uit de doeken deed. Op dat moment had de caravan veertien maanden lang ongebruikt en onbruikbaar voor de deur gestaan. Op de ochtend dat de brief in de krant stond, kreeg Kathy een telefoontje van iemand van de FEMA.

'Wat is uw adres?' wilde hij weten.

Nog diezelfde dag werd hij opgehaald.

Kathy's geheugenproblemen maakten plaats voor andere problemen, die al net zo moeilijk te verklaren waren. Ze begon last van haar maag te krijgen. Als ze iets kleins at, bijvoorbeeld een stukje pasta, kon het gebeuren dat haar maag opeens opzwol tot hij twee keer zo groot was als normaal. Al snel had ze die problemen met alles wat ze probeerde te eten. Op sommige dagen kon ze niets naar binnen krijgen en als het wel lukte, ging dat met kokhalzen gepaard en was het een hele worsteling om het binnen te houden. Ze werd onhandig. Ze stootte glazen en borden van tafel. Ze brak een lamp. Ze liet voortdurend de telefoon uit haar handen vallen. Soms werd ze tijdens het lopen opeens heel duizelig en wankelde ze van links naar rechts en moest ze tegen een muur leunen om de draaierigheid het hoofd te kunnen bieden. Tijdens het uitvoeren van heel gewone klusjes, zoals rijden of de kinderen helpen bij hun huiswerk, werden haar handen of voeten opeens gevoelloos.

'Wat is er toch met me aan de hand?' vroeg ze aan Zeitoun.

Ze liet zich onderzoeken. Een van de artsen zei dat ze misschien multiple sclerose had, omdat veel van haar symptomen op een soort degeneratieziekte leken te wijzen. Ze kreeg een endoscopie, een MRI en moest bariumpap slikken voor een contrastfoto van haar darmen. Haar cognitieve vaardigheden werden getest en ze presteerde slecht op geheugen- en herkenningstoetsen. Alles bij elkaar wezen de verschillende onderzoeken op een posttraumatisch-stresssyndroom, maar hoe ze dat te lijf moet gaan is haar nog steeds niet duidelijk.

Kathy en Zeitoun waren niet van plan een aanklacht in te dienen tegen wie dan ook vanwege zijn arrestatie. Ze wilden alles zo snel mogelijk vergeten. Maar vrienden en familieleden wakkerden hun verontwaardiging aan en wisten hen ervan te overtuigen dat degenen die hiervoor verantwoordelijk waren rekenschap zouden moeten afleggen. Daarom namen ze een advocaat in de arm, Louis Koerner, om een aanklacht in te dienen tegen de stad, de staat, de gevangenis, de politie en nog een stuk of wat andere instanties en personen. Ze zetten iedereen op de lijst die ze konden bedenken – van de burgemeester tot officier van justitie Eddie Jordan en iedereen daartussenin. Ze kregen van iedereen die iets van de rechtbank in New Orleans wist te horen dat ze achteraan zouden moeten aansluiten. Er waren honderden, misschien wel duizenden zaken tegen de stad, de federale regering, de FEMA, politieagenten en het Army Corps of Engineers aangespannen. Drie jaar na de storm hadden nog maar weinig rechtszaken ergens toe geleid.

Enkele maanden na Zeitouns vrijlating vond Louis Koerner zijn arrestatiedossier. Kathy vond het schokkend dat zoiets bleek te bestaan: dat er blijkbaar verslagen waren gemaakt en bewaard. De vondst van de namen van degenen die haar man hadden opgepakt gaf haar in eerste instantie genoegdoening, maar daarna wakkerde het haar woede alleen maar verder aan. Ze wilde gerechtigheid. Ze wilde die mannen zien, hen confronteren met hun daden, hen straffen. De agent die de arrestatie had verricht heette Donald Lima en die naam, Donald Lima, haakte zich vast in Kathy's geheugen. De andere agent die in het dossier genoemd werd was Ralph Gonzales. Lima bleek een politieman uit New Orleans te zijn. Gonzales was een agent uit Albuquerque in New Mexico.

Kathy kwam erachter dat politiemannen van buiten de staatsgrenzen geen arrestaties mochten verrichten en dat daarom elke soldaat van de Nationale Garde of elke politieman van buiten bij iedere arrestatie moest worden vergezeld door een plaatselijke politieman. Kathy en Zeitoun besloten Donald Lima, de agent uit het arrestatiedossier, aan te klagen. De advocaat van de Zeitouns nam contact op met het politiebureau van New Orleans en ontdekte dat Lima er niet langer werkte. Hij had in 2005, een paar maanden na de storm, ontslag genomen. Het bureau wist niet waar hij te bereiken was.

Gonzales was makkelijk te vinden. In het arrestatiedossier stond dat hij een agent uit Albuquerque was en in het najaar van 2008 was hij dat nog steeds. Toen ze hem aan de lijn kregen, vertelde hij zijn kant van het verhaal.

Gonzales werkte al eenentwintig jaar bij de politie toen zijn baas in augustus 2005 voorstelde om een team naar New Orleans te sturen. De politie van New Orleans had alle politiebureaus in het land om versterking verzocht en Gonzales wilde er wel heen, samen met dertig andere agenten uit Albuquerque.

Het team uit New Mexico kwam een paar dagen na de storm aan, de agenten werden beëdigd als hulpsheriff en gingen meteen daarna aan de slag bij de reddingsoperaties en de zoekacties naar vermisten. Voor ze in New Orleans aankwamen, hadden Gonzales en zijn collega's veel gehoord over de situatie in de stad en ze waren uiterst gespannen. Ze hadden over schietpartijen gehoord en verkrachtingen, over brutale bendes zwaarbewapende mannen. Dat soort misdaad zagen ze niet, maar ze hadden wel veel doden gezien. Ze waren een van de eerste teams die een ziekenhuis in New Orleans binnengingen. Gonzales wist niet meer welk ziekenhuis, maar ze troffen er tientallen doden aan. Er hing een onbeschrijflijke stank.

De omstandigheden verslechterden met de dag. Zijn collega's en hij weigerden er 's nachts op uit te gaan. Ze hoorden in het donker glasgerinkel en schoten. De hele stad rook naar dood en bederf. 'Iedereen was gespannen,' zei een van zijn collega-agenten. 'Het leek wel alsof we in een derdewereldland waren.'

Op 6 september was Gonzales bij het verzamelpunt op Napoleon en St. Charles. Daar verzamelden de agenten en soldaten en het medisch personeel zich elke dag om informatie uit te wisselen en opdrachten in ontvangst te nemen. Gonzales kreeg te horen dat er een huis een eind verderop zou worden doorzocht, waar zich vier verdachten ophielden die zich naar verluidt bezighielden met plunderen en drugsdealen. Het zou erg gevaarlijk kunnen worden, werd hem verteld, en ze hadden zo veel mogelijk agenten en soldaten nodig. Het was de eerste opdracht tot handhaving van de openbare orde sinds zijn komst.

Hij sprong met een kogelvrij vest aan boord en had een pistool en een M16 bij zich. Hij was een van zes agenten, soldaten van de Nationale Garde en huursoldaten op de boot. Toen ze aankwamen, was Gonzales een van de eersten die naar binnen gingen. Hij zag een stapel computeronderdelen en stereoapparatuur op de eettafel liggen en hij zag de vier mannen. Iets in hun houding leek er volgens hem op te wijzen dat ze 'iets in hun schild voerden'. Ze arresteerden de vier, brachten hen naar de verzamelplaats en droegen hen over aan de leiding. De opdracht was in een kwartier gepiept. Meer had hij niet gedaan, beweerde Gonzales. Hij was nooit in Kamp Greyhound geweest en was zich er maar vaag van bewust geweest dat daar een gevangenis was opgezet. Geen van de leden van het arrestatieteam had het huis verzegeld of enig bewijs verzameld. Geen van hen is zelfs ooit nog naar het huis op Claiborne teruggekeerd.

Behalve de arrestatie van Zeitoun en de andere drie mannen op Claiborne Avenue had Gonzales nog maar één andere arrestatie verricht in zijn periode in New Orleans. Voor de rest had hij alleen gezocht naar vermisten en aan reddingsoperaties deelgenomen. Tien minuten nadat hij de vier mannen had afgeleverd bij de verzamelplek zat hij alweer op een andere boot, op zoek naar mensen in nood.

Gonzales kreeg de vraag wat hij ervan vond dat Abdulrahman Zeitoun, een man van middelbare leeftijd met een eigen bedrijf en vader van vier kinderen, een maand in een extra beveiligde gevangenis had gezeten.

Gonzales leek dat te betreuren. 'Als hij onschuldig was, vind ik dat heel erg,' zei hij. 'Ik bedoel maar: ik zou ook niet willen dat mij zoiets overkwam.'

Gonzales vertelde hoe het systeem zou moeten werken: de politie doet onderzoek, verricht arrestaties en draagt de zaak dan over aan de rechterlijke macht. Maar hij hield vol dat ze onder normale omstandigheden, als ze onschuldig waren, zouden hebben mogen bellen en de mogelijkheid zouden hebben gekregen om onder borgtocht vrijgelaten te worden.

'Ze hadden toestemming moeten krijgen om te bellen,' zei hij.

Lima was moeilijker op te sporen, maar bleek niet ver weg. Hij had in 2005 ontslag genomen bij de politie van New Orleans en was verhuisd naar Shreveport in Louisiana.

Hij wist dat Zeitoun en de anderen in de gevangenis hadden gezeten. Hij was op de hoogte van de zaak-Zeitoun omdat hij gedagvaard was voor de rechtszaak. Hoe lang de andere mannen in de gevangenis hadden gezeten wist hij niet. Hij haastte zich te zeggen dat hij niets met hun gevangenschap te maken had gehad. Hij had alleen de arrestatie verricht.

Ten tijde van Katrina woonde hij in een huis van 465 vierkante meter aan Napoleon Avenue. Tijdens en na de storm was hij met enkele gezinsleden in de stad gebleven om zijn huis te bewaken. Hij had twee generatoren in huis en voldoende voedsel en water voor drie weken. Verder had hij meer dan veertig pistolen en automatische geweren. Overdag voer hij met andere politie en troepen van de Nationale Garde rond in de stad om mensen te redden. Elke dag was er een bijeenkomst met andere politiemensen waarop het plan van actie werd besproken. De taken werden verdeeld en er werden werkgebieden toegewezen.

De troepen van de Nationale Garde in de stad hadden veel benzine, maar weinig andere voorraden. In ruil voor benzine braken Lima en andere plaatselijke politieagenten in avondwinkels in en stalen daar sigaretten en pruimtabak. De meeste soldaten van de Nationale Garde kauwden volgens Lima tabak en rookten Marlboro, en deze regeling zorgde ervoor dat beide kanten goed bevoorraad bleven. Lima beschouwde de plunderingen als een noodzakelijk onderdeel van hun taak. Dankzij de benzine, zo zei hij, hadden ze de benodigde reddingsoperaties kunnen uitvoeren. Verder had hij die nodig gehad om zijn generatoren mee aan te drijven. Als hij geen Gardisten kon vinden die benzine hadden, tapte Lima brandstof over uit auto's en vrachtwagens. Hij had een zere keel overgehouden aan al het overhevelen van benzine na de storm, zei hij. 'Het was één grote anarchistische bende,' zei hij.

Op een van zijn rondes met de motorboot had Lima op een dag vier mannen met gestolen spullen uit een vestiging van drogisterijketen Walgreens zien komen. Bij het verlaten van de winkel zetten ze de spullen in een blauw-witte motorboot. Lima had twee geredde mensen bij zich in de boot en kon dus niet meteen achter de dieven aan, maar sloeg het voorval op in zijn geheugen. Hij bleef zijn rondes maken, zag vele doden en kreeg te maken met boze bewoners, van wie velen gewapend waren.

'Ik was vreselijk opgefokt in die tijd,' zei hij.

Twee dagen later kwam hij langs een huis aan Claiborne Avenue en zag daar eenzelfde blauw-witte boot die lag aangemeerd aan de veranda. Hij haastte zich naar de verzamelplaats op Napoleon en St. Charles en zocht daar een team bij elkaar van politie en soldaten. Ze waren 'zwaarbewapend' met handwapens en M16's. Hij kende geen van de andere mannen noch de vrouw die aan de actie meededen. Met z'n zessen namen ze de boot naar het huis. Lima had de leiding over de operatie.

Toen ze binnenkwamen, zagen ze spullen op tafel liggen waarvan ze aannamen dat die gestolen waren. Ze troffen binnen vier mannen aan en iets aan hen en aan de situatie leek niet te kloppen. Lima wist zeker dat dit dezelfde vier mannen waren die hij uit de Walgreens had zien komen en dus arresteerde hij hen en bracht hen naar de verzamelplaats.

'Het was een routinearrestatie,' zei hij. 'Alle vier die gasten waren heel rustig.'

Ze droegen de mannen over aan de Nationale Gardisten en die zetten hen in het witte busje. Lima had de arrestatieformulieren ingevuld en die aan de Gardisten overhandigd, waarna ze met de arrestanten naar Kamp Greyhound waren gereden. Later was Lima ook naar Greyhound toe gegaan, waar hij de bezittingen van de mannen op tafel had zien liggen. Hij had er de kaarten van Todd, het geld van Nasser en de geheugenkaarten gezien. 'Die waren zeker iets van plan geweest,' zei hij.

Lima wist niet meer wat voor spullen hij de mannen had zien stelen. En hij had ook geen spullen die normaal gesproken bij Walgreens werden verkocht in het huis aan Claiborne Avenue zien liggen. Hij had het huis niet verzegeld als plaats van een misdrijf. Er waren geen gestolen goederen in beslag genomen. Toch wist hij zeker dat de mannen iets in hun schild voerden, al had hij door de buitengewone omstandigheden na de storm in New Orleans niet zo grondig kunnen zijn als hij gewild had.

Verder was na de arrestatie volgens hem ook niet de juiste procedure gevolgd en waren ze niet netjes behandeld. Onder normale omstandigheden, zei Lima, zouden ze voor de onderzoeksrechter zijn voorgeleid, zouden ze één persoon en een advocaat hebben mogen bellen en zouden ze binnen een paar dagen op borgtocht vrijgelaten zijn. Toen hij nog bij de politie werkte, was hij vaak gefrustreerd geweest over de draaideurpolitiek van het rechtssysteem. Als hij 's ochtends iemand arresteerde, stond die 's middags alweer op straat. Als politieman werd je daar gek van, maar in dit geval zou die rechtsbescherming wel op zijn plaats zijn geweest.

'Ze hadden de mogelijkheid moeten krijgen om te bellen,' zei hij.

Lima had in november 2005 ontslag genomen en was met zijn vrouw en dochter naar Shreveport verhuisd. Hij was nog een tijdje politieagent in Shreveport geweest, maar werd daar volgens hem 'als een tweederangsburger' behandeld. De agenten daar gaan ervan uit dat alle politiemensen uit New Orleans corrupt zijn, zei hij. Daarom was hij weggegaan bij de politie en was hij nu op zoek naar ander werk. Voordat hij bij de politie was gegaan, was hij effectenmakelaar geweest en nu overwoog hij dat werk weer op te pakken.

De Zeitouns hadden dubbele gevoelens bij de verhalen van Lima en Gonzales. Aan de ene kant vonden ze het prettig te weten dat deze twee politieagenten niet doelbewust op mensen joegen die uit het Midden-Oosten kwamen. Maar de wetenschap dat dit alles Zeitoun was aangedaan door onkunde binnen het systeem en een slecht functionerende organisatie – en misschien door een al lang doorziekende paranoia van de kant van de Nationale Garde en alle andere betrokken instanties – was verontrustend. Hieruit bleek overduidelijk dat dit geen geval was van één of twee rotte appels in de ton. De ton zelf was rot.

Kort daarna mailde een vriendin van Kathy haar een document dat licht leek te werpen op de gemoedstoestand van de soldaten en politiemensen die toen in New Orleans werkten.

De FEMA was tientallen jaren lang een zelfstandige instantie geweest, maar was na 9/11 een afdeling geworden van het ministerie van Binnenlandse Veiligheid. De FEMA had van oudsher ruime bevoegdheden in de nasleep van federale noodsituaties; ze kon de leiding overnemen van alle politie-, brandweer- en reddingsoperaties. Zo was het ook na Katrina gegaan, waar de FEMA de verantwoordelijkheid had overgenomen voor alle gevangenen die uit New Orleans waren geëvacueerd. Daardoor vielen al die gevangenen, met inbegrip van Zeitoun, onder het ministerie van Binnenlandse Veiligheid. Terwijl Katrina de Golfkust teisterde, werd een vier pagina's tellend document naar rechtshandhavingsinstanties in de regio gefaxt en gemaild, en naar eenheden van de Nationale Garde die op weg waren naar het orkaangebied. Het document, dat in 2003 was uitgegeven door het ministerie van Binnenlandse Veiligheid, was geschreven door een 'rode cel' die bestond uit vertegenwoordigers van het ministerie van Binnenlandse Veiligheid, de CIA, de mariniers, particuliere bewakingsbedrijven en Sandia National Laboratories.

De commissie die het rapport zou schrijven had het verzoek gekregen 'te speculeren over mogelijke terroristische exploitatie van een orkaan uit de hogere categorieën'. Hoewel de auteurs toegaven dat het onwaarschijnlijk was dat terroristen tijdens of na een orkaan hun slag zouden slaan, gaven ze niettemin een opsomming van de vele manieren waarop ze dat zouden kunnen doen: 'Tijdens een orkaan kan op verschillende manieren misbruik worden gemaakt van de situatie en kunnen aanvallen plaatsvinden: gijzelingen of aanvallen op schuilplaatsen, cyberaanvallen, of terroristen kunnen zich voordoen als hulpverleners met apparatuur om toegang te krijgen.' Deze terroristen 'hopen wellicht dat de Nationale Garde en andere eenheden minder goed in staat en toegerust zijn om te reageren [...] vanwege de inzet overzee'.

Ze deelden hun bevindingen in drie categorieën in: voor de orkaan, tijdens de orkaan, en na de orkaan. Voor de storm zouden de terroristen volgens de commissie hoogstwaarschijnlijk van de gelegenheid gebruikmaken 'om voorzorgsmaatregelen te observeren om erachter te komen hoe adequaat er op de crisis gereageerd zou gaan worden en om de continuïteit van de actieplannen voor kritieke infrastructuren te peilen'. Ze waarschuwden dat terroristen zich op vluchtwegen zouden kunnen richten en 'massapaniek' zouden kunnen veroorzaken, waardoor 'het publiek zijn vertrouwen in de overheid zou verliezen'. De commissie was van mening dat terroristische activiteiten tijdens de storm 'minder waarschijnlijk waren, vanwege de extreme weersomstandigheden, de onvoorspelbaarheid van de baan van de orkaan en de moeilijkheid van het mobiliseren van mensen'. Na de storm waren er maar weinig mogelijkheden voor terroristen, maar die waren wel effectief. Ze zouden 'gebruik kunnen maken van de algemene paniek om het systeem verder te destabiliseren door geruchten te verspreiden' en daardoor 'meer publiciteit te krijgen' en 'druk te leggen op de gezondheidszorg'. De commissie deed verschillende aanbevelingen om de dreiging van dergelijke terroristen te verkleinen. Die luidden onder meer: 'Stel extra veiligheidsmaatregelen in (bijvoorbeeld legitimatieplicht) bij evacuatie- en opvangcentra', 'Adviseer eerstehulpverleners, telecommunicatiemedewerkers en medewerkers van nutsbedrijven om extra legitimatieprocedures in te stellen ter voorkoming van het onbevoegd doordringen tot doelwitten door bedriegers', en: 'Verhoog de inzet van patrouilles en de waakzaamheid van personeel bij belangrijke verkeers- en evacuatiepunten (zoals bruggen en tunnels) en controleer onbeheerde voertuigen op die locaties.'

Het leek de 'rode cel'-commissie onwaarschijnlijk dat een georganiseerde terroristische groep tijdens een orkaan in de Verenigde Staten zijn slag zou slaan. Wel hadden ze het idee dat 'een splintergroepering of een eenling [...] eerder ter plekke misbruik zou maken van een orkaansituatie. Daaronder vallen personen die politieke doelen willen bereiken, religieus extremisten en andere ontevreden individuen.'

Kathy weet niet of ze er iets mee opschiet om dit te weten. Ze heeft Katrina in diverse opzichten achter zich gelaten, maar wordt op de meest onverwachte momenten toch geconfronteerd met de naweeën ervan. Er zijn genoeg normale dagen. Dan brengt ze de kinderen naar school en haalt hen weer op, en tussendoor doet ze de administratie van het schilder- en klusbedrijf. Als de kinderen thuiskomen, geeft ze hun wat lekkers en kijken ze televisie en maken hun huiswerk.

Maar kortgeleden moest Kathy Nademah om hulp vragen. Ze probeerde internet op te starten, maar kreeg het niet voor elkaar. Ze keek achter de computer, maar de kabels waren een wirwar waar ze geen wijs uit werd. 'Kun je me even helpen om verbinding te krijgen?' vroeg ze.

Nademah kwam meteen. Ze herinnerde haar moeder eraan dat ze zelf alle computers in huis geïnstalleerd had en dat ze Nademah had geleerd hoe ze ermee om moest gaan. Dat wist Kathy ook wel, maar op dat moment wist ze niet meer welke draden waarheen leidden en welke knoppen waarvoor waren, hoe alles werkte.

Kamp Greyhound is het onderwerp geweest van onderzoeken en rapporten, en vormt een bron van fascinatie voor de hele stad. Ook medewerkers van Greyhound en Amtrak zijn verbaasd over wat er na de storm met het station is gebeurd. Medewerkers van Amtrak laten bezoekers graag de plaats zien waar vingerafdrukken werden genomen van de gevangenen en waar ze werden gemeten. De maatstreepjes zijn nog steeds te zien. Onder een affiche naast de balie staan de streepjes nog steeds op de muur. Je hoeft het affiche alleen maar weg te halen om die overblijfselen uit de dagen van Kamp Greyhound te zien.

Zoals Zeitoun al vermoedde, was de gevangenis grotendeels met de hand gebouwd. Toen hij er opgesloten had gezeten, had hij zich niet kunnen voorstellen wie er beschikbaar en bereid zouden zijn geweest om één dag na de orkaan lange dagen te maken met het bouwen ervan, maar het antwoord is heel verhelderend. Het werk werd gedaan door gevangenen van het Dixon Correctional Institute in Jackson (Louisiana) en de Louisiana State Penitentiary in Angola.

Angola, de grootste gevangenis van het land, is gebouwd op het 74 vierkante kilometer grote terrein van een voormalige plantage waar ooit slaven werden gehouden. De gevangenis, die bestemd is voor veroordeelde plegers van de ernstigste misdrijven, wordt sinds lange tijd beschouwd als de gevaarlijkste, meest uitzichtloze gevangenis van de Verenigde Staten. De gemiddelde straf die de vijfduizend gedetineerden er uitzitten is 89,9 jaar. Van oudsher moeten de gevangenen daar slopende arbeid verrichten, bijvoorbeeld katoen plukken voor ongeveer vier dollarcent per uur. Bij een massademonstratie tientallen jaren geleden hadden eenendertig gevangenen hun achillespezen doorgesneden om te voorkomen dat ze weer aan het werk gezet zouden worden.

Toen de orkaan naderde, wist Marlin Gusman, de sheriff van het district Orleans, dat er een kans was dat de Orleans Parishgevangenis, waar de meeste overtreders in afwachting van hun proces werden vastgehouden, zou overstromen. Daarom belde hij Burl Cain, de gevangenisdirecteur van Angola. Ze spraken af om op hoogliggend terrein in New Orleans een geïmproviseerde gevangenis te bouwen. Cain regelde dat er hekken en draagbare toiletten, die hij in Angola allemaal op voorraad had, met vrachtwagens naar New Orleans werden gestuurd. Die kwamen twee dagen na de orkaan aan in de stad.

Cain stuurde ook tientallen gevangenen, van wie velen wegens moord en verkrachting veroordeeld waren, die de kooien voor nieuwe gevangenen en voor de gedetineerden van de overstroomde Orleans Parish moesten bouwen. De gevangenen van Angola zetten de gevangenis in de buitenlucht in twee dagen in elkaar. Ze overnachtten naast het busstation. Cain stuurde ook bewakers. Toen de kooien af waren, werden de gevangenen van Angola teruggestuurd naar het noorden, maar de bewakers bleven. Dat waren de mannen die de kooi van Zeitoun hadden bewaakt.

Toen de gevangenis was voltooid, noemde Cain dat 'het begin van de wederopbouw' van New Orleans. In de daaropvolgende weken werden meer dan twaalfhonderd mannen en vrouwen in Kamp Greyhound opgesloten.

Deze ingewikkelde en uiterst efficiënte overheidsoperatie werd voltooid terwijl inwoners van New Orleans vastzaten op zolders en vanaf daken en viaducten smeekten om redding. Voor Kamp Greyhound waren werkende draagbare toiletten beschikbaar, terwijl ze een paar straten verderop in het Convention Center en de

Superdome geen functionerende toiletten hadden. Bewakers en gevangenen konden beschikken over honderden kratten water en legerrantsoenen, terwijl degenen die vlakbij gestrand waren om voedsel en water moesten vechten.

Er zijn tijden geweest dat als iemand Kathy in het Engels aansprak, ze niet begreep wat hij of zij zei. Onlangs gebeurde dat nog met Ambata, een vrouw die de Zeitouns kort daarvoor hadden aangenomen om te helpen op kantoor. De kinderen waren net thuisgekomen uit school, de tv stond aan, de stereo speelde – het hele huis was vol lawaai. Kathy en Ambata waren facturen aan het schrijven en Ambata zei iets wat Kathy niet verstond. Ze zag Ambata's mond bewegen, maar de woorden hadden geen betekenis.

'Wat zei je?' vroeg ze.

Ambata herhaalde wat ze had gezegd.

De woorden waren onbegrijpelijk.

'Sorry,' zei Kathy. 'Ik heb geen idee wat je zegt.' De angst sloeg haar om het hart. Ze sprong op en zette over haar toeren de tv, de stereo-installatie en de computer uit. Ze wilde alle afleiding uitschakelen. Ze ging weer bij Ambata zitten en vroeg haar te herhalen wat ze had gezegd.

Dat deed Ambata, maar nog steeds kon Kathy de woorden niet plaatsen.

Op een dag in 2006 bracht Zeitoun een bezoek aan zijn neef Adnan in diens broodjeswinkel in het centrum. Hij ging daar af en toe tussen de middag eten en die dag zag hij een uitzonderlijk lange Afro-Amerikaanse vrouw binnenkomen. Ze had een camouflagebroek aan en was onmiskenbaar een soldaat van de Nationale Garde. Ze kwam hem heel bekend voor.

Zeitoun besefte waarom hij haar herkende. Ze was – en dat wist hij bijna zeker – een van de mensen die hem hadden gearresteerd. Ze had dezelfde ogen, hetzelfde korte haar. Hij bleef een paar lange momenten naar haar zitten kijken en probeerde moed te verzamelen om iets tegen haar te zeggen. Hij kon alleen niets bedenken en al snel was ze weer weg.

Naderhand vroeg hij Adnan naar haar.

'Heb je haar wel eens eerder gezien?'

'Ik weet het niet. Ik geloof het niet.'

'Als ze weer komt, moet je haar uithoren. Vraag haar of ze na de orkaan in New Orleans was.'

Die dag beleefde Zeitoun zijn arrestatie en de weken erna opnieuw. Het gebeurde niet iedere dag dat de arrestatie hem aangreep, maar vooral 's nachts viel het hem soms zwaar om zijn woede de baas te blijven.

Hij wist dat hij niet in de stad kon blijven wonen als hij het gevoel had dat hij voortdurend mensen zoals deze soldate tegen het lijf kon lopen. Het was al pijnlijk genoeg om langs het busstation te komen, maar dat viel bijna niet te vermijden gezien de centrale ligging ervan, vlak bij de bouwmarkt. Hij had zijn leven al op allerlei kleine manieren aangepast. Hij keek tegenwoordig wel uit om een verkeersovertreding te begaan, hoe klein ook. Hij was bang dat hij vanwege de rechtszaak die hij had aangespannen een doelwit zou vormen voor de plaatselijke politie, dat ze iets zouden bedenken wat ze hem ten laste zouden kunnen leggen in een poging zijn arrestatie te rechtvaardigen. Maar dat waren slechts vluchtige gedachten. Elke dag weer bood hij daar weerstand tegen.

Eén confrontatie was onvermijdelijk.

Vier dagen na zijn vrijlating had Zeitoun wat kunnen bijslapen en weer kunnen eten. Hij voelde zich sterker. Hij wilde niet terug naar Kamp Greyhound, maar Kathy stond erop en hij wist dat ze gelijk had. Ze moesten zijn portefeuille gaan halen. Daar zat zijn rijbewijs in en als hij dat niet had, was zijn enige identificatie het gevangenispasje dat hij in Hunt had gekregen. Kathy en hij moesten met het vliegtuig naar Phoenix om hun kinderen op te pikken en weer naar huis te rijden, en daarvoor zou hij toch echt zijn rijbewijs nodig hebben. Hoe ze de zaak ook wendden of keerden, iets beters kregen ze niet bedacht. Ze moesten terug naar het busstation om zijn portefeuille op te halen.

Ze reden de halfronde oprit op. Overal stonden politiewagens, Humvees, jeeps en andere legervoertuigen.

'Hoe voel je je?' vroeg Kathy.

'Niet zo best,' zei Zeitoun.

Ze parkeerden en bleven nog even in de auto zitten.

'Ben je zover?' vroeg Kathy. Ze was klaar voor de strijd.

Zeitoun deed zijn portier open. Ze liepen naar het station. Voor de ingang stonden twee soldaten.

'Niks zeggen, alsjeblieft,' zei Zeitoun tegen Kathy.

'Nee, nee,' zei ze, hoewel ze haar woede nauwelijks kon bedwingen.

'Alsjeblieft niet, hè,' zei hij nog eens. Hij had haar al diverse malen voorgehouden dat ze allebei in de cel gegooid konden worden of dat hij weer terug naar de gevangenis zou moeten. Alles was mogelijk. Alles wás al eens gebeurd.

Hoe dichterbij ze kwamen, hoe meer Zeitoun begon te beven.

'Hou je alsjeblieft rustig,' zei hij. 'Maak het niet nog erger.'

'Oké, oké,' zei Kathy.

Ze liepen langs een tiental militairen het gebouw in. Het zag er nog net zo uit als Zeitoun zich herinnerde. Voor het eerst in zijn leven probeerde hij zich kleiner te maken. Terwijl hij probeerde zijn gezicht te verbergen – degenen die hem hadden opgesloten zouden er nog steeds kunnen rondlopen – liep hij achter Kathy aan de deur door.

Ze werden tegengehouden door twee soldaten. Ze fouilleerden Zeitoun en controleerden Kathy's tas. Ze moesten allebei door een metaaldetector lopen. Zeitouns blik schoot heen en weer door het gebouw, op zoek naar bekende gezichten.

Ze werden naar een stel stoelen gebracht, dezelfde stoelen

waarin Zeitoun was ondervraagd, en kregen te horen dat ze moesten wachten op een gelegenheid om de hulpofficier van justitie te spreken te krijgen. Zeitoun wilde zo snel mogelijk weer weg. Het kwam hem allemaal veel te bekend voor. Hij had er geen enkel vertrouwen in dat hij hier weer gewoon zou kunnen vertrekken.

Terwijl ze zaten te wachten, kwam er een man met een cassetterecorder op hen af. Hij vertelde dat hij een verslaggever uit Nederland was en dat zijn vriend een nacht was vastgehouden in een van de kooien en net was vrijgelaten.

Hij begon Zeitoun en Kathy vragen te stellen over het doel van hun bezoek. Kathy aarzelde niet en vertelde hem dat haar man ten onrechte was opgepakt, naar een extra beveiligde gevangenis was gestuurd, daar drieëntwintig dagen was vastgehouden en dat ze nu zijn eigendommen probeerden terug te krijgen.

'Weg daar!'

Kathy keek op. Een vrouwelijke agent van ergens in de vijftig in volledige camouflage-uitrusting wierp hun woedende blikken toe en schreeuwde naar de Nederlandse journalist. 'Wegwezen hier! Het interview is afgelopen.' Toen wendde ze zich tot twee Nationale Gardisten: 'Als die man zich hier nog eens laat zien, arresteer je hem en sluit je hem op.' De soldaten liepen op de verslaggever af.

Kathy stond op en liep naar de vrouw toe.

'Mag ik nu ook al niet meer vrijuit spreken? Serieus? Eerst pakken jullie me mijn man af en nu ook al mijn recht op vrije meningsuiting? Ik dacht het niet! Zegt dat begrip jullie eigenlijk wel iets, vrije meningsuiting?'

De agente keerde zich van Kathy af en beval de soldaten de verslaggever eruit te zetten. Ze namen hem mee naar de ingang en leidden hem naar buiten.

De hulpofficier van justitie, een gezette blanke man, kwam op hen af lopen en vroeg wat hij voor hen kon doen. Kathy zei weer dat ze voor de portefeuille van haar man kwamen. De man nam hen mee naar de cadeauwinkel, die nu dienstdeed als kantoor. Het was een glazen hokje midden in het station, vol Mardi Gras-shirts en presse-papiers. Kathy en Zeitoun legden de situatie uit.

De hulpofficier van justitie zei dat het hem speet, maar dat de portefeuille nog steeds als bewijs gold. Kathy ontplofte. 'Bewijs? Hoe zou je zijn rijbewijs als bewijs moeten gebruiken? Jullie kennen zijn naam. Waarom heb je zijn rijbewijs dan nog nodig? Hij heeft toch geen misdaad begaan met zijn portefeuille?'

De man zuchtte. 'Ik leef met u mee, maar ik kan hem u zonder toestemming van de officier van justitie echt niet meegeven,' zei hij.

'Bedoelt u Eddie Jordan?' zei Kathy. 'Waar is die?'

'Niet hier,' zei hij.

'Wanneer komt hij hierheen?' vroeg Kathy.

Dat wist de hulpofficier van justitie niet.

Kathy en Zeitoun liepen de stationshal weer in, niet wetend wat nu te doen, toen ze daar opeens door het glas aan de voorkant van het station Eddie Jordan zagen staan. Hij werd omringd door een hele schare journalisten.

Kathy beende naar buiten om Jordan persoonlijk te spreken. Hij had een driedelig kostuum aan.

'Waarom krijgen we zijn portefeuille niet terug?' vroeg ze.

'Pardon?' zei Jordan.

Kathy vertelde hem in het kort over Zeitouns situatie en herhaalde haar eis dat ze de portefeuille terug moesten geven.

Jordan zei dat hij daar niets aan kon doen en draaide zich weer om om zijn gesprek te hervatten.

Kathy zag dat de Nederlandse journalist in de buurt stond. Ze

341

wilde dat hij en de andere verslaggevers zouden horen wat er aan de hand was. Ze praatte zo hard mogelijk.

'Jullie hebben mijn man in zijn eigen huis opgepakt en nu willen jullie zijn portefeuille niet teruggeven? Wat is dit toch allemaal? Wat is er aan de hand in deze stad?'

Jordan haalde zijn schouders op en wendde zich van haar af.

'We gaan terug naar binnen,' zei Kathy tegen Zeitoun.

Zeitoun zag daar het nut niet van in, maar haar bliksemende ogen nodigden niet uit tot discussie. Ze gingen terug naar binnen en liepen meteen door naar de hulpofficier van justitie. Kathy wilde gewoon niet dat dat stomme gevangenispasje bepaalde wie haar man was, dat dat de enige van overheidswege verstrekte identificatie was die hij had.

'U moet iets doen,' zei ze. Ze was nu bijna in tranen en wist van pure frustratie en woede niet meer waar ze het moest zoeken.

De hulpofficier van justitie deed zijn ogen even dicht. 'Ik zal kijken wat ik voor u kan doen,' zei hij. Hij liep het kantoor uit. Binnen tien minuten was hij terug met de portefeuille en overhandigde die aan Zeitoun.

Zeitouns rijbewijs en permanente verblijfsvergunning zaten erin, maar zijn geld, visitekaartjes en creditcards waren weg.

'Waar is de rest?' vroeg Zeitoun.

Dat wist de man niet. 'Meer lag er niet.'

Dat kon Kathy niet schelen. Het enige wat ze op dit moment wilde was bewijs dat haar land haar echtgenoot als ingezetene erkende.

'Bedankt, meneer,' zei ze. 'Heel erg bedankt.' Ze was hem het liefst om de hals gevlogen. Hij was de eerste vertegenwoordiger van de stad of de staat die ook maar een greintje menselijkheid toonde. Zelfs dit makkelijke klusje, de portefeuille halen van een man die ze in een kooi enkele meters verderop hadden vastgehouden, leek onder de omstandigheden een daad van grote moed en medeleven.

Tevreden dat ze in ieder geval het belangrijkste, het rijbewijs, in handen hadden, vertrokken ze. Gezien de aard van het rechtssysteem in de stad was het een wonder dat de portefeuille er überhaupt nog was. Kathy had de creditcards al laten blokkeren. De rest was vervangbaar.

Dat was de laatste keer dat Kathy zo doelgericht was opgetreden en zo kwaad was geweest. Tegenwoordig is ze veel verstrooider. Ze wordt nog wel eens kwaad, maar niet meer zo vaak en nooit meer zo gericht. Terwijl ze vroeger altijd bereid was te vechten en klaar was voor de strijd, trekt ze zich nu liever terug, beschermt zich nog eens extra en zet dubbele sloten op de deur. Ze merkt dat ze altijd bang is dat haar gezin iets zal overkomen. Ze heeft liever niet dat haar kinderen buiten op straat spelen. Ze wil dat ze altijd binnen haar blikveld blijven, zelfs Nademah, die toch al dertien is en bijna even groot als Kathy zelf. Ze gaat naar hen kijken als ze liggen te slapen. Dat heeft ze vroeger nooit gedaan. Ze gaat regelmatig ook 's nachts bij hen kijken. Dan wordt ze wakker en kan ze moeilijk weer in slaap komen.

Nademah, met haar verantwoordelijkheidsgevoel en scherpe verstand, heeft nu ook een deel van de zorg voor haar zusjes op zich genomen. Zachary is achttien en woont met een stel vrienden in New Orleans, waar hij in een van de broodjeswinkels van Adnan werkt. Safiya en Aisha zijn nog niets veranderd: nog altijd even onbezorgd en vrolijk barsten ze om de haverklap in gezang uit. En alle kinderen zijn dol op de kleine Ahmad, die op 10 november 2006 in het East Jefferson Hospital is geboren.

Ahmad is volgens iedereen een buitengewoon tevreden baby. Hij heeft geen gebrek aan aandacht met al die zusjes die hem om beurten vasthouden, gevaarlijke dingen uit zijn mondje halen, hem voorlezen en hem hun eigen kleertjes van vroeger aantrekken.

Zeitoun was heel blij dat het een jongetje was. Over de naam hebben ze geen moment na hoeven denken. Ahmad was de eerste en enige naam.

Zeitouns broer Ahmad woont nog steeds in Spanje en werkt tegenwoordig als scheepsinspecteur. Hij hoopt dat zijn broer binnenkort naar Málaga komt met de nieuwe baby. Het is hoog tijd dat hij zijn neefje, dat naar hem vernoemd is, eens te zien krijgt.

Kathy werkt tegenwoordig minder dan vroeger. Ze moet nu natuurlijk ook voor de baby zorgen, maar is ook niet meer efficiënt genoeg om al die administratie alleen af te kunnen. Ze krijgen daar nu hulp bij, van Ambata en anderen, wat Kathy wat meer ademruimte geeft om moeder te zijn en om de afgelopen drie jaar te verwerken.

Ze is regelmatig bij de dokter te vinden: artsen die proberen erachter te komen waarom haar handen zonder enige waarschuwing soms opeens gevoelloos worden, artsen die zich bezighouden met haar spijsverteringsproblemen, haar geheugenproblemen.

Een arts vroeg haar eens wat ze het meest traumatisch had gevonden aan alle gebeurtenissen na Katrina. Ze verraste zichzelf en de arts toen ze besefte dat dat het moment was nadat ze had gehoord dat Zeitoun nog leefde en in de gevangenis zat, maar hem niet mocht bezoeken of zelfs maar mocht weten waar een eventuele hoorzitting zou plaatsvinden. Dat moment, toen de vrouw aan de telefoon haar vertelde dat de locatie van de hoorzitting 'vertrouwelijke informatie' was, was het ergst geweest.

'Het voelde alsof ik brak,' zei ze.

Dat die vrouw, een vreemde, kon weten hoe radeloos en wanhopig ze was en haar die informatie weigerde te geven. Dat er hoorzittingen zonder getuigen bestonden, dat haar regering mensen kon laten verdwijnen.

'Dat heeft me geknakt.'

Soms vraagt ze zich 's ochtends vroeg of midden in de nacht of gewoon als Ahmad bij haar op schoot in slaap valt af: is dit allemaal echt gebeurd? Kan zoiets gebeuren in de Verenigde Staten? Met ons? Ze denkt dat het allemaal had kunnen worden voorkomen. Er hadden zoveel kleine dingen kunnen worden gedaan. Zoveel mensen hebben het laten gebeuren. Zovelen hebben de andere kant op gekeken. En er is maar één persoon nodig, één simpele daad, waardoor je uit het donker het licht in stapt.

Ze wil weten wie die missionaris was, de man die haar echtgenoot in de gevangenis had gesproken en haar telefoonnummer had opgeschreven, de boodschapper. De man die uit mededogen een risico nam.

Maar was dat risico zo groot? Niet echt. Meestal hoef je niet zoveel te riskeren om iets verkeerds recht te zetten. Zo ingewikkeld is het niet. Integendeel zelfs. Een nummer draaien dat je van een man in een kooi hebt gekregen en tegen degene aan de andere kant van de lijn zeggen: 'Ik heb hem gezien' – is dat zo ingewikkeld? Is dat een heldendaad in de Verenigde Staten van Amerika?

Dat zou niet moeten.

Kathy is bezorgd dat Zeitoun te hard werkt. Hij werkt elke dag, zelfs op zondag. Hij komt thuis om te eten en te slapen, maar verder werkt hij zoveel hij kan. En hoe hij dat volhoudt op maandagen en vrijdagen als hij vast – hij is een stuk godsdienstiger geworden – snapt ze al helemaal niet. Hij lijkt zelfs nog minder te eten dan vroeger en werkt harder dan ooit.

Vrienden die weten wat er met Zeitoun is gebeurd na de orkaan vragen hem waarom hij niet weggegaan is, waarom hij niet verhuisd is naar een andere stad, een ander land – misschien zelfs terug naar Syrië – waar dan ook, als het maar ver weg is van de herinneringen die aan New Orleans verbonden zijn. Het valt inderdaad niet mee om langs het busstation te moeten rijden of langs het huis aan Claiborne van waaruit hij met twee vrienden en een onbekende werd weggehaald. Als hij langs het huis van Alvin en Beulah Williams rijdt, de dominee en zijn vrouw, zegt hij altijd even een kort gebedje voor hen. Beulah Williams is in 2007 overleden. De eerwaarde Alvin Williams in 2008.

Als hij langs het huis van Charlie Ray komt, zijn buurman op Claiborne, zwaait hij altijd als Charlie op de veranda zit, wat vaak het geval is. Op een van de dagen na de storm was de Nationale Garde bij Charlie langs geweest. Ze hadden hem verteld dat hij de stad moest verlaten en dat zij hem daarbij zouden helpen. Ze hadden rustig gewacht tot hij zijn spullen had gepakt en zijn koffer vervolgens voor hem naar de boot gedragen. Ze hadden hem naar een evacuatiepunt gebracht, waarna hij door een helikopter naar het vliegveld was gebracht, waar hij een gratis ticket naar New York had gekregen.

Hij werd op dezelfde dag geëvacueerd dat Zeitoun werd opgepakt. Een paar maanden na de storm was Charlie naar New Orleans teruggekeerd. Hij woont nog steeds aan Claiborne Avenue.

Todd Gambino woont tegenwoordig in Mississippi. Hij heeft meer dan vijf maanden in Hunt gezeten. Hij kwam op 14 februari 2006 vrij. Alle aanklachten tegen hem werden ingetrokken. Bij zijn aankomst in Kamp Greyhound was meer dan 2400 dollar van hem in beslag genomen en na zijn vrijlating heeft hij verschillende pogingen gedaan om dat geld terug te krijgen. Dat is niet gelukt. Hij is op geen enkele manier schadeloosgesteld voor de vijf maanden die hij in de extra beveiligde gevangenis heeft doorgebracht.

Na zijn vrijlating is hij op een booreiland in de Golf van Mexico gaan werken, maar in het najaar van 2008 is hij ontslagen.

Nasser Dayoob heeft zes maanden in Hunt gezeten. Uiteindelijk zijn alle aanklachten tegen hem ingetrokken. Na zijn vrijlating heeft hij geprobeerd de tienduizend dollar die hij ten tijde van zijn arrestatie bij zich had terug te krijgen. Dat geld bleek nergens geregistreerd te staan en hij heeft het nooit teruggekregen. Het was al zijn spaargeld. In 2008 is hij teruggegaan naar Syrië. Ronnie heeft acht maanden in Hunt gezeten. Sinds zijn vrijlating in het voorjaar van 2006 hebben de Zeitouns niets meer van hem gehoord.

Frank Noland en zijn vrouw zijn verhuisd. Bijna iedereen uit de buurt is verhuisd, ook de vrouw die Zeitoun in de hal van haar huis aantrof, de vrouw wier roep om hulp hij had gehoord omdat zijn kano geen herrie maakte. De nieuwe bewoner van haar huis weet niet waar ze heen is, maar kent het verhaal van de redding door Zeitoun wel.

Zeitoun denkt nog wel eens aan de eenvoud van de kano, die zijn grote kracht was, het voordeel van het geluidloze voortbewegen, waardoor hij goed kon luisteren. Toen hij uit de gevangenis kwam, zijn Kathy en hij de kano gaan zoeken op de plaats waar hij hem had achtergelaten, bij het huis aan Claiborne, maar hij was weg. Het huis was leeggeroofd. Alles was gestolen, doordat de soldaten en politiemensen die Zeitoun hadden gearresteerd het huis open en onbewaakt hadden achtergelaten. Dieven hadden ongehinderd naar binnen kunnen lopen en zich vervolgens uit de voeten gemaakt met alle bezittingen van de huurders, alles wat Todd in de voorkamers had gezet om het droog te houden.

Die spullen zijn intussen allemaal vervangen, maar hij mist zijn kano. Hij blijft ernaar uitkijken, in de hoop dat hij hem nog eens op een rommelmarkt of bij iemand in de tuin ziet staan. Hij zou er gewoon opnieuw voor betalen. Misschien moet hij een nieuwe kopen, denkt hij wel eens. Misschien zouden zijn dochters het nu leuker vinden. Of misschien is de kleine Ahmad, net als zijn oom en vader en opa en talloze Zeitouns voor hen, wel gevoelig voor de roep van het water.

Op sommige nachten kan Zeitoun de slaap niet vatten. Dan ziet hij de gezichten weer van de mensen die hem arresteerden, die hem opsloten, die hem van de ene kooi naar de andere brachten alsof hij een beest was, die hem als bagage vervoerden. Hij denkt aan de mensen die hem niet als buurtbewoner konden zien, als landgenoot, als mens.

Uiteindelijk valt hij dan toch in slaap, om 's ochtends wakker te worden van de geluiden van zijn kinderen – vier zijn er nu in huis, zoveel stemmen in dit veel grotere huis, waar de geur van nieuwe verf hangt die de woning met beloften vult. Ja, de kinderen zijn bang voor water, en toen vorig jaar een van de leidingen sprong, is er veel gegild en volgden er nachtmerries, maar langzaamaan worden ze sterker. Voor hen moet hij sterk zijn en vooruitkijken. Hij moet zorgen dat ze te eten hebben, moet hen bij zich houden en hun laten zien dat God een reden had met hun beproevingen. Hij vertelt hun dat God hem misschien, door hem te laten opsluiten, wel gered heeft van iets veel ergers.

'Niets gebeurt zonder reden,' vertelt hij hun. 'Als je je plicht doet, als je doet wat goed is, ligt de rest in Gods hand.'

Hij is er getuige van hoe de stad opnieuw wordt opgebouwd. De eerste jaren waren frustrerend, omdat wetgevers en planners voortdurend in de clinch lagen over geld en regelgeving. New Orleans, zijn thuisstad, heeft geen behoefte aan toespraken, aan gekissebis, aan politiek. Het heeft nieuwe vloeren nodig, nieuwe daken, nieuwe ramen en deuren en trappen.

Voor veel van zijn klanten duurde het een tijd voor ze hun geld van de verzekering kregen, voor het geld van de FEMA op hun rekening stond, voor allerlei hordes waren genomen. Maar nu zit de vaart erin. De stad herrijst. Na Katrina heeft het bedrijf van Zeitoun al honderdveertien huizen in de oude, of zelfs aanzienlijk verbeterde staat hersteld.

Zeitoun heeft een nieuw busje gekocht, waarmee hij door de

stad rijdt, door Uptown, het Garden District, het French Quarter, Lakeview, de West Bank, Broadmoor, Metairie, Gentilly, de Lower Ninth, Mirabeau Gardens. En telkens als hij een huis ziet dat wordt opgeknapt verschijnt er een lach op zijn gezicht, wie de aannemer ook is. Bouwen, denkt hij. Bouwen, bouwen, bouwen.

En zo maakt hij zijn rondes en gaat hij bij al zijn ploegen kijken. Ze zijn met een paar erg mooie en belangrijke projecten bezig. Zelfs nu de economie in een dal zit, is er genoeg te doen.

Neem McDonough 28, een middelbare school van drie verdiepingen hoog aan Esplanade Avenue. Sinds de storm is die gesloten, maar hij valt te redden. Zeitoun repareert het houtwerk met vulmiddel en plamuur, en verft de muren binnen middelgrijs, saliegroen en gebroken wit. Dat hoeft niet lang te duren. Het zal hem goeddoen de school weer in gebruik te zien.

Het zou een koud kunstje zijn, dat weet hij ook wel, om het gebouw en heel veel andere gewoon te slopen en opnieuw te beginnen. Voor een aannemer is het veel makkelijker om met een egaal en vrijgemaakt stuk land te beginnen. Maar er is op die manier al zoveel verloren gegaan, veel te veel. Daarom vraagt hij zich in de drie jaar dat hij met de wederopbouw bezig is telkens eerst af: wat kunnen we redden?

Neem Bakkerij Leidenheimer aan Simon Bolivar Avenue. Dat is een prachtig bakstenen gebouw van meer dan honderd jaar oud. De bakkerij is nog steeds in handen van de nakomelingen van George Leidenheimer, een immigrant uit Duitsland. Zeitoun was trots dat hij die opdracht kreeg, zoals hij dat altijd is bij belangrijke gebouwen. Hij vindt het vreselijk als ze gesloopt worden. Het metselwerk heeft de storm prima doorstaan, maar de kozijnen en het houtwerk moeten worden gerepareerd of vervangen. Daar zijn zijn ploeg en hij nu mee bezig, naast het verbouwen van de kantoorruimte, het plaatsen van een paar kasten en het schilderen van de ventilatieroosters.

En neem de St. Clement of Rome Parish Church op de hoek van West Esplanade en Richland. Het houtwerk binnen moet gegrond en opnieuw geschilderd worden. De buitenkant is op sommige plaatsen beschadigd, dus die gaan ze met de hogedrukspuit reinigen, schuren en repareren, en alle muren en kozijnen zullen opnieuw worden geschilderd. Hij is van plan dat project zelf nauwlettend in de gaten te houden. Dat doet hij altijd als hij een gebedshuis moet restaureren. Hij weet zeker dat God het werk ziet dat Kathy en zijn mannen en hij doen, dus het moet met de grootste zorg gebeuren en ze moeten er, zo houdt hij zijn ploegen voor, hun hele ziel in leggen.

Boven alles is Zeitoun gewoon blij dat hij vrij is en weer in zijn eigen stad. Het is de stad van zijn dromen. Hier is hij getrouwd, hier zijn zijn kinderen geboren, hier heeft hij het vertrouwen van zijn buren gewonnen. En dus stapt hij iedere dag in zijn witte busje, nog steeds met het regenbooglogo, en rijdt hij door de stad die hij ziet herrijzen.

Het was een test, denkt Zeitoun. Wie zou kunnen ontkennen dat we werden getest? Kijk ons nu eens, zegt hij. Iedereen is er sterker uit gekomen. Iedereen die vergeten werd door God of zijn land laat nu meer van zich horen, is opstandiger en vastberadener. Ze waren er en ze zijn er nog steeds, in de stad New Orleans en in de Verenigde Staten van Amerika. En Abdulrahman Zeitoun was er en is er nog steeds, in de stad New Orleans en in de Verenigde Staten van Amerika. Hij moet er gewoon op vertrouwen dat hij niet nog eens zal worden vergeten, ontkend en bij een andere naam genoemd dan de zijne. Hij moet vertrouwen hebben, hij moet geloven. En dus bouwt hij, want wat is bouwen en herbouwen en opnieuw herbouwen anders dan een geloofsdaad? Er is geen geloof zoals het geloof van een huizenbouwer aan de kust van Louisiana. En er is geen betere manier om God en je naasten te bewijzen dat je daar was, dat je daar bent, dat je een mens bent, dan te bouwen. Wie zou ooit nog eens kunnen ontkennen dat hij hier hoort? Al moest hij elk huis in deze stad restaureren om te bewijzen dat hij hier hoort, hij zou het doen.

Terwijl hij overdag door de stad rijdt en er 's nachts over droomt, doemen in zijn fantasie schitterende droombeelden op: hij stelt zich deze stad en dit land voor, niet zoals het was, maar beter, veel beter. Dat kan. Ja, het waren donkere tijden voor dit land, maar nu gloort er iets van licht. Er wordt vooruitgang geboekt, soms langzaam, vreselijk langzaam, maar er wordt vooruitgang geboekt. 'We hebben het rotte hout verwijderd, we zijn de fundamenten aan het verstevigen. Er is veel werk te doen en we weten allemaal wat er moet gebeuren. Het enige wat erop zit is aan de slag gaan,' vertelt hij Kathy en zijn kinderen en zijn ploegen en zijn vrienden en iedereen die hij ziet. 'Laten we dus vroeg opstaan en laat opblijven en steen voor steen en straat voor straat het werk afmaken.' Als hij het voor zich kan zien, is het mogelijk. Volgens dat patroon is zijn leven altijd al verlopen: bespottelijke dromen, gevolgd door uren en dagen en jaren werk, waarna een realiteit volgt die zijn stoutste hoop en verwachtingen overtreft.

Waarom zou het dit keer anders gaan?

ZEITOUN FOUNDATION

Alle auteursopbrengsten van dit boek gaan naar de Zeitoun Foundation, een stichting die in 2009 is opgericht door de familie Zeitoun, de auteur en McSweeney's. Het doel van deze stichting is de wederopbouw van New Orleans te steunen en respect voor mensenrechten te bevorderen in de Verenigde Staten, maar ook elders ter wereld. De Zeitoun Foundation bepaalt aan wie het geld dat met dit boek wordt verdiend wordt toegewezen. Tot de eerste groep van ontvangers behoren onderstaande non-profitorganisaties.

REBUILDING TOGETHER

Het onderdeel Gulf Coast van Rebuilding Together houdt zich bezig met het behoud en herstel van duizend woningen van huiseigenaren met een laag inkomen die ten gevolge van de orkanen Katrina en Rita zijn beschadigd.
www.rebuildingtogether.org

THE GREEN PROJECT

The Green Project koopt bouwmateriaal op dat in en om New Orleans geborgen is en verkoopt dit weer door. Het doel is hergebruik te stimuleren en daarmee verspilling tegen te gaan, inwoners van New Orleans in de gelegenheid te stellen om goedkoop materiaal te kopen en de architecturale geschiedenis van het gebied te behouden.
www.thegreenproject.org

LOUISANA CAPITAL ASSISTANCE CENTER

Na de storm Katrina was het LCAC een drijvende kracht bij het opsporen van duizenden gevangenen die elders ondergebracht waren. Het centrum vestigde daarmee de aandacht op de benarde situatie van de gevangenen die na evacuatie in verschrikkelijke omstandigheden terecht waren gekomen en heeft ervoor gezorgd dat honderden gevangenen die ten onrechte waren opgepakt werden vrijgelaten. Het LCAC heeft nu als doel juridische vertegenwoordiging te regelen voor beklaagden in Louisiana die de doodstraf boven het hoofd hangt en wil racisme in het strafrechtstelsel aan de kaak stellen.
www.thejusticecenter.org/lcac

INNOCENCE PROJECT NEW ORLEANS

Deze organisatie, die gevestigd is in New Orleans, verleent juridische bijstand aan mensen die ten onrechte veroordeeld zijn en helpt hen bij de overgang van hechtenis naar vrijheid. De organisatie richt zich op staten met het hoogste aantal opsluitingen (en het hoogste aantal onterechte veroordelingen), namelijk Louisiana en Mississippi.
www.ip-no.org

MEENA MAGAZINE

Meena (Arabisch voor 'haven') is een tweetalig literair tijdschrift dat gevestigd is in de havensteden New Orleans en Alexandrië in Egypte. Het blad is gespecialiseerd in poëzie, fictie, essays, reisverhalen, gemengde kunstvormen en beeldende kunst. *Meena* wil voor de westerse en Arabische wereld een vrijhaven zijn waar

ideeën over cultuur, taal, conflict en vrede via het geschreven woord en dialoog worden uitgewisseld.
www.meenamag.com

THE PORCH SEVENTH WARD CULTURAL ORGANIZATION

The Porch is een organisatie die zich inzet voor de wijk Seventh Ward en vormt een plek waar men bij elkaar kan komen, met elkaars cultuur kennis kan maken en er een gemeenschappelijke band kan ontstaan. The Porch wil de culturen van de wijk, de stad en het gebied onder de aandacht brengen en behouden, en ruimte bieden voor gedachtewisseling tussen culturele groeperingen.
www.ny2no.net/theporch

CATHOLIC CHARITIES, aartsbisdom NEW ORLEANS

Catholic Charities werkt samen met de volledige gemeenschap van New Orleans om de waardigheid van ieder mens te respecteren. De organisatie heeft op dit moment elf gemeenschapscentra in en rondom New Orleans die hulp verlenen bij het herstelwerk na de orkaan. Deze centra bieden geïntegreerde begeleiding van hulpzoekers, goederenhulp en waar nodig andere diensten.
www.ccano.org

ISLAMIC RELIEF USA

Islamic Relief streeft ernaar wereldwijd verlichting te brengen bij lijden, honger, ongeletterdheid en ziektes, ongeacht huidskleur, ras of geloof. Bij door de mens veroorzaakte of natuurrampen probeert de organisatie snel hulp te verlenen. Islamic Relief zet

in samenwerking met het Wereldvoedselprogramma van de Verenigde Naties en het Britse Department for International Development ontwikkelingsprojecten op in noodlijdende gebieden ter ondersteuning van armoedebestrijding op lokaal niveau.
www.irw.org

MUSLIM AMERICAN SOCIETY

De Muslim American Society (MAS) is een liefdadige, religieuze, sociale, culturele en educatieve organisatie zonder winstoogmerk die als taak heeft een geïntegreerd proces van *empowerment* op te bouwen voor de Amerikaanse moslimgemeenschap door middel van burgerschapsvorming, training voor lokaal leiderschap, welzijnswerk en samenwerkingsbevordering. MAS probeert ook positieve relaties te scheppen met andere instellingen buiten de eigen gemeenschap om de bescherming van burgerrechten en vrijheid voor Amerikaanse moslims en alle Amerikaanse burgers te bevorderen.
www.masnet.org

THE NEW ORLEANS INSTITUTE

The New Orleans Institute zet zich in voor betrokken burgerschap en bevordert het vinden van plaatselijke oplossingen. De instelling is een netwerkalliantie met een gezamenlijke interesse voor en toewijding aan het voeden van het herstelvermogen van New Orleans door middel van innovatie.
www.theneworleansinstitute.org

Dankwoord

Het gezin Zeitoun wil graag de volgende personen danken:
Ahmad Zeton, mevrouw Trufant, Yuko en Ahmaad Alakoum,
die ons in onze donkerste uren onderdak hebben verleend, Mary
Amarouni, Crystal en Keene Kelly, Celeste en Tom Bitchatch, de
familie Callender, Tom en Luke, Nabil Abukhader, Mohammed
Salaam, Rob Florence en alle anderen die ons hebben geholpen.

De auteur heeft dankbaar gebruikgemaakt van het werk
van de volgende journalisten en onderzoekers:
Gwen Filosa, Rob Nelson, Bruce Nolan, Emmet Mayer III, Mark
Schleifstein en John McCusker van de *New Orleans Times-
Picayune*; dr. Daniel L. Haulman van de Air Force Historical
Research Agency; Tech.Sgt. Mark Diamond van de Air Force
Medical Services Monthly Newswire; Jenny Carchman, Michelle
Ferrari, Stephen Ives, Lindsey Megrue, Amanda Pollak en Mark
Samels van de *American Experience*; Donna Miles en Rudi Wil-
liams van de American Forces Press Service; Marina Sideris van
de Amnesty Working Group; Betty Reid van *Arizona Republic*;
Joseph R. Chenelly van *Army Times*; Craig Alia van *Army Maga-
zine*; Lolita C. Baldor, Wendy Benjaminson, Rick Bowmer, Allen
G. Breed, Melinda Deslatte, Linda Kleindienst, Marilynn Mar-
chione, Brett Martel, Janet McConnaughey, Kevin McGill, Adam
Nossiter en John Solomon van Associated Press; Kelly Bradley,
Lt.Col. Tim Donovan en Larry Sommers van *At Ease Magazine*; Mickey Noah van de *Baptist Press*; Olenka Frenkiel van de
BBC; Amy Goodman van *Democracy Now!*; Brandon L. Garrett
en Tania Tetlow van *Duke Law Journal*; Charlie Savage van de
Boston Globe; Patrik Jonsson van de *Christian Science Monitor*;

Jamie Wilson van de *Guardian*; Jason Carroll, Anderson Cooper, Jacqui Jeras, Chris Lawrence, Ed Lavandera, Rob Marciano, Ed Zarrella, Jeanne Meserve en Betty Nguyen van CNN; Tamara Audi van de *Detroit Free Press;* Neil deMause en Steve Rendall van *Extra!*; Todd Stubing van de *Fort Myers News-Press*; Dave Reynolds van de *Inclusion Daily Express*; Adnan Bounni van de Iran Chamber Society; Guy Siebold van de *Journal of Political and Military Sociology*; Stacy Parker Aab van het Katrina Experience Oral History Project; Alan Zarembo van de *Los Angeles Times*; Capt. David Nevers van *Marines Magazine*; Jeremy Scahill van *Nation*; Staff Sgt. Jon Soucy van het National Guard Bureau; Daniel P. Brown, Richard D. Knabb en Jamie R. Rhome van het National Hurricane Center; John Burnett, Jeff Brady van National Public Radio; Ken Munson van *Nautical Notes*; Diane E. Dees van *Mother Jones*; Curtis A. Utz van het Naval Historical Center; Ruth Berggren van *The New England Journal of Medicine*; Lou Dolinar van *The New York Post;* David Carr, Melissa Clark, N.R. Kleinfield, Merrill Perlman, Shadi Rahimi, Joseph B. Treaster, Richard W. Stevenson, Alex Berenson, Sewell Chan en Paul von Zielbauer van *The New York Times*; Sarita Sarvate van Pacific News Service; Kevin Callan van *paddling.net*; Yvonne Haddad en Fariborz Haghshenass van *PolicyWatch*; Peter Henderson, Michael Christie en Jane Sutton van Reuters, Richard Burgess van *Sea Power Magazine*; Jordan Flaherty van *Southern Studies: An Interdisciplinary Journal of the South*; Morris Merrill van *Southern Quarterly;* Fred Kaplan van *Slate;* Angie Welling van de *Salt Lake City Deseret News;* Ken Kaye en Robert Nolin van *The South Florida Sun-Sentinel*; Jeff Schogol van *Stars and Stripes;* Harry Mount van *The Telegraph;* Amber McIlwain van *The Times of London*; Matthew Van Dusen van *The Times of Northwest Indiana*; Joel Stein van *Time Magazine;* Anna Mulrine en Dan Gilgoff van *The US News and World Report*; Douglas Brinkley van *Vanity Fair*; Renae Merle, Guy Gugliotta, Peter Whoriskey en Eugene

Robinson van *The Washington Post*; Michael Pope en Christiana Halsey van *Customs and Border Protection Today*; het Center for Human Rights and Global Justice, Charles Janda van *Chucksphotospot.com*; Jordan Flaherty van *ColorLines*; Eugen Tarnow PhD van *Cogprints.org*; Amy Belasco, Steve Bowman en Lawrence Kapp van het ministerie van Defensie van de vs; Maj. Mark Brady, Capt. Lisa Kopczynski en Sgt. Les Newport van First us Army in the News; Gary Mason van *The Globe and Mail*; Hugh Hewitt van *The Hugh Hewitt Show*; The Indy Channel, Indiana University in Bloomington; The Innocence Project, de redactie van *The Killeen Daily Herald*; Jason Brown van *The Lafayette Daily Advertiser*; Jamie Doward van *The London Observer*; Rosa Brooks van *The Los Angeles Times*; Chris Kelly van *MichelleMalkin.com*; Michael Robbins van *Military History*; de redactie van *The Naples Daily News*; de redactie van NGAUS Notes; Lt.Col. Deedra Thombleson van de Nationale Garde; Erick Studenicka van het National Guard Bureau; het Navy Office of Information; Carl Quintanilla en Tony Zumbado van NBC News; New Orleans Copwatch; Jayne Huckerby van het New York University Center for Human Rights and Global Justice; Gregory Smith MD en Woodhall Stopford MD van *The North Carolina Medical Journal*; *peopleshurricane.org*; Keith Woods van het Poynter Institute; Eric Barr, Taylor Rankin en John Baird van *ThinkQuest*; David Crossland van *The Times of London*; de United States Coast Guard; Marina Sideris van The University of California Berkeley Law School; Jerry Seper van *The Washington Times*; *WrongfulConvictions.blogspot.com*; Kelly Leosis en Katherine Yurica van *yuricareport.com*; en *Neworleans.indymedia.org*.

Onderstaande boeken en verslagen waren
onmisbaar tijdens het schrijven van Zeitoun:
The Great Deluge: Hurricane Katrina, New Orleans, and the Mississippi Gulf Coast, Douglas Brinkley (William Morrow, 2006);

Severe and Hazardous Weather, Bob Rauber, John Walsh, Donna Charlevoix (Kendall Hunt Publishing, 2005); *On Risk and Disaster: Lessons from Hurricane Katrina,* onder redactie van Ronald J. Daniels, Donald F. Kettl en Howard Kunreuther (University of Pennsylvania Press, 2006); *Hurricane Katrina: America's Unnatural Disaster,* Jeremy I. Levitt en Matthew C. Whitaker (University of Nebraska Press, 2009); *Come Hell or High Water,* Michael Eric Dyson (Basic Civitas, 2006); *Disaster: Hurricane Katrina and the Failure of Homeland Security,* Robert Block en Christopher Cooper (Henry Holt Books, 2006); *Down in New Orleans: Reflections from a Drowned City,* Billy Sothern en Nikki Page (University of California Press, 2007); *The Essential Koran,* vertaald en verzorgd door Thomas Cleary (HarperCollins, 1993); *A Modern History of Syria,* A.L. Tibawi (St. Martin's Press, 1969); *Fifty Years of Modern Syria and Lebanon,* George Haddad (Dar-al-Hayat, 1950); *Modern Syria, from Ottoman Rule to Pivotal Role in the Middle East,* onder redactie van Moshe Ma'oz, Joseph Ginat en Onn Winckler, (Sussex Academic Press, 1999); *Supporting the Future Total Force,* John G. Drew, Kristin F. Lynch, James Masters, Sally Sleeper en William Williams (RAND, 2007); *By the Numbers: Findings of the Detainee Abuse and Accountability Project,* Human Rights Watch (Human Rights Watch, 2006); *Irreversible Consequences: Racial Profiling and Lethal Force in the War on Terror,* Center for Human Rights and Global Justice (NYU School of Law, 2006); *Public Safety, Public Spending: Forecasting America's Prison Population 2007–2011,* JFA Institute, Public Safety Performance Project en Pew Charitable Trusts (Pew Charitable Trusts, 2007); *Abandoned and Abused: Orleans Parish Prisoners in the Wake of Hurricane Katrina,* National Prison Project of the American Civil Liberties Union, American Civil Liberties Union of Louisiana, American Civil Liberties Union Racial Justice Program, Human Rights Watch, Juvenile Justice Project of Louisiana, NAACP Legal Defense and Educational Fund, Inc. en Safe Street/Strong Communities

(American Civil Liberties Union and the National Prison Project, 2006); *Enabling Torture: International Law Applicable to State Participation in the Unlawful Activities of Other States*, Center for Human Rights and Global Justice (NYU School of Law, 2006); *Beyond Guantanamo: Transfers to Torture One Year After Rasul v. Bush*, Center for Human Rights and Global Justice (NYU School of Law, 2005); *Louisiana National Guard Timeline of Significant Events, Hurricane Katrina*, Louisiana National Guard (Louisiana National Guard, 2005); *Torture by Proxy: International Law applicable to 'Extraordinary Renditions'*, Association of the Bar of the City of New York en Center for Human Rights and Global Justice (ABCNY en NYU School of Law, 2004); *Use of Force: ATF Policy, Training and Review Process Are Comparable to DEA's and FBI's*, USGAO (United States General Accounting Office, 1996).

Onderstaande instellingen en organisatie
hebben cruciale informatie verstrekt:
44th Medical Brigade Public Affairs, Air National Guard 920 Rescue Wing, American Civil Liberties Union, Blackwater USA, Bureau of Alcohol Tobacco and Firearms, Camp Pendleton Public Affairs, Center for Disease Control, DynCorp International, Defense Logistics Agency Defense Supply Center, Federal Emergency Management Agency, First Army Public Affairs, Fort Hood Public Affairs, Fort Hood Media Relations, Fort Carson Public Affairs, Fourth Infantry Division Public Affairs, Immigration and Customs Enforcement Public Affairs, Louisiana National Guard Public Affairs, Louisiana State Police, NASA, National Guard Association of the United States, National Oceanic and Atmospheric Administration, National Weather Service, National Hurricane Center, Office of the Attorney General, SOPAKCO, State of Michigan Department of Military and Veterans Affairs, State of Wisconsin Department of Military Affairs, Texas National Guard Community Relations, US Army Public Affairs, US Capitol Police,

us Department of Homeland Security, Department of Public Affairs, us Marine Corps Public Affairs, us Marshals.

Nederlandse vertaling van de Koran

De geciteerde passages uit de Koran komen uit de vertaling van professor dr. Fred Leemhuis, docent Arabisch en bijzonder hoogleraar Koranwetenschappen aan de faculteit der godgeleerdheid en godsdienstwetenschappen van de Rijksuniversiteit Groningen. In de vertaling van professor Leemhuis is de betekenis van de Arabische tekst in een zo toegankelijk mogelijk hedendaags Nederlands weergegeven, waarbij het uitgangspunt overeenstemming met de islamitische opvattingen over de betekenis van de tekst was.

Aantekening van de auteur over de totstandkoming van dit boek

Kort nadat Katrina boven New Orleans had huisgehouden ging een team vrijwilligers van Voice of Witness, onze boekenreeks waarin aan de hand van orale geschiedenis mensenrechtencrises worden belicht, naar het zuidoosten van de vs om getuigenverklaringen op te tekenen. Daarmee werd in 2005 de aanzet voor dit boek gegeven. De vrijwilligers spraken van Houston tot en met Florida met huidige en voormalige inwoners van New Orleans over hun leven voor, tijdens en na de storm. Dit resulteerde in *Voices from the Storm*, een bundel die in 2005 onder redactie van Chris Ying en Lola Vollen werd uitgegeven door McSweeney's/ Voice of Witness. Hierin staan de opmerkelijke belevenissen van een groot aantal inwoners van New Orleans, waaronder die van Abdulrahman en Kathy Zeitoun. Dat laatste verhaal liet me niet los en bij een volgend bezoek aan New Orleans, toen ik daar was om leerlingen van het New Orleans Center for the Creative Arts (een geweldig kunstproject voor middelbare scholieren) toe te spreken, ging ik langs bij de Zeitouns. Tijdens het eerste gesprek werd al duidelijk dat hun verhaal verder reikte dan wat paste binnen het kader van *Voices from the Storm*. Daarmee begon een bijna drie jaar durend proces van vraaggesprekken en onderzoek, waarvan de uitkomsten verwerkt zijn in *Zeitoun*. In die tijd heb ik Abdulrahman en Kathy goed leren kennen, evenals hun prachtige uitgebreide familie hier en in Syrië.

Aanvullende opmerkingen:
• Alle gebeurtenissen worden weergegeven zoals gezien door de ogen van Abdulrahman of Kathy Zeitoun. Ze worden dus zo beschreven zoals zij zich die herinneren. Todd Gambino heeft ook meegewerkt bij het schrijven en het controleren van feiten voor dit boek. Alle gesprekken zijn gereconstrueerd uit het geheugen van de betrokkenen.
• De auteur heeft in 2008 de agenten Donald Lima en Ralph Gonzales geïnterviewd.
• In 2008 ben ik in het Elayn Hunt Correctional Center geweest. Het maakte de indruk van een goed beheerde gevangenis, een moderne, redelijke instelling waarin veel aandacht wordt gegeven aan rehabilitatie en terugkeer in de maatschappij en waarin gevangenen veel mogelijkheden hebben om academische of beroepsopleidingen te volgen. Niettemin is het onaanvaardbaar wat Adbulrahman daar heeft meegemaakt. Het gaat mij er niet om de praktijk van die gevangenis te veroordelen. Misschien werden ze daar na Katrina eenvoudigweg te zwaar belast en kon de instelling daarom niet voldoen aan haar eigen hogere standaard.

Dankwoord van de auteur
Chris Ying en Lola Vollen hebben de basis gelegd voor dit boek. Mijn dank is enorm dat ze mij hebben aangemoedigd om dit verhaal verder te onderzoeken. Heel veel dank ook aan Billy Sothern, advocaat in New Orleans en de auteur die de eerste gesprekken heeft gevoerd met Abdulrahman en Kathy Zeitoun voor *Voices*

from the Storm. Tijdens het schrijven van *Zeitoun* was hij altijd beschikbaar voor advies en begeleiding, en zijn eigen boek, *Down in New Orleans*, heeft mij geïnspireerd en tevens de weg gewezen. In zijn hoedanigheid als onderdirecteur van het Capital Appeals Project vecht hij iedere dag om degenen te verdedigen die het slachtoffer dreigen te worden van zwakke plekken en fouten van het rechtssysteem. Annie Preziosi van het LCAC (Louisiana Capital Assistance Center) kon op cruciale momenten deskundige achtergrondinformatie verstrekken. Julie Kilborn, haar collega bij het LCAC, heeft ook goede diensten bewezen met aanvullende informatie over arrestaties en de juridische vervolging van gevangenen na Katrina. Veel dank ook aan Pam Metzger van de Tulane University Law School en aan Nikki Page, wier gastvrijheid en hartelijkheid altijd zeer gewaardeerd werden. Anne Gisleson, de opmerkelijke schrijfster, docente en activiste uit New Orleans, gaf formidabele raad en aanmoediging, en was een deskundig lezer van het manuscript. De moedige Todd Gambino controleerde feiten en vond achtergrondinformatie en belangrijke aanvullende gegevens. Elissa Bassist leverde al in een vroeg stadium cruciale en omvangrijke informatie uit haar onderzoek. Yousef Munayyer en Mohammed Khalil wezen mij geduldig de weg in Arabische en islamitische kwesties. Naor ben-Yehoyada kon alles vertellen over de geschiedenis en het gebruik van het *lampara*-vissen. Farah Al-dabbagh heeft snel en deskundig een zeldzaam boek over Mohammed Zeitoun van het Arabisch naar het Engels vertaald. Peter Orner en Stephen Elliott gaven uitgebreide feedback en hoogst gewaardeerde aanmoediging. Lindsay Quella, Juliet Litman, Tess Thackara, Emily Stackhouse en Henry Jones redigeerden de tekst en maakten deze persklaar. Dank aan iedereen bij McSweeney's: Jordan Bass, Heidi Meredith, Angela Petrella, Eli Horowitz, Mimi Lok en vooral Andrew Leland, die het manuscript als een van de eersten las en daarmee wezenlijk bijdroeg aan de totstandkoming. Ook de onvermoeibare Chris Benz heeft op buitengewone wijze en volhardend feiten gecontroleerd. Michelle Quint, associate editor bij McSweeney's, was de dagelijkse onderzoekscoördinator voor dit boek. Haar toewijding, betrouwbaarheid, intelligentie en efficiëntie zullen nooit worden vergeten, aangezien het boek zonder haar niet mogelijk was geweest. En het leven zou in het geheel natuurlijk niet mogelijk zijn zonder mijn vrouw Vendela, onze kinderen, en mijn broers Bill en Toph.

Tot slot wil ik mijn grote erkentelijkheid voor de Zeitouns in Amerika, Spanje en Syrië noemen. Kapitein Ahmad Zeton (de naam kent veel verschillende schrijfwijzen) en zijn gezin in Málaga in Spanje (Laila, Lutfi en Antonia) hebben mij gastvrij ontvangen en konden me belangrijke herinneringen vertellen. Ahmad was niet alleen van meet af aan een hoofdrolspeler in dit project, maar is ook een nauwgezette archivaris en zijn foto's, e-mails en telefoontjes van voor en na de storm waren van onschatbare waarde. Mijn oprechte dank en groeten ook voor de Zeitoun-familie in Syrië, en met name voor Qusay en de jonge Mahmoud in Jableh. De gastvrijheid van alle Zeitouns was grenzeloos en de schoonheid, humor en warmte die ieder lid van deze uitzonderlijke familie uitstraalt hebben mij geïnspireerd en hebben het boek en mij onmetelijk verrijkt. Mijn allergrootste dank gaat uit naar Abdulrahman en Kathy en hun bijzondere kinderen voor hun overweldigende persoonlijke grootmoedigheid en hun onwrikbare toewijding aan de totstandkoming van dit boek. Het heeft veel van hen gevergd om hun verhaal op schrift en gedrukt te krijgen, maar ze hebben de onaangename herinneringen het hoofd geboden in de hoop dat hun dagen van persoonlijke strijd misschien tot iets constructiefs leiden. Hun moed is grenzeloos en hun geloof in familie en dit land geeft nieuwe kracht aan het geloof van ons allen.

Over de auteur

Dave Eggers is de auteur van vijf eerdere titels, waaronder *What Is the What* (Nederlandse titel: *Wat is de wat*), een finalist voor de National Book Critics Circle Award van 2006. Dat boek, over Valentino Achak Deng, die de burgeroorlog in Zuid-Soedan overleefde, gaf de aanzet voor de Valentino Achak Deng Foundation, een stichting die geleid wordt door de heer Deng en die zich inzet voor de bouw van middelbare scholen in Zuid-Soedan. Eggers is de oprichter en uitgever van McSweeney's, een onafhankelijk uitgevershuis in San Francisco dat een kwartaalblad uitgeeft, het maandblad *The Believer* en *Wholphin*, een kwartaaluitgave van een dvd met korte films en documentaires. In 2002 richtte hij met Nínive Calegari 826 Valencia op, een centrum zonder winstoogmerk waar schrijf- en onderwijscursussen voor jongeren worden gegeven in het Mission District in San Francisco. Vervolgens zijn ook in plaatselijke gemeenschappen in Chicago, Los Angeles, Brooklyn, Ann Arbor, Seattle en Boston 826-centra geopend. Eggers doceerde in 2004 aan de University of California–Berkeley Graduate School of Journalism en is daar samen met Dr. Lola Vollen Voice of Witness begonnen, een reeks boeken waarin aan de hand van orale geschiedenis mensenrechtencrises wereldwijd worden belicht. Eggers is geboren in Chicago, ging naar de University of Illinois en studeerde daar af in journalistiek. Hij woont tegenwoordig met zijn vrouw en twee kinderen in de San Francisco Bay Area.

www.mcsweeneys.net
www.voiceofwitness.org
www.826national.org
www.valentinoachakdeng.org
www.zeitounfoundation.org

De reeks Verhalen van ooggetuigen

Verhalen van ooggetuigen is een reeks non-profitboeken, die oorspronkelijke is uitgegeven door McSweeney's onder de naam Voice of Witness, die degenen die het meeste lijden onder hedendaagse sociale ongelijkheid een stem en meer gevoel van eigenwaarde geven. Aan de hand van orale geschiedenis worden mensenrechtencrises in de Verenigde Staten en elders ter wereld beschreven. In de reeks verschijnen in Nederland de volgende boeken:

Verhalen van ooggetuigen: New Orleans
Onder redactie van Lola Vollen en Chris Ying

Verhalen van ooggetuigen: New Orleans is een chronologisch verslag van de ergste natuurramp in de moderne geschiedenis van Amerika. Dertien inwoners van New Orleans beschrijven de dagen voorafgaand aan de orkaan Katrina, de storm zelf en de schokkende chaos die dagen en zelfs maanden na de storm heerste. Hun verhalen zijn met elkaar verweven en overlappen elkaar, waardoor ze uiteindelijk samenkomen in een bijzonder portret van moed als ze worden geconfronteerd met terreur en hoop te midden van een nagenoeg totale verwoesting. Naast het verhaal van Abdulrahman Zeitoun worden de belevenissen van een aantal andere mannen en vrouwen beschreven, onder wie:

Eerwaarde Vien The Nguyen, die tijdens de storm in New Orleans bleef om voor parochianen te zorgen die niet in staat waren de stad te ontvluchten. Toen de storm uitgeraasd was en de voorraden opraakten, was er echter geen redding in zicht.

Rhonda Sylvester, die haar kleinkinderen in emmers zette en kilometers door overstroomde straten ploeterde op zoek naar hulp. Samen met vele anderen wachtte ze dagenlang onder een snelweg tot ze zouden worden geëvacueerd.

Patricia Thompson, wier gezin verschillende keren met wapens werd bedreigd, bijvoorbeeld die keer toen ze probeerden een brug over te steken om in veiligheid te komen en die andere keer toen ze hulp zochten voor de deur van een van de door de gemeente aangewezen opvangplekken.

Daniel Finnigan, die probeerde zijn wijk te verdedigen tegen plunderingen maar zich bij de ontwikkelingen neerlegde toen hij besefte dat de plunderaars zo optraden om in eerste levensbehoeften te kunnen voorzien.

ISBN 978 90 488 0677 5

Verhalen van ooggetuigen: Soedan
Onder redactie van Craig Walzer

Aanvullende interviews en een inleiding
door Dave Eggers en Valentino Achak Deng

Miljoenen mensen zijn gevlucht voor conflicten en vervolging in alle delen van Soedan en nog eens duizenden zijn als menselijke oorlogsbuit tot slaaf gemaakt. In dit boek vertellen vluchtelingen en ontvoerden hoe ze zijn weggevlucht van de oorlogen in Darfur en Zuid-Soedan, van politieke en religieuze achtervolging en van ontvoering door milities. Ze vertellen over hun leven van voor de oorlog en over hun hoop dat ze op een dag misschien weer in vrede kunnen leven.

ISBN 978 90 488 0677 5

Meer over Verhalen van ooggetuigen is te lezen op: www.lebowskipublishers.nl

In het Engels verschenen in deze reeks
bij McSweeney's ook nog:

SURVIVING JUSTICE
America's Wrongfully Convicted and Exonerated
Onder redactie van Lola Vollen en Dave Eggers,
voorwoord door Scott Turow

Deze orale geschiedenissen tonen aan dat het probleem van onjuiste veroordeling
verreikende consequenties heeft en zeer reëel is. Door een reeks doodgewone gebeurtenissen,
zoals een foutieve identificatie door ooggetuigen, onbekwame verdedigers en ondervraging
onder dwang, worden de levens van deze mannen en vrouwen met ieder weer een andere
achtergrond onherroepelijk verstoord.

ISBN 978-1-934781-25-8

UNDERGROUND AMERICA
Narratives of Undocumented Lives
Onder redactie van Peter Orner, voorwoord door Luis Alberto Urrea

Miljoenen immigranten wonen en werken zonder legale status in de vs en riskeren
daarmee deportatie en gevangenschap. Ze wonen illegaal en zijn slecht beschermd tegen
uitbuiting door mensensmokkelaars, werkgevers en wetshandhavers. *Underground America*
bevat de opmerkelijke orale geschiedenissen van mannen en vrouwen die erom vechten een
eigen leven in de vs op te bouwen.

ISBN 978-1-934781-15-9

Meer over Voice of witness is te lezen op: voiceofwitness.org